Georg Luft

ERLEBNIS WANDERN

SCHWANDORF & UMGEBUNG

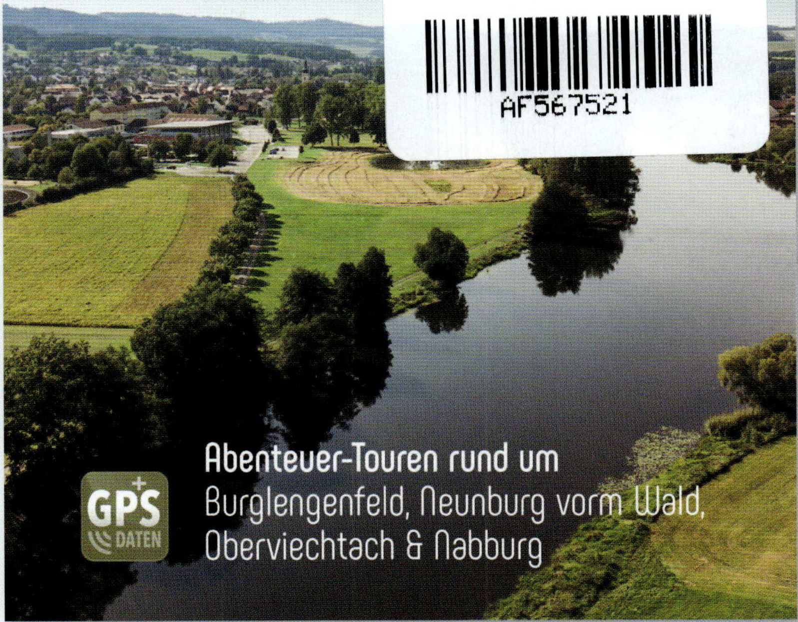

Abenteuer-Touren rund um
Burglengenfeld, Neunburg vorm Wald,
Oberviechtach & Nabburg

GPS DATEN

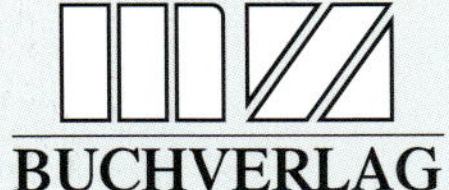

PIKTOGRAMME

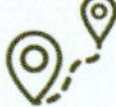
Distanz

Wegzeit

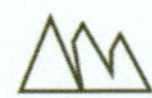
Höhenmeter

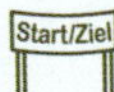

Ausgangs-/Endpunkt

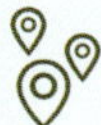
Wegpunkte

Bodenbeschaffenheit

Markierung

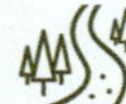
Charakteristik der Tour

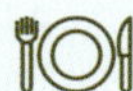
Gasthäuser / Cafés

Wissenswertes

SCHWIERIGKEITSBEWERTUNG

Die Schwierigkeitsgrade sind subjektiv und von mir frei gewählt. Sie beziehen sich auf die Kriterien: Länge und Anstiege der Wanderung, Beschaffenheit und Markierung der Wege.

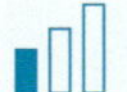
Leicht

Einfache Wanderung. Grundkondition erforderlich. Leicht begehbare Wege. Kein besonderes Können erforderlich.

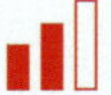
Mittel

Mittelschwere Wanderung mit einer gewissen Länge. Gute Grundkondition erforderlich. Meist leicht begehbare Wege. Durchaus mit einigen Höhenmetern.

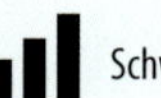
Schwer

Anspruchsvolle Wanderung mit einer gewissen Länge. Gute Grundkondition erforderlich. Überwiegend gut begehbare Wege, aber auch „verlorene Pfade", die sich nicht immer sofort erschließen. Wanderstöcke können sehr hilfreich sein. Mit einem Plus an Höhenmetern muss gerechnet werden.

VORWORT

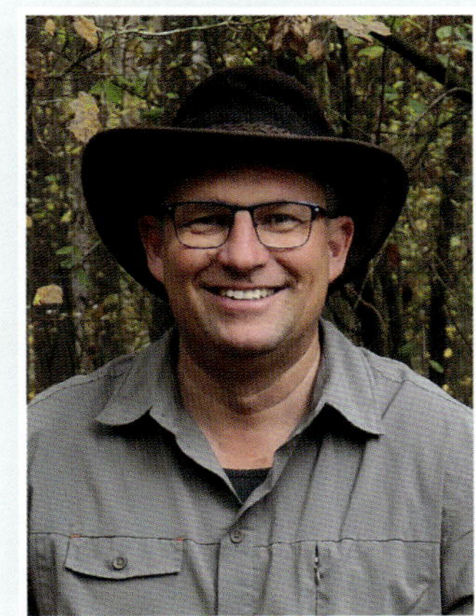

Nachdem ich mit der Verlagsleitung das Konzept dieses Buchs abgesteckt hatte, erzählte ich meiner vor den Toren Schwandorfs wohnenden Schwippschwägerin davon: „Landkreis Schwandorf!" Ihre spontane Replik lautete: „Du weißt schon, dass wir der Landkreis mit den meisten Seen sind?" Natürlich wusste ich das. Meine Gegenfrage lautete dann: „Du weißt schon, dass ebendieser Landkreis voll ist von interessanter Geschichte, die auch viel mit dem Thema Bergbau zu tun hat?" Natürlich wusste sie das.

Diese Gegend weist eine geologisch unruhige Vergangenheit an der Nahtstelle zweier Großregionen auf. So gibt oder gab es hier Quarz, Basalt, Silber, Bleiglanz, Fluorit, Gold, an manchen Stellen Granit und – man höre und staune – weiter im Westen sogar Calciumkarbonat (Manche Ignoranten sagen abfällig „Kalk" dazu!). Inzwischen ist der Bergbau in der Region weitgehend Geschichte.

Die Montanindustrie hat – im Wortsinn – tiefreichende Spuren hinterlassen, die Landschaft verändert und die Menschen geformt, ihnen Brot gegeben und dann in die Arbeitslosigkeit entlassen.

Die Natur holt sich inzwischen zurück, was ihr geraubt wurde, und Geschichte droht, in Vergessenheit zu geraten. Mit den Wanderungen in diesem Buch möchte ich Sie an verschiedenen Orten mit auf Zeitreise nehmen. Es sind nur Nadelstiche, aber vielleicht finden Sie selbst das Interesse, tiefer einzutauchen.

„Lost Places" sind ja gerade so modern. Es muss ja nicht immer eine alte, einsturzgefährdete Fabrik sein, es kann doch auch mal ein alter Bergwerksstollen sein?

Und jetzt nix wie raus hier!

Georg Luft

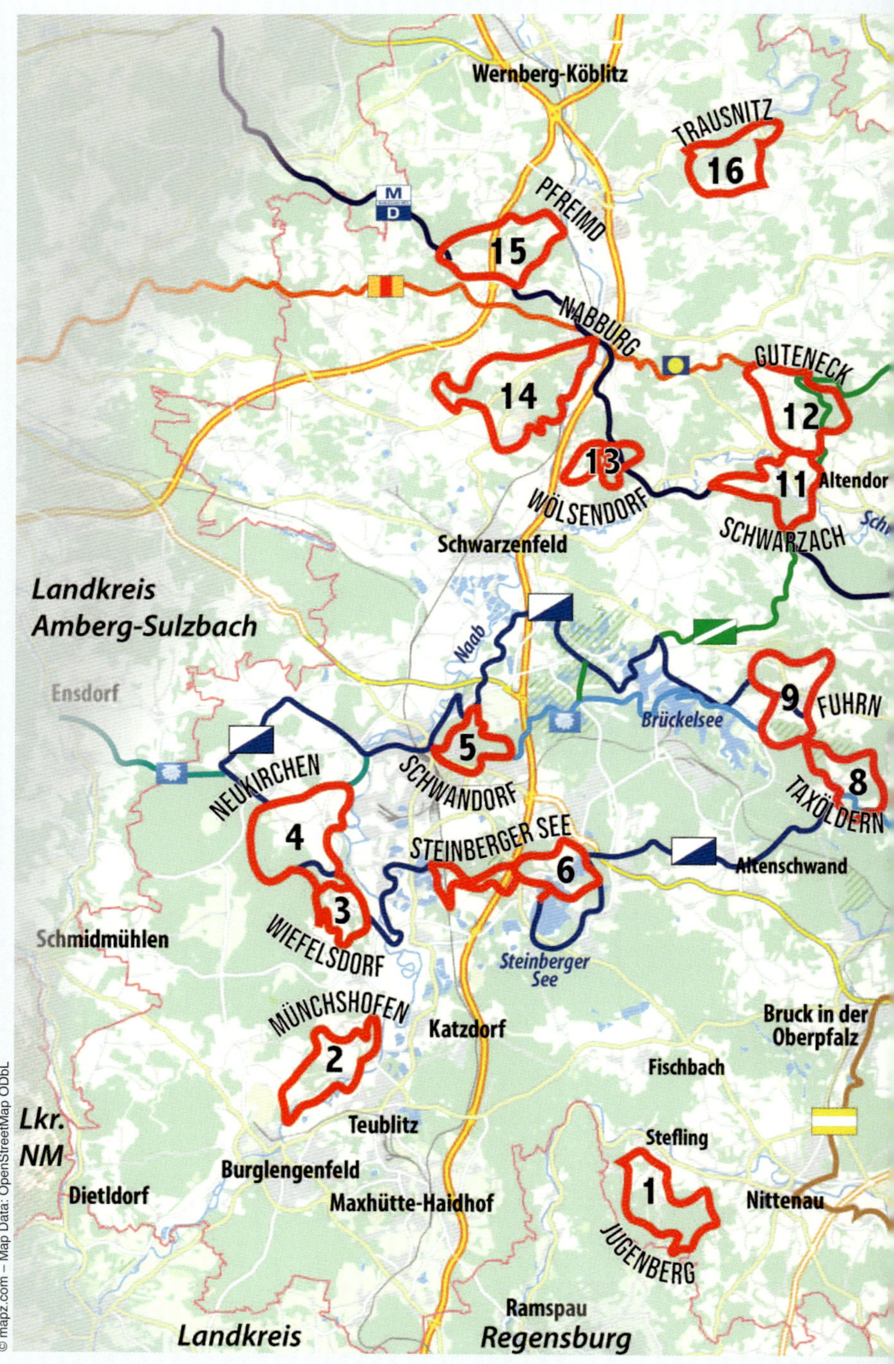

 Informationen zu den Weitwanderwegen siehe Seiten 154/155.

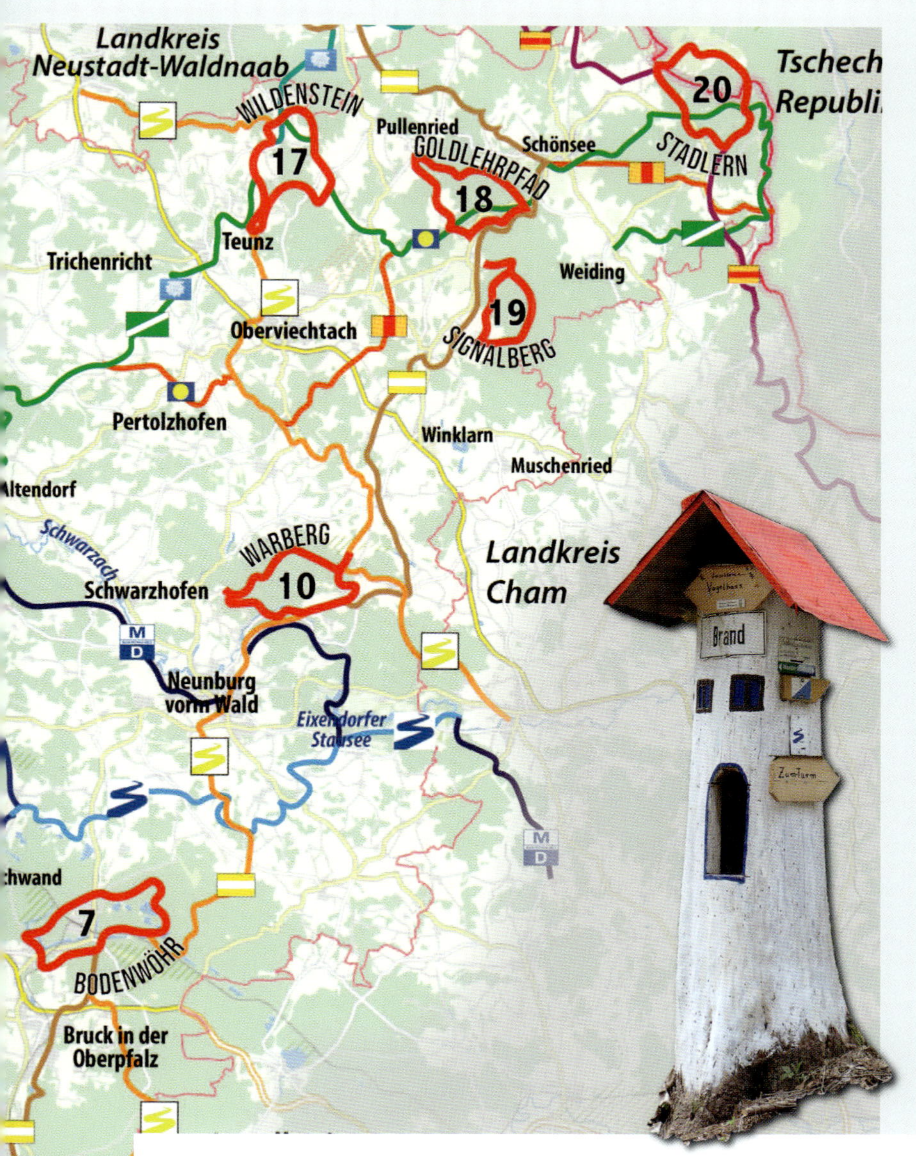

Hinweis zu den Öffnungszeiten von Gaststätten

Es kann immer zu spontanen Änderungen von Öffnungszeiten oder auch zu generellen Schließungen kommen. Wir bitten Sie, dies bei Ihrer Tourplanung zu berücksichtigen und sich vorab selbst über die tagesaktuellen Öffnungszeiten der jeweiligen Gaststätte zu informieren – telefonisch oder auf der Website (falls vorhanden).

INHALT

Hinweis: Einige der schweren Touren lassen sich kürzen und/oder teilen, was sie teilweise deutlich leichter macht. Auch einige Alternativen sind im Angebot!

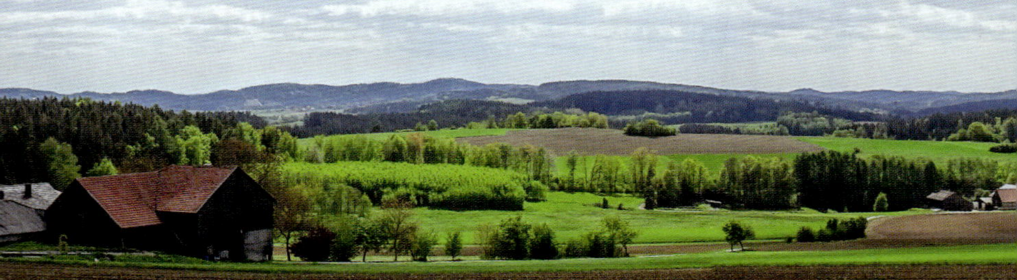

INHALT

Landkreis Schwandorf

Was unterscheidet Schwandorf von Paris? Die Antwort ist schwierig. Beides sind Städte in Europa, beide haben Kirchen, beide haben unterirdische Gänge (in Paris sind sie etwas länger), beide sind Verwaltungssitz, beide haben (mindestens) einen Fußballverein. Nimmt man also die Komponente Größe aus dem Spiel, bleibt am Ende nur die Antwort: Paris ist eine *Primatstadt.* Ja klar, werden Sie sagen. *Das lag ja auf der Hand.* Und auf Nachfrage würden Sie erklären, dass eine Primatstadt eine Stadt ist, die die anderen Städte eines Landes hinsichtlich Einwohnerzahl und Bedeutung überragt. Nach Paris kommt lange nichts. Paris hat 12,6 Millionen Einwohner, Lyon 2,3 Millionen, Marseille 1,7 Millionen. Im Landkreis Schwandorf ist das anders (wie übrigens auch in Deutschland mit Berlin, Köln, München, Hamburg). Schwandorf hat ca. 30 000 Einwohner, Burglengenfeld fast 15 000. Gut, das ist das Verhältnis von 2:1, aber eben nicht von 5:1. Und danach folgen auch schon Städte wie Maxhütte-Haidhof mit 12 000, Nittenau mit 9200, Neunburg vorm Wald mit 8300, Teublitz mit 7700, usw.

Mit diesen Zahlen ist belegt, was in der Literatur über den Landkreis mehrfach zu lesen ist: Es fehlt *das* eine Haupt, das alles überragt (so wie die Weltstadt Regensburg beispielsweise den gleichnamigen Landkreis). Das klingt jetzt etwas flapsig und ist meinem „hemdsärmeligen Stil" geschuldet. Es wird aber auch in der wissenschaftlichen Literatur so beschrieben (mit vielen schönen Fachwörtern und unter Verzicht auf die Hemdsärmel), und ich konnte es im Rahmen der Recherche zu diesem Buch selbst erleben, wenn ich nämlich Bekannten erzählte, dass ich ein Buch über den Landkreis Schwandorf schreibe. Dann hieß es schnell *Ja, das sind die Seen, das wird doch eine flache Angelegenheit, vor allem beim Wandern.* Siehste, so schnell hat man sich getäuscht, denn wenn ich dann Städte im nordöstlichen oder nördlichen Landkreis aufzählte, wie Oberviechtach (ca. 5000 Einwohner) oder Pfreimd (5300 Einwohner) oder Schönsee (2400 Einwohner), dann waren die Gesprächspartner allesamt erstaunt. *Das ist noch Landkreis Schwandorf?*

Ich selbst hatte diese Lektion am eigenen Leib erfahren, als ich nämlich zum ersten Mal von Amberg nach Regensburg radelte. Zwei Kilometer nördlich von Dietldorf – im schönen Naabtal – betritt man (paradoxerweise auch als Radfahrer!) den Landkreis Schwandorf, um ihn einen Kilome-

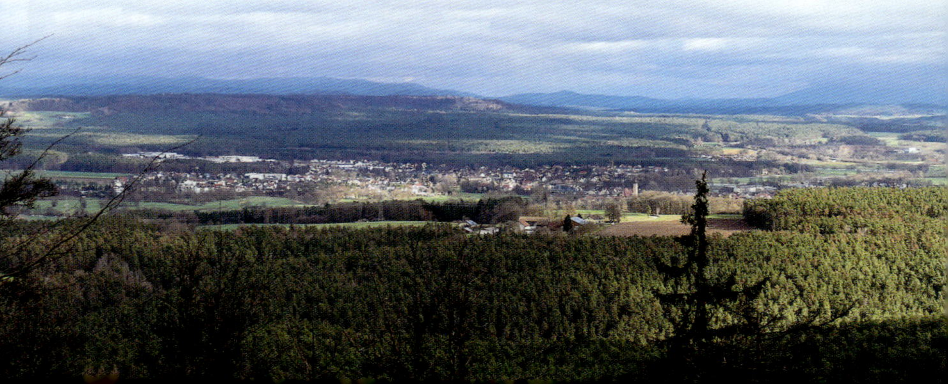

ter südlich dieses Ortes wieder zu verlassen. Ein kurzes Intermezzo am Westrand von SAD-Land. Als ich etwas später bei Stadlern wanderte, rieb ich mir verwundert die Augen, dass derselbe Landkreis bei Stadlern mit dem Weingartenfels und einer Höhe von 898 Metern (also fast 900, was man locker auf 1000 aufrunden kann) bis an die tschechische Grenze reicht. Und Stadlern hat ja nun mit Dietldorf im Naabtal so wenig zu tun wie Lissabon mit Charmonix. So ein politisches Gebilde ist nicht das Ergebnis einer gewachsenen Struktur.
Seine heutige Form wurde dem Landkreis im Rahmen der Gebietsreform 1972 aufgezwängt. Am 1. Juli dieses Jahres verloren die Landkreise Burglengenfeld, Nabburg, Neunburg vorm Wald und Oberviechtach ihre Eigenständigkeit. (Und stehen jetzt in den neu-alten Autokennzeichen BUL, NAB, NEN, OVI (und auch ROD) wieder auf.)

So wie diese vier Städte bauen teilweise auch recht unterschiedliche Naturräume den Landkreis auf: der Oberpfälzer Wald im Nordosten, das Oberpfälzer Hügelland im Süden, der Bayerische Wald im Südosten sowie der Oberpfälzer Jura (Fränkische Alb) im Südwesten. An den Kontaktzonen bildeten sich im Lauf der Erdgeschichte zahlreiche Störungen heraus, die dem Landkreis eine vielfältige Geologie und Mineralogie bescherten. In den einzelnen Touren nehme ich Sie, liebe Leser und Wanderer, mit zu diesen Stellen. Trotz aller Heftigkeit, mit der hier Bergbau betrieben wurde, droht das Wissen darüber in Vergessenheit zu geraten. Das wäre schade.

Mit Ausnahme der Südwestecke (besagtes Dietldorf) habe ich versucht, alle politischen und geologischen Räume in diesem Band gleichwertig zu vereinigen und vorzustellen. Verbindendes Element ist neben Geologie und Geschichte das Wasser. Für menschliches Leben ist es unentbehrlich. Drei Fließgewässer sind nennenswert: die Naab, die Schwarzach und der Regen. Auch diese Flüsse sind im Buch vertreten. Entsprechend ihrer Längen natürlich in unterschiedlichen Gewichtungen.
Das Titelbild zeigt eine Flusslandschaft im Landkreis. Es ist sicherlich ein geschickter Weg, das Wesen des Landkreises Schwandorf trefflich zu vermitteln und keinem Ort und keinem See oder Teich oder Hügel den Vorzug zu geben. Der Landkreis Schwandorf ist die Summe seiner vielen Orte, Landschaften und Regionen sowie seiner vielfältigen, wechselvollen Geschichte.

Lassen Sie sich entführen!
Sie werden aufs Positivste überrascht sein.

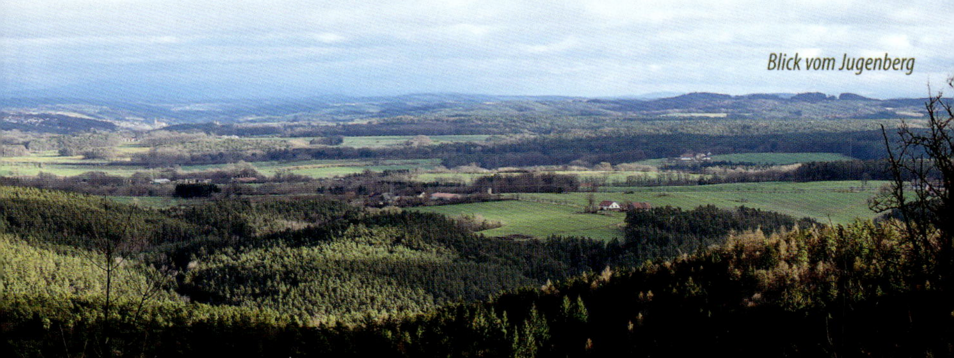

Blick vom Jugenberg

Wandern mit GPS

Dieses Buch ist so aufgebaut, dass Sie die Wege mithilfe der Tourbeschreibungen und der abgebildeten Karten auch ohne moderne Technik finden können. Es kann aber sicher nicht schaden, wenn man im Zweifelsfall auf technische Hilfsmittel zurückgreifen kann; besonders nützlich ist die elektronische Unterstützung auf unmarkierten Streckenabschnitten. Deshalb bieten wir unseren Lesern auf der Webseite des Verlags die GPS-Daten zu diesem Wanderführer kostenlos zum Download an. Die Adresse der Webseite lautet: **https://gps.battenberg-gietl.de/**

Geben Sie zuerst das Passwort **3xG4h9vo** in das entsprechende Feld ein und klicken Sie dann bei der Tour Ihrer Wahl auf den Download-Button.

Die GPS-Daten wurden sorgfältig vom Autor erstellt. Es kann aber vorkommen, dass Ihre Position aus technischen Gründen nicht exakt angezeigt werden kann. Mithilfe der Wegbeschreibungen und einer Wanderkarte sollten Sie sich aber stets orientieren können.

Die Touren sind im gängigen GPX-Format gespeichert. Sie können einzelne Touren direkt herunterladen oder gleich alle auf einmal; in dem Fall erhalten Sie eine ZIP-Datei, die Sie erst einmal „entpacken" müssen.

Um die GPS-Daten benutzen zu können, benötigen Sie ein Smartphone (iPhone oder Android) mit GPS-Empfänger und eine App, die GPX-Dateien darstellen kann (z. B. *Komoot, Bergfex, Outdooractive* o.ä.). Sie sollten nach Möglichkeit die Dateien so speichern, dass Sie sie offline nutzen können, da häufig Wälder und Berge beim Netzausbau nicht vorrangig behandelt werden und es im Online-Betrieb bei schlechtem Netz zu lästigen Verzögerungen kommen kann.

Navigationsaufgaben verursachen meist einen höheren Energieverbrauch auf dem Smartphone. Achten Sie daher besonders bei längeren Touren darauf, dass der Akku ausreichend aufgeladen ist.

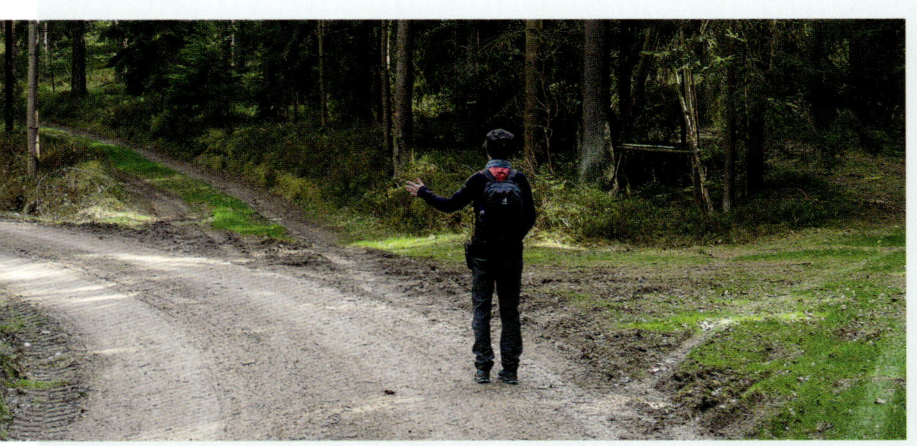

Profitipp: Wenn man sich nicht sicher ist, wählt man am besten einfach den richtigen Weg!

Jugenberg bei Nittenau

Die megakrasse, superduper-hammerharte OMG-Route über den Jugenberg!

TOUR 01

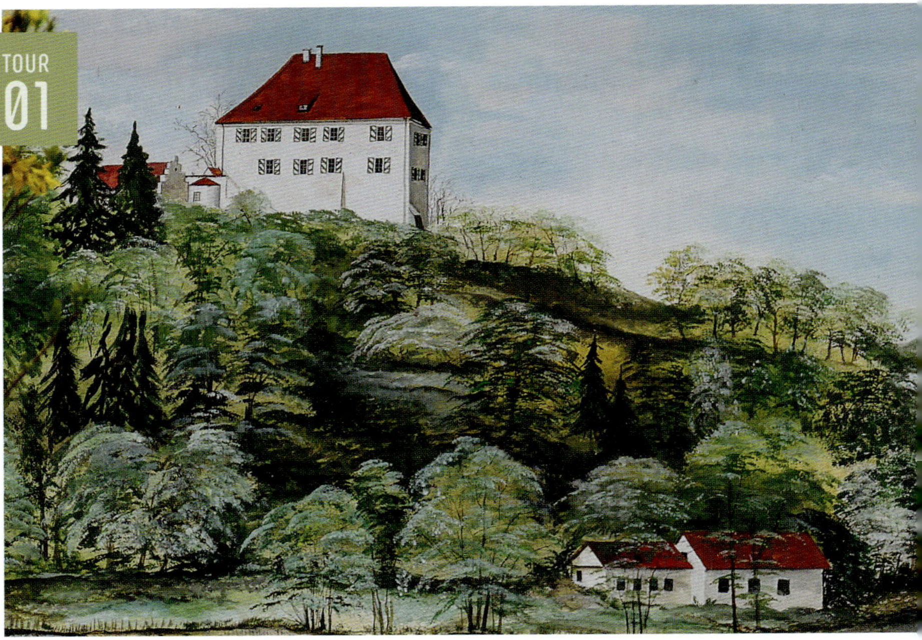

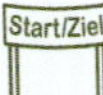

Auf halber Strecke zum Waldrand am Silberberg an der Rastbank im Bankett (am Ende der Hecke in der Feldeinfahrt links wenden)
Navi: 93149 Nittenau, Untermainsbach 26
Alternativen: 93148 Nittenau, Eckartsreuth 23 (ehem. Gasthaus) bzw. 93149 Nittenau, Dürrmaul 3 (dann noch 150 Meter zum Wanderparkplatz)

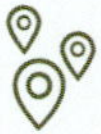

Burgstall Zangenfels – Jugenberg – Naturfriedhof Schlosswald – Schloss Stefling – Burg Hof am Regen – und reichlich vergessene Pfade

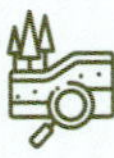

Einsame, naturbelassene, teils wilde Waldpfade im Waldteil, aber auch kurz auf Forststraße; Rückweg zum Auto auf abgelegener Asphaltstraße

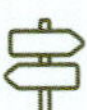

Weiß-rot und Grüner Pfeil an den Hauptwegen

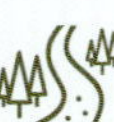

Diese aufregende Tour bringt Sie zum Gipfel des Jugenbergs und verknüpft dabei noch drei Burgen – und das alles auf streckenweise wenig gegangenen Wegen. Aufregend!

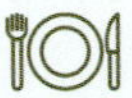

Leider auf dieser Tour Fehlanzeige! Gipfelhalbe etc. nicht vergessen!

Ein „WAB“ (Wanderabschlussbier) können Sie zu sich nehmen in Nittenau:
Hotel und Brauereigasthof Jakob,
Hauptstraße 10, 93149 Nittenau
Tel. 09436 8224
www.brauereigasthof-jakob.de

 Foto: Gemälde Schloss Stefling – Im Ort Stefling ziert das Schloss auch eines der Wohnhäuser.

	schwer	15 km	468 Hm	5:00 h
Variante West	mittel	9,9 km	382 Hm	3:15 h
Variante Ost	mittel	10,4 km	356 Hm	3:30 h

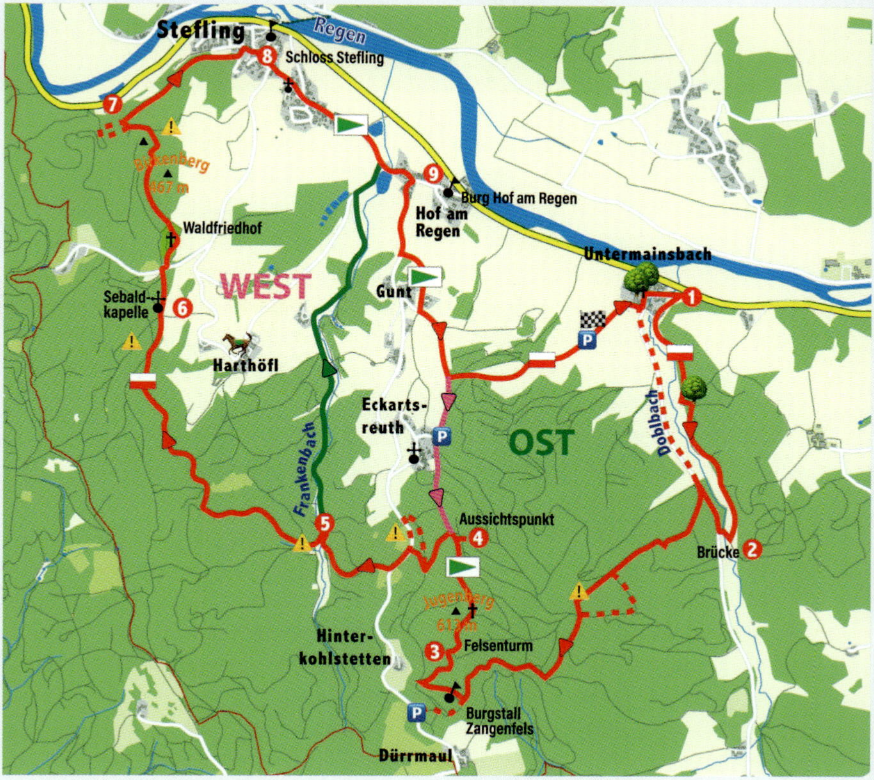

Stefling
Regen
Schloss Stefling
Birkenberg 467 m
Waldfriedhof
Sebald-kapelle
WEST
Harthöfl
Frankenbach
Burg Hof am Regen
Hof am Regen
Gunt
Untermainsbach
Eckarts-reuth
OST
Doblbach
Aussichtspunkt
Brücke
Jugenberg 613 m
Felsenturm
Hinter-kohlstetten
Burgstall Zangenfels
Dürrmaul

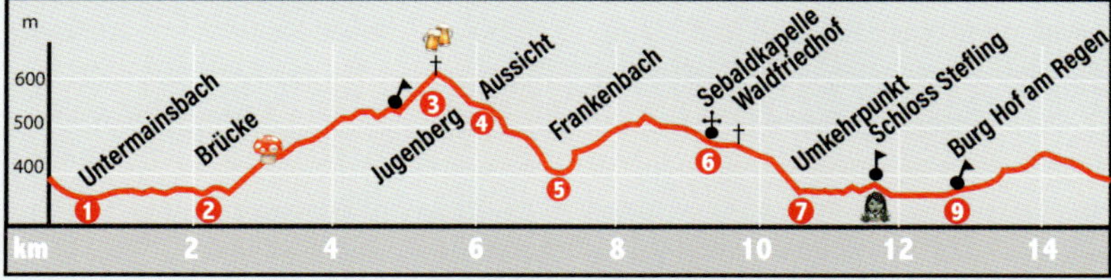

Alle Varianten weiter verkürzbar! GPS-Tracker wird für diese Tour empfohlen!

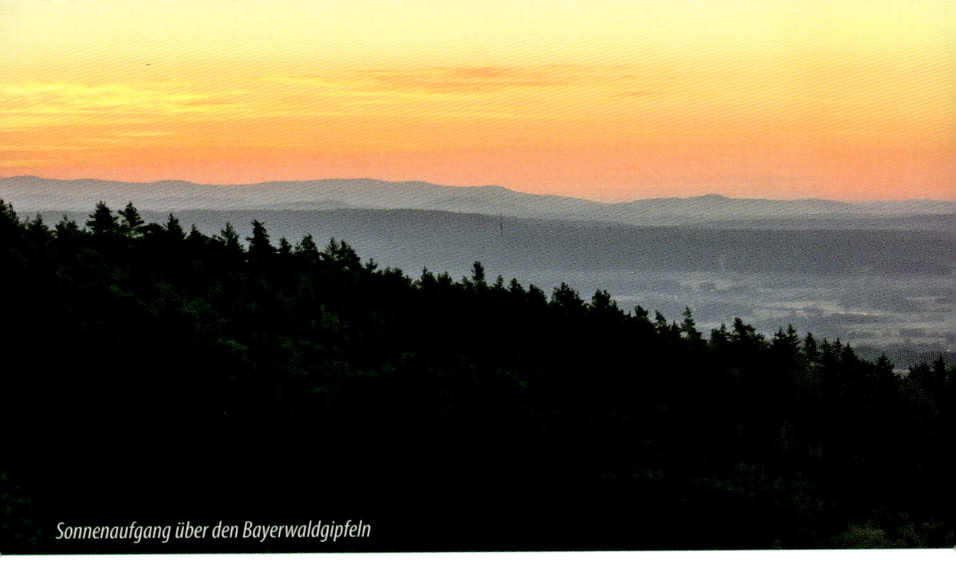
Sonnenaufgang über den Bayerwaldgipfeln

Regensburg. Dultfeuerwerk. Es beginnt mit einem großen Knall, dann wissen alle, dass es losgeht. Nach kurzer Pause schließt sich ein Reigen fröhlich-bunt explodierender Lichterfontänen an, die mit „Ahs" und „Ohs" kommentiert werden, ehe das Spektakel nach einem Crescendo im Fortissimo endet. Genauso ist dieses Buch aufgebaut. Hier heute also die Ouvertüre. Ein echter Knaller auf vielen alten Wegen, reichlich anspruchsvoll bezüglich Relief und Wegearten. Auf Ihre Befindlichkeiten konnte ich diesmal leider keine Rücksicht nehmen.

Aber kürzere Varianten und Erleichterungen sind in der Karte eingetragen und als GPS-Files hinterlegt, wenngleich im Text nur angedeutet.

In eigener Sache: Als der Naturfriedhof „Schlosswald" 2014 durch die Medien geisterte, fragte mich meine fürsorgliche Frau, ob mir das auch gefallen könnte – so als letzte Ruhestätte. Der Zeitpunkt schien mir etwas früh, dennoch fragte ich mich grundsätzlich, wer einen da noch besuchen kommt, so weit draußen im stillen Wald. Will man es wirklich so beschaulich in der Ewigkeit? Weil ich aber im Zuge der Recherche für dieses Buch feststellen musste, dass der einzige veritable Parkplatz dem Wandervolk vorenthalten ist und neuerdings nur Friedhofsbesucher dort parken dürfen, ist für mich das Thema Waldfriedhof gestorben. Als ob wir paar Wanderer groß ins Gewicht fallen würden. Abgesehen davon sind wir die Kundschaft von morgen!

Die hier vorgeschlagene Parkplatzsituation ist leicht ungewöhnlich, weil „JWD". Alternativen sind in der Karte vermerkt (Eckartsreuth und Dürrmaul), erfordern aber Zustiege zum Wanderweg.

Wegbeschreibung:

Diese krasse Tortour, äh, Tour startet zunächst auf dem Anfahrtsweg, also wieder nach **Untermainsbach** hinunter. Kurz nach links in den Ort und in der Ortsmitte (bei der Kapelle) nach rechts. Am Waldrand biegen Sie scharf nach rechts ab ❶. Nun folgen Sie dem Tal des Doblbachs am Waldrand entlang (ausgeschildert als). (Im Hochsommer Brombeermeile!) Nach fast 1,5 Kilometern erreichen Sie links eine Bank. Von ihr führt nach scharfrechts ein Wiesenpfad zur Brücke über den Bach ❷. Nach Benutzung derselbigen gehen Sie auf Asphalt 300 Meter am Waldrand nach Norden (rechts) zurück.

Am Waldeck, beim Telegrafenmasten Nr. 31, führt ein Forstweg nach links. 10 Meter später zweigt ein Schotterweg nach links ab. Wiederum 10 Meter später nach links ein Single-Trail. Bitteschön! In der Verlängerung ist der Weg nicht mehr in Karten eingetragen, aber er wird häufiger gegangen. Heute auch von uns. Nach einer Weile wird der Weg breiter und begleitet eine Fichten- oder Sonstwasschonung. Am Ende stoßen Sie auf eine Forststraße. Sie überqueren diese und nehmen den eingetieften Weg. (Wollen Sie es etwas bequemer, dann dem Forstweg nach links durch die Rechtskurve folgen, bis sie ca. 80 Meter links im Wald den Hochsitz (s. o.) sehen! Hier treffen sich bequemer und unbequemer Weg.)

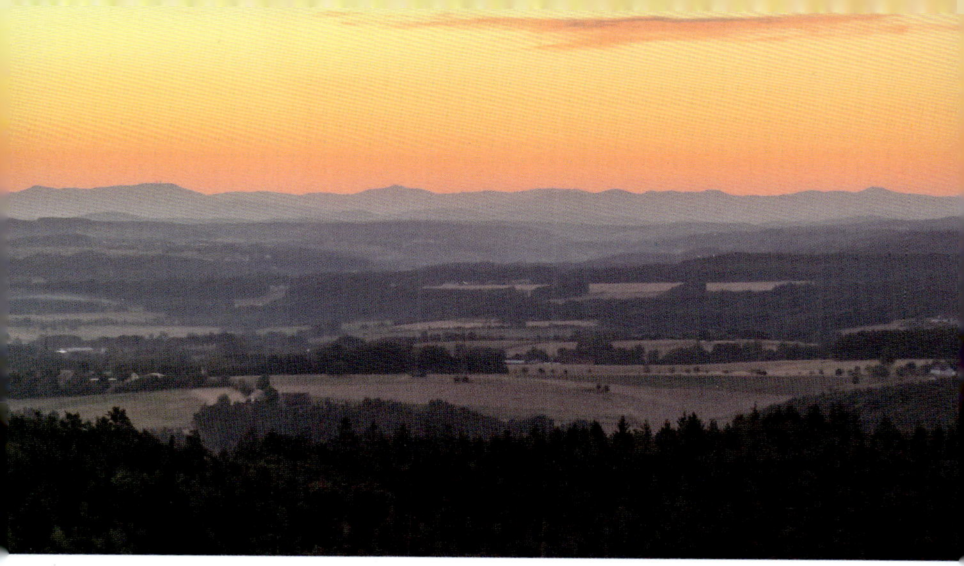

So er immer noch da steht, treffen Sie auf ebenem Gelände auf einen Mega-Hochsitz. An diesem links vorbei und nach links vor zur Forststraße. Dann rechts. Nach nicht einmal 100 Metern Gabelung nach links. Diesem schmäleren Weg folgen Sie bis zur Kreuzung mit den zwei Grenzsteinen. Hier halten Sie sich rechts und entscheiden sich für den schmalen Single-Trail, der geradeaus weiterführt – leicht bergauf.

Weiter oben treffen Sie auf eine riesige Schotterfreifläche. Von hier ab folgen Sie der Forststraße unter der Schranke hindurch für 450 Meter. Wenn Sie auf dieser Strecke rechts eine Bank sehen, feh-

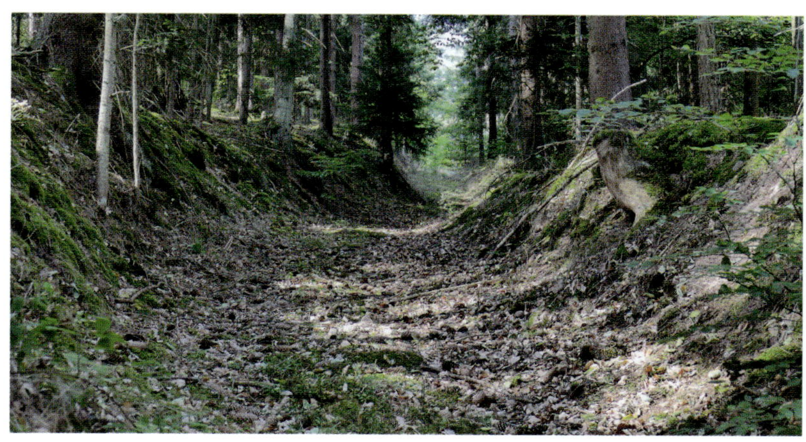

Ganz schön hohl, dieser Aufstieg

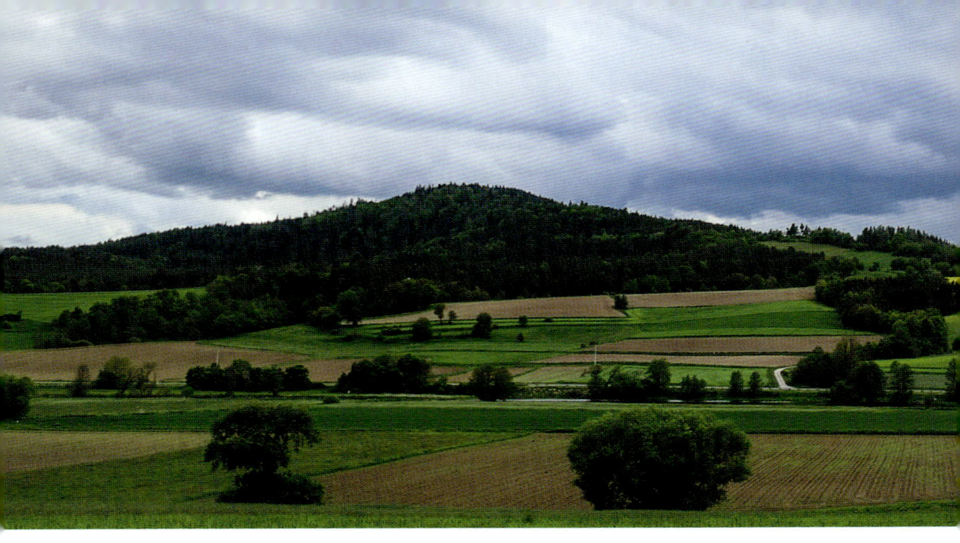

len noch 80 Meter bis zu einem moosigen Granitknubbel (Ø 60 cm) vier Meter rechts vom Weg. Dort zweigt der Aufstieg zum **Burgstall Zangenfels** ab. Kurzer Aufstieg und dann den Spuren nach links zum Rest des Burgturms folgen. Dann zurück zum Aufstiegsweg und auf diesem kurz später als Abstiegsweg weiter, bis Sie auf den Aufstieg zum Jugenberg (030 ►) stoßen. Hier dann rechts – auffi aufn Berg! Zwischendurch können Sie zwei Abstecher nach rechts machen: zu einem wunderbaren Aussichtspunkt (leicht dornig) und zum „Felsenturm".

Gipfelhalbe! Vom **Gipfel des Jugenbergs** 3 steigen Sie nach Norden ab. Es ist der 030 ►. Zwei frühe Abzweigungen nach links ignorieren Sie noch. Die dritte Abzweigung nach scharf links (nach insgesamt 600 Metern) nehmen Sie dann aber. (Verpassen Sie jedoch kurz vorher an dieser Stelle den kurzen Stichweg nach rechts zu einer Bank nicht. Die Stelle bietet einen wunderbaren Blick in den Bayerischen Wald! 4) Ein breiter *Waldweg* bringt Sie zur querenden Forststraße. Direkt gegenüber verschwindet ein alter Weg – der Forststraße zunächst nach rechts folgend – dann aber nach links hinunterkurvend.

Sie erreichen die Fahrstraße in der Ecke einer Lichtung. Folgen Sie der Straße nach links durch den Wald hindurch. 120 Meter später, bei der nächsten Freifläche, geht es nun nach rechts, zunächst am Waldrand entlang und dann an den rechts stehenden Bienenkästen links geradeaus hinunter. Nach Ankunft im Tal nach rechts abbiegen und noch ein paar Meter geradeaus weiter bis zur Kreuzung. (5 Wenn Sie das Frankenbachtal genießen und/oder durch selbiges abkürzen möchten, gehen Sie an der Kreuzung im Frankenbachtal geradeaus weiter. An Hammerhäng vorbei und dann bis

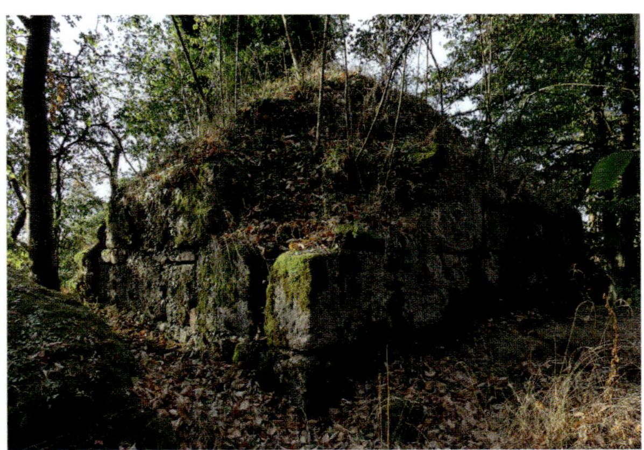

Ein paar Mauern findet man noch, von einstiger Burg Zangenfels

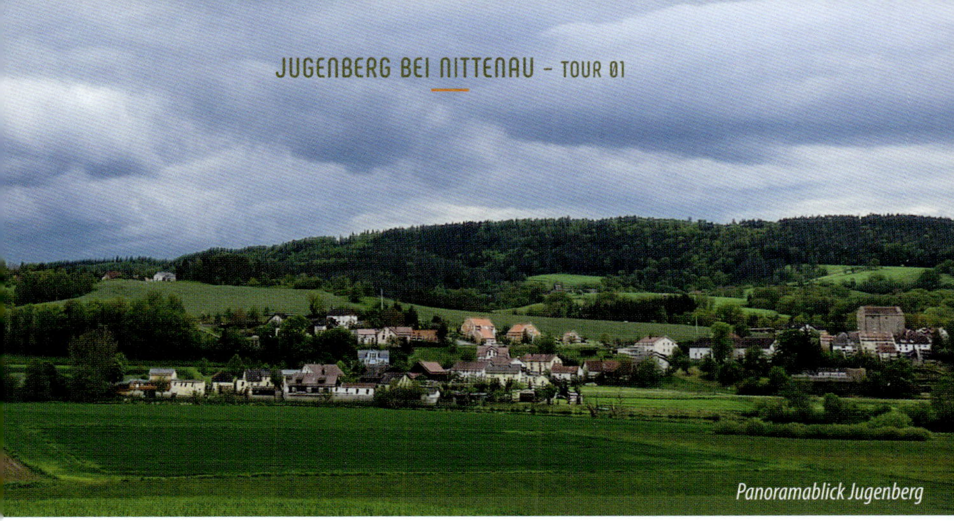
Panoramablick Jugenberg

zur Hofer Mühle. Dort treffen Sie auf die Wanderroute nach Hof am Regen.)

5 In der Kreuzung im Frankenbachtal biegen Sie scharf links ab und überqueren den Bach. 60 Meter später Gabelung. Sie entscheiden sich für den rechten Weg. Nach nur 100 Metern würde sich der Weg erneut gabeln, doch halt: Schon kurz vorher sind *drei* Wege nach rechts weggegangen. Sie nehmen den linken, schmalen. (Nennen Sie ihn *Single-Trail* oder *Lung-Buster!*) Folgen Sie ihm 700 Meter geradeaus – die beiden Abzweigungen nach rechts ignorierend. Dann erreichen Sie eine der vielen Forstautobahnen. Sie schlagen diese nach rechts ein (Schild).

Knapp einen Kilometer wandern Sie so fast eben dahin. Danach kommt von scharf links (8 Uhr) ein Forstweg dazu. An dieser Stelle zweigt ein Hohlweg nach 2 Uhr ins Gehölz ab. Es ist ein wunderbar eingetiefter Weg am Waldrand. Die **Sebaldkapelle** 6 bietet Gelegenheit für eine kleine Rast und für Blicke in die östliche Oberpfalz. Danach weiter auf dem Pfad, der auf eine Forststraße trifft, die nach rechts zum Parkplatz des **Naturfriedhofs** führt.

Betreten Sie den Naturfriedhof, am Kreuz rechts vorbei, und folgen Sie dann dem Weg am Waldrand, aber NICHT außerhalb des Friedhofsgeländes! (An den Steinen sehen Sie die Glasmedaillons, die an Verstorbene erinnern.) Wir denken heute nicht weiter über die Ewigkeit nach, sondern wandern auf diesem irdischen Weg dahin. Nach einer Linkskurve durch den Wald gehen Sie immer geradeaus weiter, über alle Kreuzungen hinweg. Der Weg ist nach wie vor geschottert. Sie verlassen auf Schotter beinahe unbemerkt das Gelände des Friedhofs. Der Weg ist in eine lange Rechtskurve übergegangen.

Dann stirbt auch dieser Weg. Erst endet der Schotter, am Ende der Weg selbst. Sie gehen trotzdem geradeaus weiter, treffen auf einen Querweg. Rechts oben sehen Sie die Felsen des Birkenbergs. Sie gehen links, kurz danach wieder rechts. Nach 130 Metern wählen Sie die Gabelung nach links. Dieser Weg stößt auf einen stärker gegangenen Weg, dem Sie bergab nach links folgen. (Links im Wald sehen Sie aufragend eine Versammlung von Granitfelsen.) Nach weiteren 140 Metern geht auch von diesem Weg ganz unscheinbar nach leicht rechts eine wenig gegangene Alternative ab. Mittels dieser kürzen Sie zu dem breiteren Weg unten ab 7, der – nach rechts eingeschlagen – nach Stefling führt. (Wenn Sie in diesem Abschnitt nicht zurechtkommen, schlagen Sie sich zur sich windenden Zufahrtstraße weiter östlich durch (global gesehen „links" von Ihnen) – bis zur Kreuzung vor dem Ausgang aus dem Wald 7.)

Im Wald kurz vor Stefling nehmen Sie die linke Alternative, umrunden dann im Ort den Spielplatz nach rechts, folgen dem ▬ nach rechts bergauf bis zum Willi-Ulfig-Weg, der nach links zum **Schloss Stefling** 8 führt (leider kein Zugang) und nach rechts aus Stefling hinaus Richtung Hof (030 ▶). Nach einem Kilometer erreichen Sie **Hof am Regen** 9. Kurz vor dem Zuweg zur Hofer Burg war es an der Kreuzung nach Gunt und Eckartsreuth nach rechts gegangen. Wenn Sie vom Burgabstecher hierher zurückkommen, folgen Sie der Straße nach Gunt und Eckartsreuth nach links. Vor den Häusern von **Gunt** zweigt der Wanderweg ▶ nach links ab. Sie passieren zwei schicke Grundstücke. Ab der nächsten Kreuzung nehmen Sie die Straße nach links, folgen in der Kurve *nicht* den Wanderschildern nach Eckartsreuth hinauf, sondern der Straße hinauf und hinunter, die Sie zum Auto bringt.

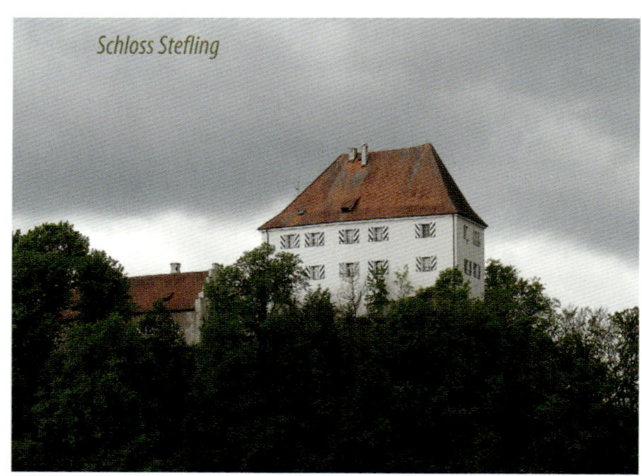
Schloss Stefling

Sehenswürdigkeiten:

Der Jugenberg 3: Eine Schenkungsurkunde aus dem Jahr 996 erwähnt einen Berg bei Stefling namens *Jugo.* Nimmt man das Lateinische als Ursprung, dann wäre der Fall schnell geklärt: Das Joch. Bleibt zu bedenken, dass ein Joch per Definition der niedrigste Kamm zwischen zwei Bergen ist. Solange also keiner kommt und etwas anderes beweist, gehen wir davon aus, dass es hier irgendwann einen Übergang gab, dessen funktioneller Name dann auf den markanten Berg übertragen wurde.

Burgstall Zangenfels 3: Viel ist nicht mehr zu sehen von dieser Burg, die ihren Ursprung um 1350 hat. Die Herren von Zenger wurden mit der Aufgabe betraut, auf dem „Berg unter dem Jugen" eine Burg zu bauen. Sie sind bis 1515 die Besitzer der Burg. Ein gewisser Jobst von Dandorf zu Forchtenberg vereinigte Zangenberg mit Hof – was das Ende der Burg besiegelte, weil sie nicht mehr gebraucht wurde.

Auf dem Gelände befindet sich noch die Ruine des Bergfrieds, jedoch kann man die zweischalige Struktur dieses Gebäudes noch erkennen.

Stefling 8: Die Geschichte des Orts und Schlosses Stefling sprengt diesen Rahmen bei Weitem. Zufällige Bodenfunde führen zu dem Schluss, dass die Gegend schon in der Vorgeschichte besiedelt war.
Den Ortsnamen Stefling (*Stephan* mit Suffix -ing) verorten Wissenschaftler im 8. Jahrhundert. Eine erste schriftliche Erwähnung gibt es im Jahr 996 in einer Notiz in einem Traditionsbuch (Liste von Schenkungen) des Klosters Emmeram. In der Zeit danach bauten die Babonen kontinuierlich ihr Herrschaftsgebiet im Gebiet zwischen Naab und Regen aus. Im 12. Jahrhundert war Burg Stefling das Kerngebiet der Landgrafen von Stefling. In den 50 Jahren bis zum Aussterben der Landgrafen (Tod von Landgraf Otto IV. 1196) war nachhaltige Siedlungstätigkeit geleistet worden. Danach wurde Stefling Sitz einer Hofmark (Sitz der Gerichtsbarkeit).
Die heutigen Gebäude stammen aus der Mitte des 18. Jahrhunderts, nachdem ein Sturm 1738 oder 1739 das Vorgängerschloss schwer beschädigt hatte. 1817 ging das Schloss an die Familie Du Moulin-Eckart über. Sie nannten sich später in *Grafen von der Mühle-Eckart* um, bewohnten das Schloss aber nicht selbst, sondern vererbten und vermieteten es (oder umgekehrt). Seit 1987 ist das Schloss via Erbbaurecht in den Händen von sehr ruhebedürftigen Privatleuten.

Burg Hof am Regen 9: Der Name der Burg leitet sich ab vom dort angesiedelten Adelsgeschlecht der Hofer, die um 1150 erstmals urkundlich erwähnt wurden. Wie die meisten anderen Adelsfamilien besaßen sie gleich mehrere Burgen (Sünching, Sengersberg, Drachenstein, Hirschling, Triftlfing) und verzweigten sich durch Vererbung und Streit auch in mehrere Linien (Hofer auf Hof, Hofer auf Lobenstein).
Nach einigen Besitzerwechseln ging die Burg 1801 an die Familie Du Moulin-Eckart über.
Die Anlage setzt sich aus einer südlich gelegenen Vorburg und einer nördlichen Hauptburg zusammen. Letztere besteht aus einer romanischen Landkirche, die später zur Turmburg erweitert wurde.
Die Burg ist im Besitz der Stadt Nittenau und kann gelegentlich besucht und besichtigt werden. Das Torhaus der Burg ist von Mai bis Oktober täglich für alle Besucher geöffnet. (www.tourismus-nittenau.de)

Der Regen: Schaut man auf die physische Karte der Region, fragt man sich, warum es sich der Regenfluss nicht einfacher machen wollte und sich stattdessen den beschwerlichen Weg durch die Hügel des Vorwaldes bahnte. Er hätte doch auch einfach weiter nördlich durch die Bodenwöhrer Senke fließen und in die Naab münden können. Die Auskunftstafeln bei der Sebaldkapelle informieren, dass der Regen auch genau das tat: Vor 20 Millionen Jahren mündete er beim heutigen Wölsendorf in die Ur-Naab. Heimlich, still und leise muss sich ein anderer kleiner Fluss vom heutigen Regensburg aus (Donau und so) nach Norden in die Hügel des Vorderen Bayerischen Waldes geschnitten haben. Vor 800.000 Jahren hatte der Regen dieses Flusstal kurzerhand übernommen und sich endlich von der Naab unabhängig gemacht!

Veranstaltungstipp „Geisterwanderungen": Die Stadt Nittenau bietet Geisterwanderungen an. www.nittenau.de/freizeittourismus/geisterwanderung/ bzw. www.geisterwanderung.de/ Die Geister spuken bei jedem Wetter!

TOUR 02

Münchshofen

Das ist ein ganz harmloser Dogger, der tut nichts, der ist schon lange tot.

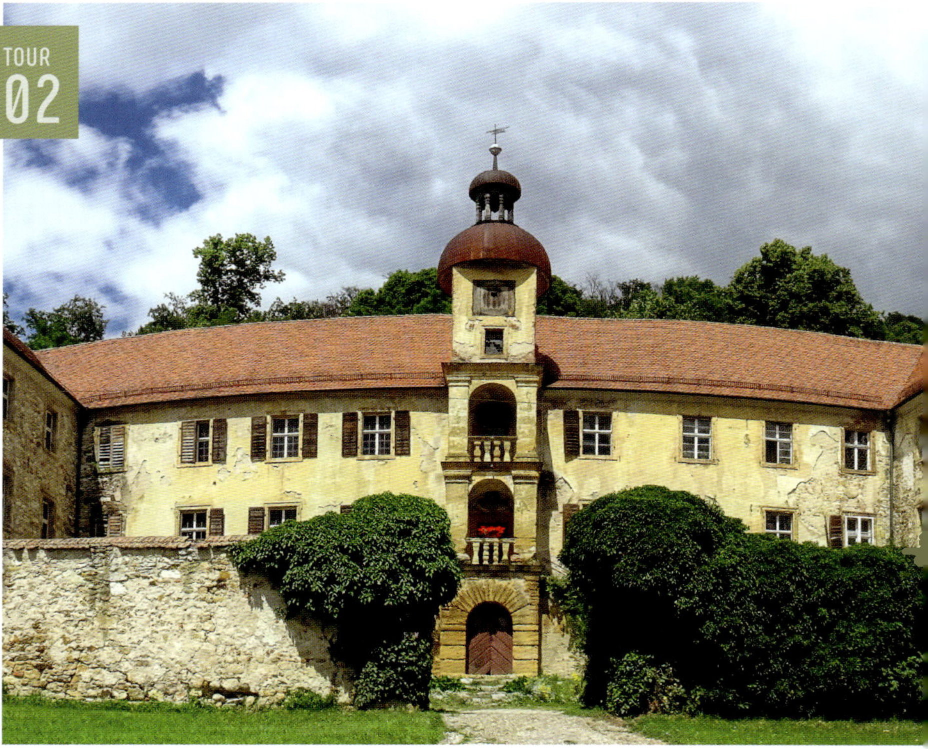

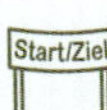

Auf dem Parkplatz vor der ehem. Schlosskapelle
Navi: 93158 Teublitz / Münchshofen, Schlossstraße 5

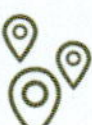

Münchshofen – Malerwinkel – Premberg

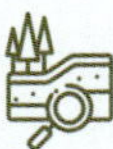

Gut begehbare Feld- und Waldwege, kurze Stücke geschottert oder asphaltiert. Single-Trail-Wald- und Wiesenwege auf dem Rückweg vom Malerwinkel nach Münchshofen

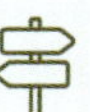

Wanderweg Nr. 5 im südlichen Teil 

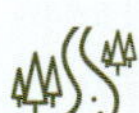

Sie wollten schon immer mal den ältesten dokumentierten Ort im Landkreis Schwandorf erwandern? Bitteschön! Gerade der zweite Teil überzeugt durch wunderbare und herrliche Ausblicke.

TIPP: Gehen Sie diese Tour, wenn gute Fernsicht angekündigt ist. Starten Sie 40 Minuten vor Sonnenaufgang vom angegebenen Parkplatz, um auf der Bank oberhalb Frauenhof den Anbruch eines neuen Tages live mitzuerleben.

 Foto: Schloss Münchshofen (vielleicht findet sich ja ein Käufer?)

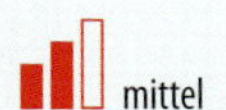
mittel

13,2 km

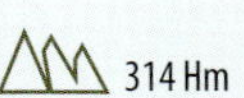
314 Hm

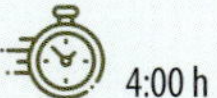
4:00 h

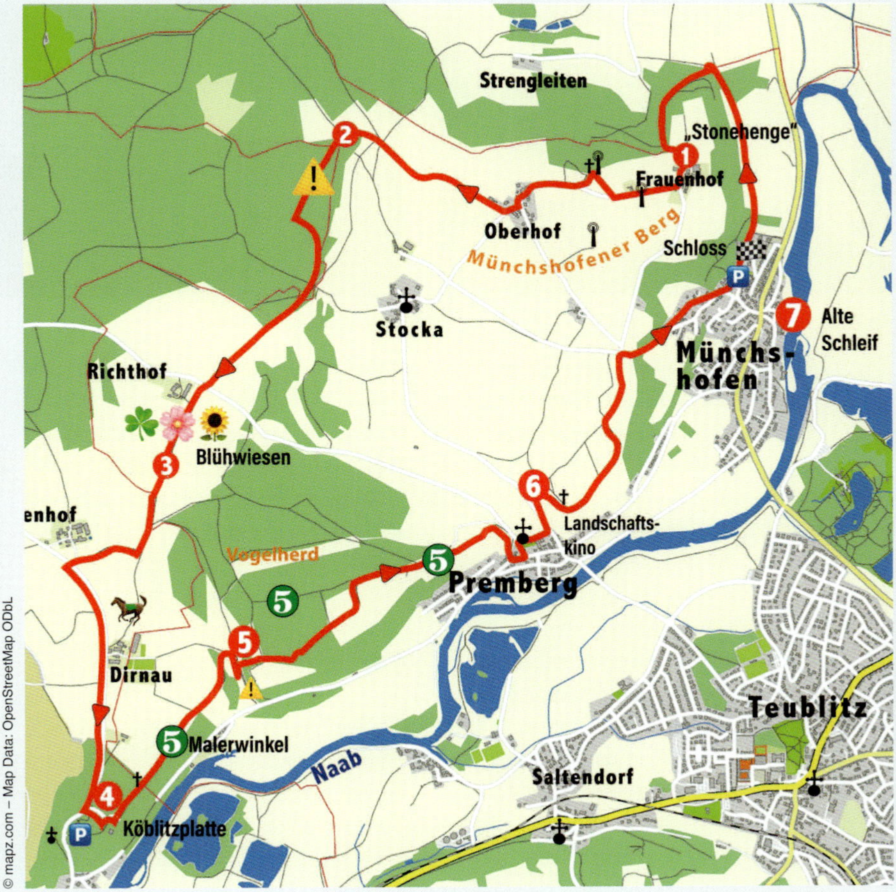

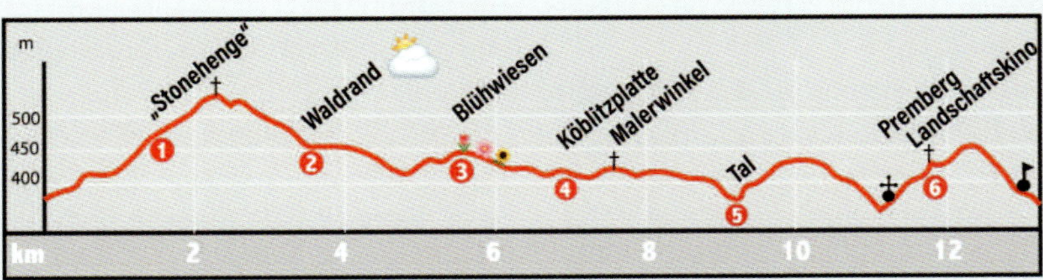

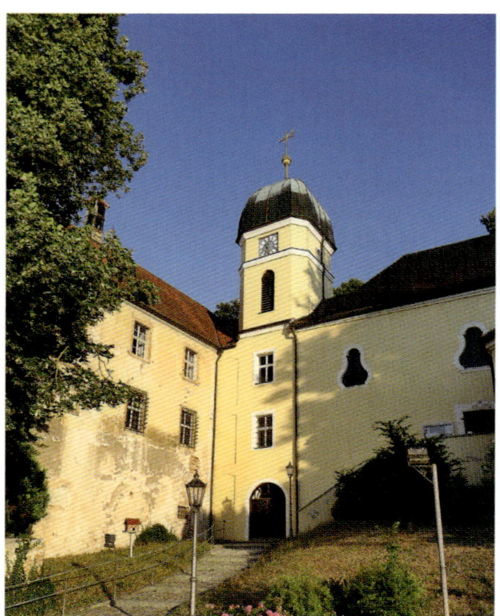

Kirche Münchshofen

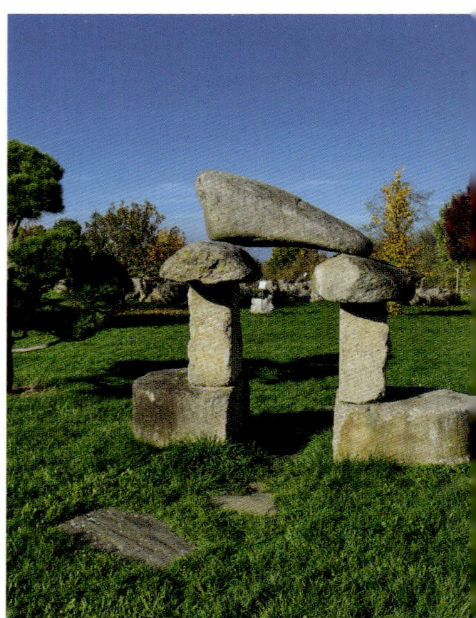

Little Stonehenge in Frauenhof

Im Gegensatz zu erratischen Disziplinen wie Mathematik oder Physik ist die Geographie herrlich logisch. So erinnere ich mich an einen Merksatz aus dem Grundstudium: Je weiter unten die Schichten, desto älter sind sie. Oder anders ausgedrückt: Je weiter oben Schichten sind, desto später wurden sie dort abgelagert. Ja klar. Bei einer Schwarzwälder Kirschtorte legen Sie die oberste Schicht auch nicht als erste auf und schieben dann die Kirschen drunter, um dann den vor Stroh-Rum triefenden Tortenboden als Basis dazu zu manschen. Anders sieht es aus, wenn Ihnen beim Servieren das Stück von der Schaufel kippt, bevorzugt, wenn Sie vorher eine biestige Schwiegermutter durch einen Kommentar innerlich erbeben ließ. In der Geographie oder Geologie wäre das ein Erdbeben und letztendlich der Vorgang der Gebirgsbildung, bevorzugt bei einem Faltengebirge – womit wir wieder bei der Schwiegermutter wären.

Im heutigen Betrachtungs- d. h. Wandergebiet um Münchshofen liegen die Schichten schön ordentlich, das heißt unten der sandig-rötliche, weil eisenhaltige Dogger und darüber die weißen Kalk- und Dolomitbänke des ehemaligen Jurameers. Am tiefsten Punkt der Tour werden Sie kurz in den Dogger eintauchen und dann sogar ein Stück auf ihm wandeln. Vorher, am höchsten Punkt auf dem Münchshofener Berg, sind Sie praktisch das Geburtstagskerzchen auf der Kirschtorte und können die Aussicht genießen. (Gehen Sie die Tour nicht bei Orkan, sonst werden Sie weggepustet!)

Wegbeschreibung:

🏁 Vom Parkplatz aus geht es zu Fuß los auf dem Feldweg. In einem sanften Linksbogen arbeiten wir uns langsam in die Höhe und gewinnen Überblick nach Nordosten (Richtung Schwandorf und so). Nach einer kleinen Waldpassage zweigt nach links ein Trampelpfad in den Wald hinein ab. Es ist nur eine kurze Abkürzung, die zum Aufstiegsweg auf den Münchshofener Berg führt. Wunderbarer Weg. Wir sind hier nicht die ersten Menschen.

Oben führt Sie der Weg geradeaus aus dem Wald, und Sie finden wie von selbst zu den keltischen Installationen, sprich Stonehenge Mini und Steinkreis ❶. Nehmen Sie die Vibrations dieses ein-

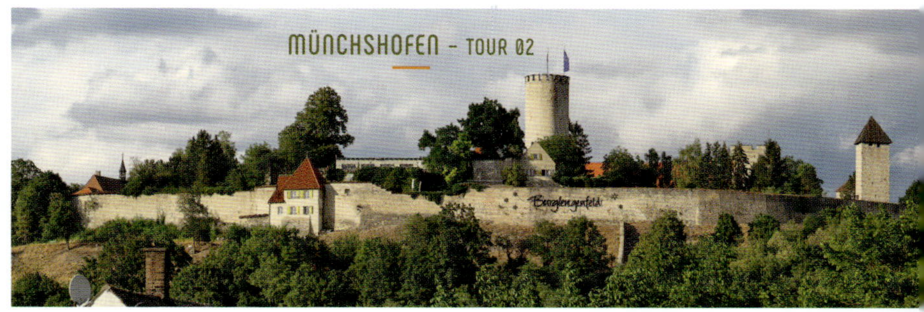

Burglengenfelder Burg (nicht direkt an der Tour gelegen!)

maligen Kraftortes in sich auf. (Mir fehlen dafür leider die Sensoren!) Mental gestärkt geht es kurz zurück und dann durch die Häuser von Frauenhof weiter. Auf Asphalt bergauf. Auf der Sitzbank vor der Hecke können Sie den Sonnenaufgang genießen. (Vorausgesetzt, Sie sind früh genug aufgestanden. Alternativ können Sie auch bis zum nächsten Aufgang warten.)

Erneut gestärkt (vielleicht auch mit Kaffee und Kuchen?) schaffen Sie den Aufstieg auf den Münchshofener Berg. Nach dem eingezäunten Hochbehälter halbrechts auf Feldweg und hinauf zur Sendeanlage. Gehen Sie dann vom Gipfelkreuz nicht nach halblinks zur Straße zurück, sondern suchen Sie vielmehr den Trampelpfad über das Gipfelplateau. Hier finden Sie menschliche Abbautätigkeiten (von Kalkstein), aber auch Erosions-Hohlformen des Karstes. Am Ende wieder links halten und zur Straße zurück und nach Oberhof hinunter.

In Oberhof zwei Mal rechts halten, an der lauschigen Toskanavilla links vorbei. Sie verlassen den Hügel auf einem breiten Feldweg. (Nach links, in die Weite blickend, sehen Sie Burg Burglengenfeld, die rote Kreuzbergkirche und an den Anlagen des Kalkwerks rechts vorbei die Burgruine Kallmünz im Naabtal.) Unten angekommen überqueren Sie die Sternkreuzung geradeaus. 150 Meter weiter zweigt nach links ein Weg ab ❷. 30 Meter danach gleich wieder einer nach halblinks. Wenn Sie denken „Den meint er jetzt nicht wirklich?!“, dann haben Sie den richtigen! Nach knapp 400 Metern auf diesem ungekämmten Weg laufen Sie direkt in den Lauf der Flinte eines ansitzenden Jägers. Schlagen Sie vor dem Einschlag des Projektils einen geschickten Haken nach links. Der gröbst geschotterte, rechtskurvende Weg ist ein wenig anstrengend.

Sie erreichen eine Forststraße (fast am Waldrand) und überqueren diese leicht nach links versetzt. Nach 700 Metern erreichen Sie an der Straße den Richthof und setzen auf der anderen Seite – an der Eiche vorbei – den Weg fort. Nun sind Sie im Bereich der Blühwiesen ❸. Toll, was hier alles wächst! Danach steuern Sie das **Reiterparadies Schwanzlhof** an, allerdings folgen Sie der nach rechts abbiegenden Schotterpiste, um nicht auf Privatgrund zu landen.

Bei Bubenhof geht's auf die Fahrstraße und nach links weiter – am Pferdehof vorbei. Immerhin können Sie ein wenig nach rechts in den Kalkab-

Gipfel am Münchshofener Berg

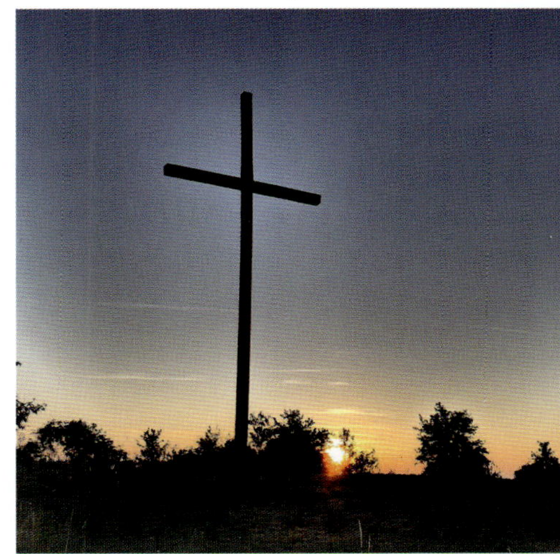

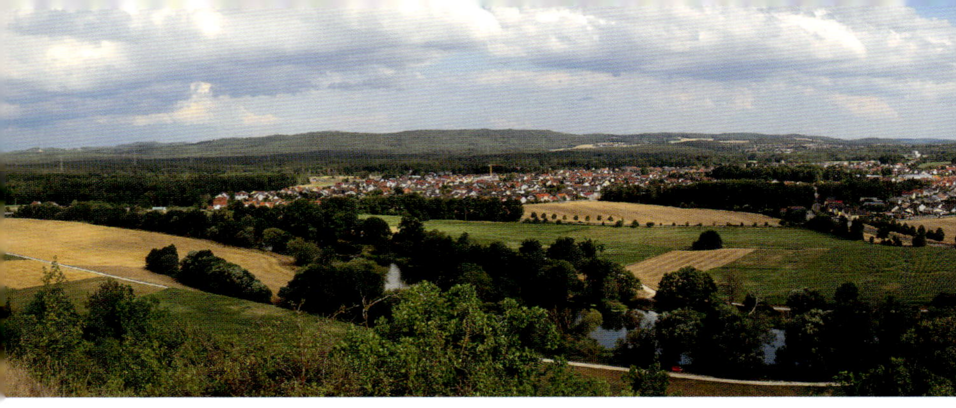

Panoramablick Städtedreieck

bau „spechten". (Wenn man sich auf einem der wenigen Feldwege nach rechts und zwischen den Feldern bis zum Zaun durchschlägt, ist man dort reichlich enttäuscht. Es ist nur ein großes, breites, aber wenig tiefes Loch. Aus der Ferne wirkte es bedrohlicher. Der ehemalige Aussichtspunkt, den man vom höchsten Punkt der Straße nach rechts erreichen konnte, ist gesperrt.) Vom höchsten Punkt der Straße Abstieg, bis Sie fast die Schilder nach links zur Köblitzplatte 4 erreichen.

Auf der Köblitzplatte umrunden Sie die Eisstockanlage zur Rückseite und folgen Wanderweg Nr. 5. Sie erreichen den **Malerwinkel** 5 und legen eine romantische Rast ein. Vielleicht malen Sie auch ein Bild – zumindest vor Ihrem geistigen Auge (oder sogar beiden). Dann weiter. Zwei Rinderkoppeln und dann leichter Abstieg durch den Wald. Linkskurve. Wenn Sie wieder aus dem Wald kommen, blicken Sie auf den Hang direkt gegenüber: Dort sehen Sie einen Pfad durch die Hecken ansteigen. Ist man nämlich erst ganz unten auf den Schotterstraßen, erkennt man den Pfad nur noch schlecht.

Also weiter auf dem Wanderweg bis zur „dicken" Schotterstraße Richtung Naabtal. (Wanderweg 5 geht nach links weiter.) Sie gehen 75 Meter nach

Panoramablick Malerwinkel

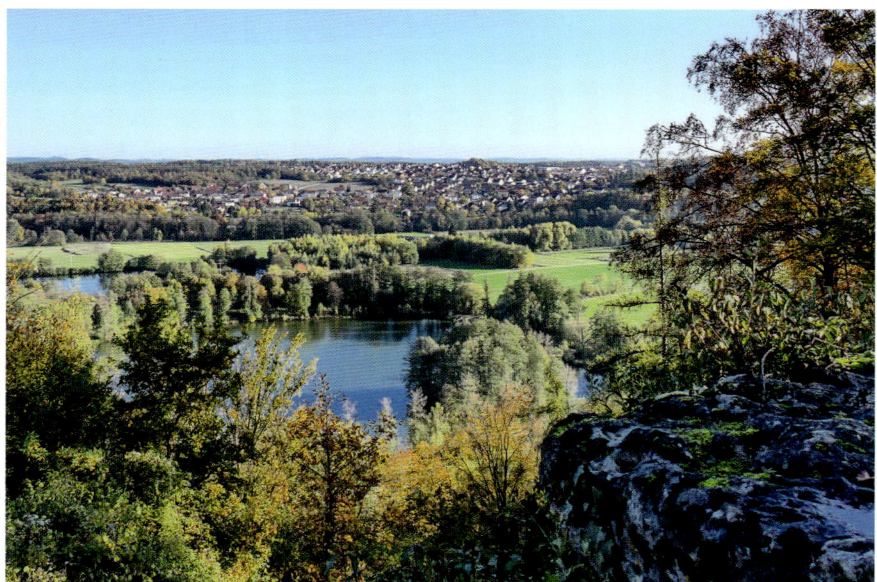

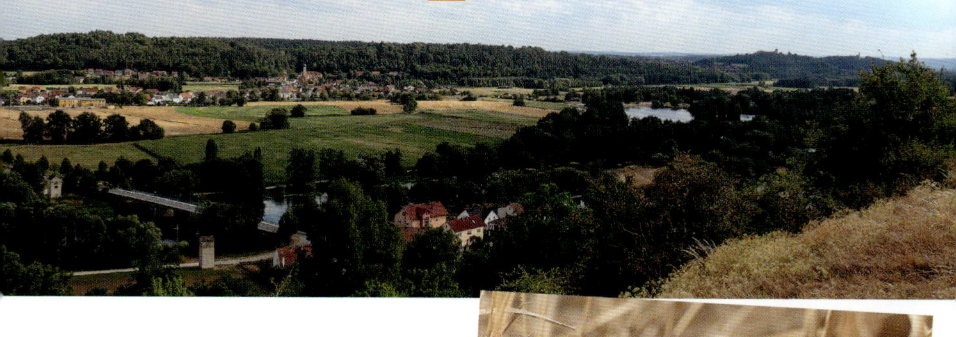

rechts bergab und steigen an einer ausgetretenen Stelle durch den Graben nach links zu besagtem Saumpfad auf. Er bringt Sie durch lichtes Gehölz auf einen Weg, der von rechts heraufkommt. Hier setzten Sie den Weg leicht links nach oben versetzt an der Hecke entlang fort. Es schließt sich ein bei Mountainbikern beliebter Singletrail an. (Machen Sie sich darauf gefasst, dass Sie blitzartig ausweichen müssen!)

Letztendlich mündet dieser Weg nach einer Linkskurve wieder auf dem IVV-Wanderweg/Nr. 5, den Sie nach rechts einschlagen. Nach 300 Metern – inzwischen leichter Abstieg – münden andere Schotterstraßen ein. Der Blick öffnet sich nach rechts ins Städtedreieck, und plötzlich – wie aus dem Nichts – liegen drei Kalkblöcke in Reihe rechts vom Weg. Hier beginnt ein Saumpfad. Schlängeln Sie sich auf diesem hinunter nach Premberg. Am Ende landen Sie in einer tief im Doggerstein eingefrästen Altstraße. Dann am Grundstück vorbei zur Premberger Hauptstraße. Diese gehen Sie kurz nach links und steigen auf der Treppe zur **St.-Martin-Kirche** auf. Oberhalb der Kirche folgen Sie der Straße bergab, überqueren die Straße nach Stocka und steigen an der Infotafel nach links auf Wanderweg 5a zum Aussichtspunkt auf. (Auf dem ersten Stück gehen Sie auf Dogger!) Der Weg gabelt sich – beide Varianten nehmen eine scharfe Rechtskehre. Andernfalls würden Sie nicht zum **Landschaftskino-Gipfelkreuz** oberhalb von Premberg gelangen 5.

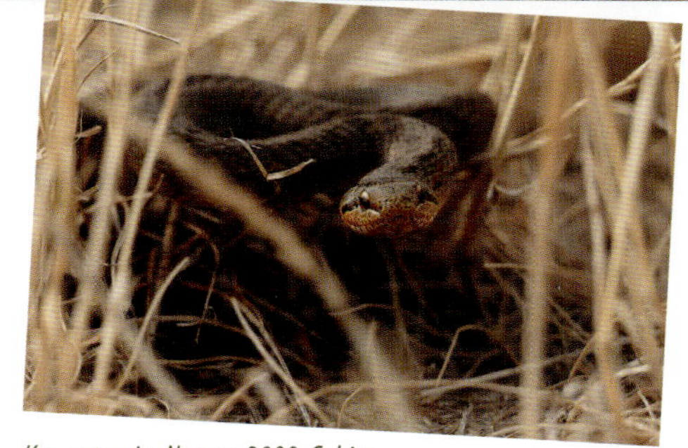

Kreuzotter im Natura-2000-Gebiet

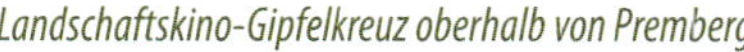

Landschaftskino-Gipfelkreuz oberhalb von Premberg

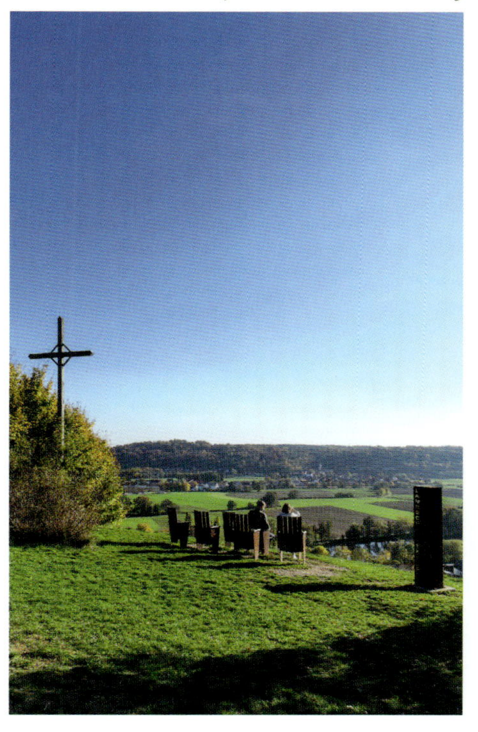

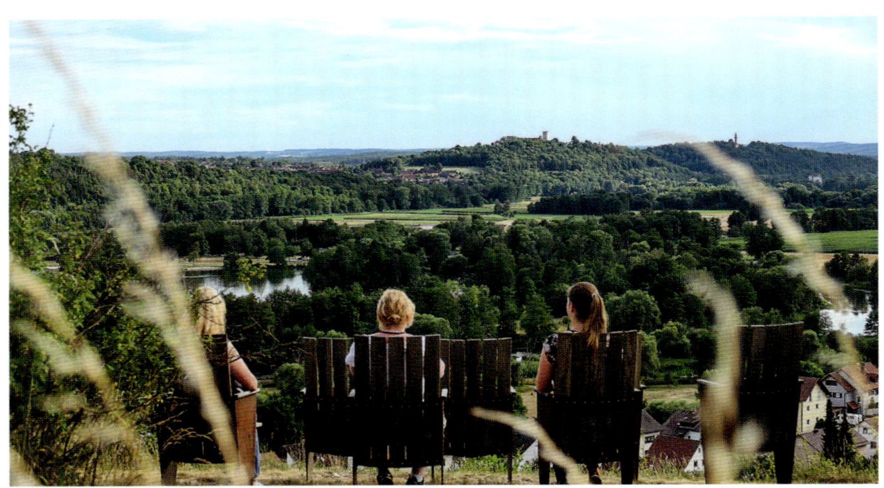

Panorama Landschaftskino

Dann auf dem Weg weiter. Herrlicher Blick nach Südosten! Nach einer erneuten weiten Linkskurve stehen Sie an einer T-Gabelung. Diese überqueren Sie und nehmen den Trampelpfad geradeaus bergauf. Er ist nicht sofort ersichtlich. Mittels dieses Umwegs erreichen Sie ein Plateau, das Ihnen einen traumhaften Fast-Rundumblick ermöglicht. Bei gutem Wetter sehen Sie deutlich den Hohen Bogen im Osten. Dann an dem gelben Gassichtmarker vorbei. An der Straße angekommen nach rechts und Abstieg nach Münchshofen. Im Ort angekommen biegen Sie nach links in „Am Herrnberg" ein, durchqueren den Durchgang beim Schloss, blicken kurz danach in dieses hinein zum Uhrenturm und sind dann auch schon wieder beim Auto.

Sehenswürdigkeiten:

Schloss Münchshofen: Wo waren Sie am 27. September 2011? Da hätten Sie Schloss Münchshofen ersteigern können. Damit könnten Sie sich seitdem der Aufgabe widmen, dieses Renaissanceschloss vor dem Verfall zu retten, und Ihr Leben hätte einen Sinn! Jetzt muss sich immer noch Freiherr von Moreau mit dieser Aufgabe herumschlagen.

Das Schloss wurde vollständig im Stil der Renaissance an der Stelle erbaut, wo bereits ein Vorgängerbau gestanden hatte. (Man findet die Jahreszahl 1597 in einem Westflügel eingemeißelt.) Auf der Rückseite könnten Sie im dreiseitigen Arkadenhof lustwandeln. (Allerdings müssten Sie befürchten, von den Bogenschützen dabei beobachtet zu werden. Diese schießen am Hang hinterm Schloss auf allerley Gethier – aus Kunststoff.)
Die **ehemalige Schlosskapelle** Hl. Kreuz und St. Margaretha wurde 1772 fertiggestellt, also im Stil des Barock. Das bedeutendste Gemälde – *Ecce homo* aus der Schule Lukas Cranachs des Älteren – schlummert im Historischen Museum in Regensburg. Die ehemalige Schlosskirche wird nur noch für Gottesdienste genutzt und nur dafür geöffnet. (Halten Sie dem Pfarrer den Parkplatz frei!)

Glasschleif- und Polierwerk Münchshofen 7 (liegt nicht am Weg): Die „Alte Schleif" von Münchshofen ist die einzige komplett erhaltene Anlage dieser Art. Bis 1953 trieben die Wasserräder die hölzernen Poliertische an, auf denen Spiegel- und Fensterglas bearbeitet wurde. 100 Jahre nach ihrem Bau wurde die Anlage 1990 in die Denkmalliste aufgenommen und bis 2014 saniert. Die Ausstellung im Innenraum informiert über die Arbeitsbedingungen der Glasschleifer und die Bearbeitung des Glases. Näheres unter www.oberpfaelzerwald.de/glasschleife-muenchshofen.

Von den 230 Mühlenstandorten in Bayern waren 90 allein im Landkreis Schwandorf, z. B. in Loisnitz, Rohrbach, in Traidendorf und auch an der Schwarzach. Auch in Tour 18 begegnen wir einer dieser Glasschleifen an der Ascha.

Zeitreise zum Thema Geologie[1]

Am 14. Juli 2012 feierte das Zementwerk seinen 100. Geburtstag. Vor allem nach dem zweiten Weltkrieg stieg der Verkauf von Zement rapide. Aktuell produziert das Werk über 1 Mio. Tonnen Zement pro Jahr in 10 unterschiedlichen Zementsorten. Auf der Homepage schreibt das Unternehmen, dass man die z. T. alten Anlagen bestens in Schuss halte und man mit Blick auf Umweltschutz Emissionswerte einhalte oder sogar unterschreite.

Die Produktion von Beton trägt mit 6 bis 9 Prozent – je nach Quelle – am Ausstoß von klimaschädlichem CO_2 bei. (Eine Tonne Zement erzeugt 700 Kilogramm CO_2.) Das Problem ist dabei ein zweifaches: Ein Drittel der Emission entsteht bei der Energieerzeugung, die notwendig ist, die Rohstoffe Kalk und Ton auf 1450 Grad zu erhitzen und ihnen so das Wasser zu entziehen. Häufig werden dazu alte Autoreifen verbrannt – oder andere zu entsorgende Kunststoffe.

Zwei Drittel entstehen durch die chemische Reaktion. Beim Erhitzen des Kalkgesteins (Kalziumkarbonat) geht ein Kohlendioxidmolekül „verloren" und entweicht in die Atmosphäre.

Aus diesem Grund ist die Industrie seit Jahren auf der Suche nach alternativen Baumaterialien, z. B. der Schlacke aus Hochöfen. Diese reagiert ähnlich wie Zement und weist ähnliche Festigkeiten auf.

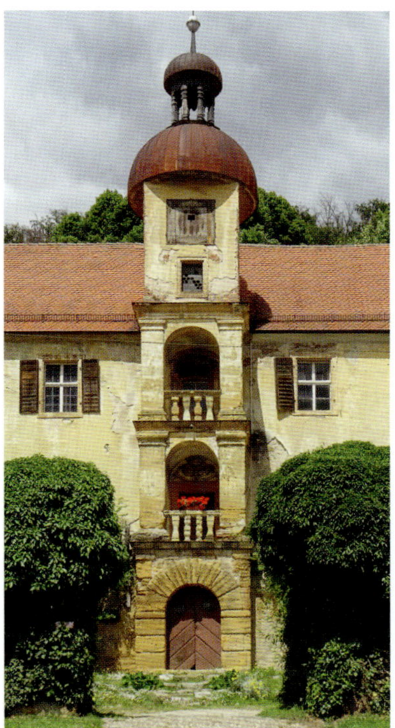

Schloss Münchshofen

Premberg 6: Bei Premberg handelt es sich um den frühesten urkundlich erwähnten Ort im Landkreis Schwandorf. Im Jahr 805 taucht *breemberga* in den Diendenhofener Kapitularen Karls des Großen auf. Der Ort war Zollstation für den Handel mit den Awaren. Hier wurde auch das Waffenausfuhrverbot zu diesem slawischen Reitervolk überwacht (vgl. zweiter Feldzug der Franken von 795/796.) Bei so einem alten Ort verwundert die tief eingeschnittene Altstraße nicht. Dort, wo Sie heute wandern, liefen mehrere Altstraßen zusammen, aus Schmidmühlen und Pottenstetten kommend. Diese führten zur Furt über (oder durch) die Naab beim östlichen Ortsrand (heute Vereinsheim).

Wiefelsdorf

In der Kürze liegt die Würze

TOUR 03

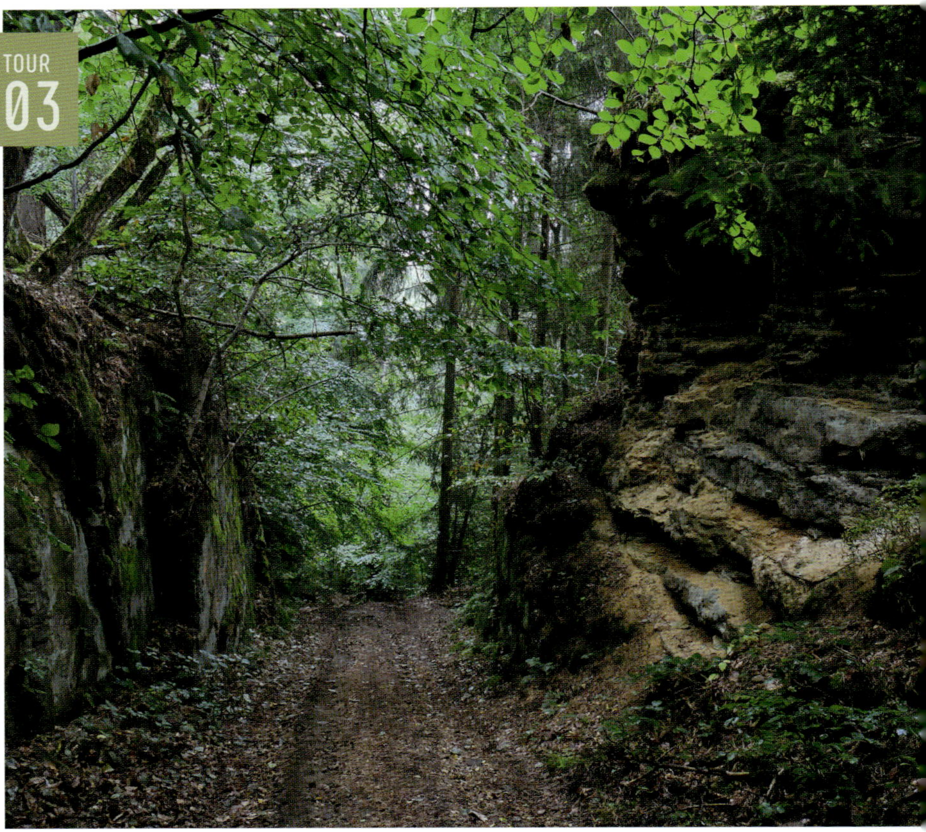

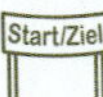

Am großzügigen Parkplatz bei der Kirche
Navi: 92421 Schwandorf-Wiefelsdorf, Wiefelsdorfer Str. 7

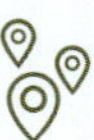

Wiefelsdorf – Naabeck

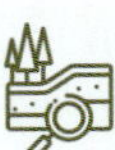

Zunächst Asphalt, dann aber wunderbarer Waldwanderweg; im letzten Drittel Flurwege und Straßen

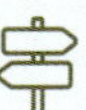

Fast durchgängig auf Schwandorfer Panoramaweg

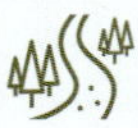

Eine kurze, aber landschaftlich ansprechende Runde. Kultur kommt auch nicht zu kurz.

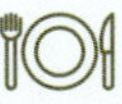

Brauereigasthof Plank
Wiefelsdorfer Straße 1
92421 Schwandorf-Wiefelsdorf
Tel. 09431 60889
www.brauereigasthof-plank.de

Foto: Hohlweg zur Alten Hochstraße. Heute wird hier niemand mehr überfallen. Vielleicht.

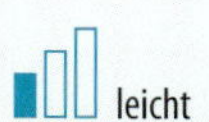
leicht

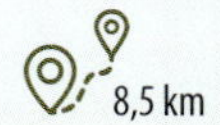
8,5 km

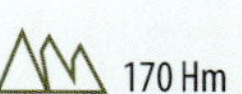
170 Hm

2:30 h

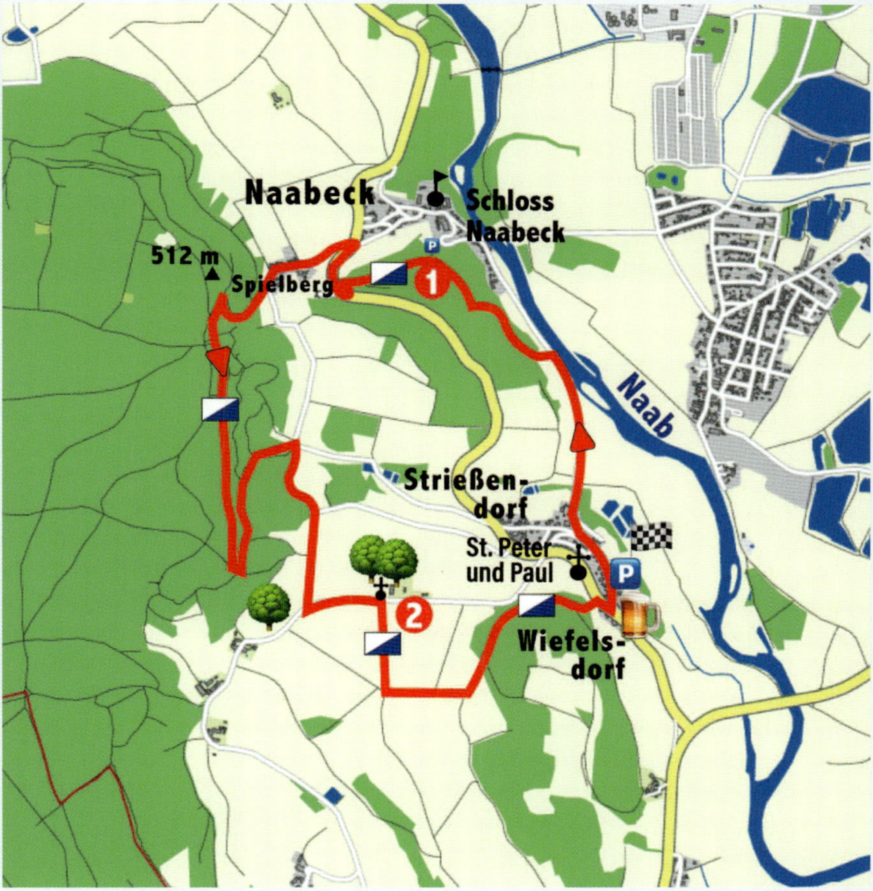

Naabeck
Schloss
Naabeck
512 m
Spielberg
1
Naab
Strießen-
dorf
St. Peter
und Paul
2
Wiefels-
dorf

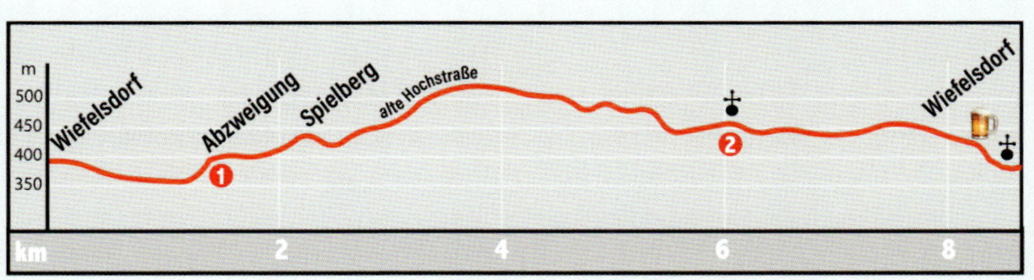
m
500
450
400
350
Wiefelsdorf
Abzweigung
Spielberg
alte Hochstraße
Wiefelsdorf
1
2
km
2
4
6
8

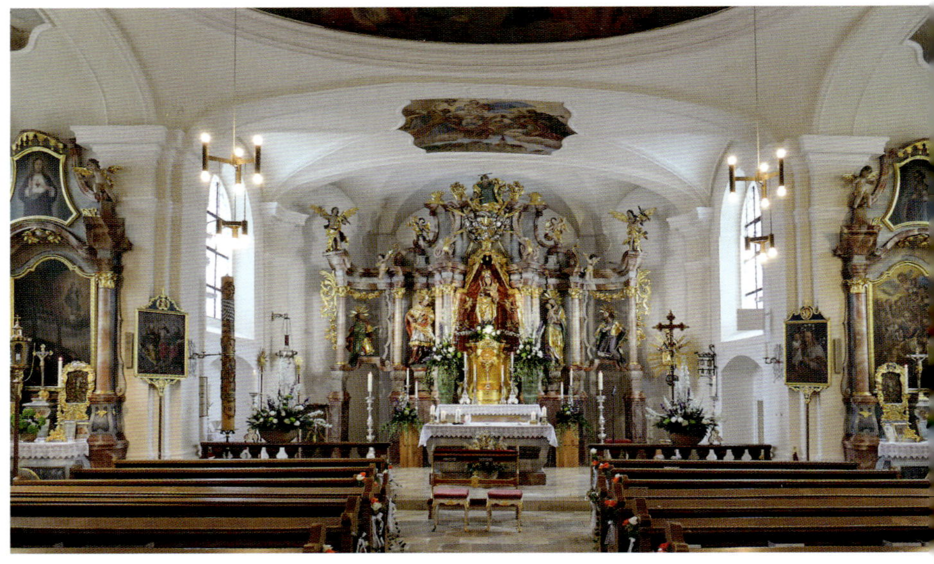

Spätgotische Madonna von 1470

Wenn Sie sich gerade mal wieder wie Obelix nach einer Portion Zaubertrank fühlen, dann gehen Sie die beiden nächsten Touren en bloc, also am Stück. Sie sparen sich eine An- und Abfahrt und erleben die vier vorgestellten Kirchen in einem Aufwasch. (Hinterlegt als GPS-Track – ca. 20 km, 6 Stunden, 250 Höhenmeter.)

G'schmeidiger ist es, die Touren zu trennen. Gerade die nächste Runde zwischen Wiefelsdorf und Naabeck eignet sich hervorragend als Wanderung für eine kleine Gruppe von Wanderinteressierten, also zum Beispiel für die Freunde Ihres Tanzkreises oder die Streber aus der Arbeit. Die Strecke bietet Kultur, ein bisschen spektakuläre Geologie, reichlich Natur und zum Abschluss eine oberpfälzisch-zünftige Einkehr im Gasthaus Plank in Wiefelsdorf. Erzählen Sie den Leuten, Sie selbst hätten diese erstklassige Tour ausbaldowert, und Sie sind der Held des Tages!

Dabei habe auch ich mich im Wesentlichen nur der Vorarbeit des Oberpfälzer Waldvereins (Zweigverein Schwandorf e. V.) bedient und folge – wie hoffentlich auch Sie – den Farben Weiß und Blau.

Wegbeschreibung:

Sie starten vom Parkplatz bei der Kirche St. Peter und Paul und wandern auf der Straße nach Norden, also Richtung Schwandorf. Bereits an der nächsten Abzweigung folgen Sie nach rechts, leicht bergab. Aber dann lassen Sie den Panoramaweg nach rechts ziehen und gehen auf Asphalt geradeaus weiter. Sie erreichen die Naab und finden schon in Sichtweite des Ortes Naabeck einen Feldweg, der nach links weg im Rechtsbogen zum Waldrand führt. Genießen Sie diesen Nature Trail, dem Sie nach 350 Metern und leichtem Anstieg weiter nach rechts folgen.

400 Meter später kommt von unten der aus Naabeck herauf. Der Weg geht nun aber geradeaus weiter, den Ochsengraben zur Rechten entlang. Ab hier folgen Sie stur-heil den Schildern des Panoramawegs. (Zur Kontrolle: Bei der Kapelle vor Bauernhof mit Biogasanlage rechts, nach 400 Metern links, nach weiteren 350 Metern links und zum Waldrand. Im Wald folgen Sie weiter den -Schildern.) 700-Meter-Rechtsbogen durch den Wald. Der Abstieg nach Wiefelsdorf (nach links) kommt etwas unvermittelt.

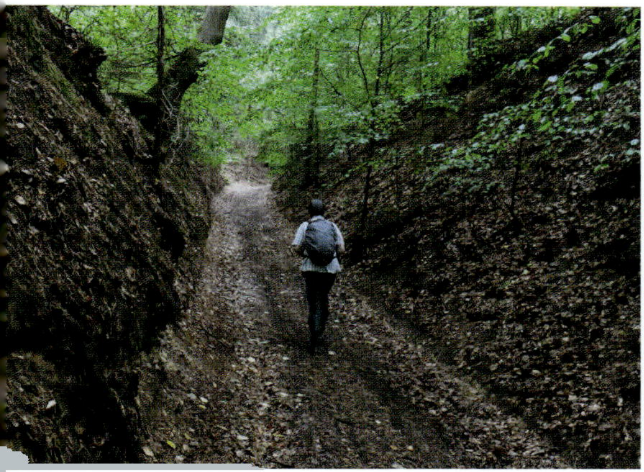

Der Aufstieg zur Hochstraße hinterlässt tiefe Eindrücke.

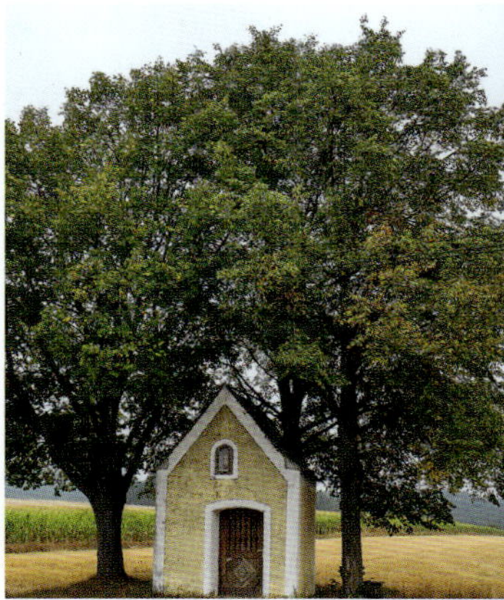

Wegkapelle

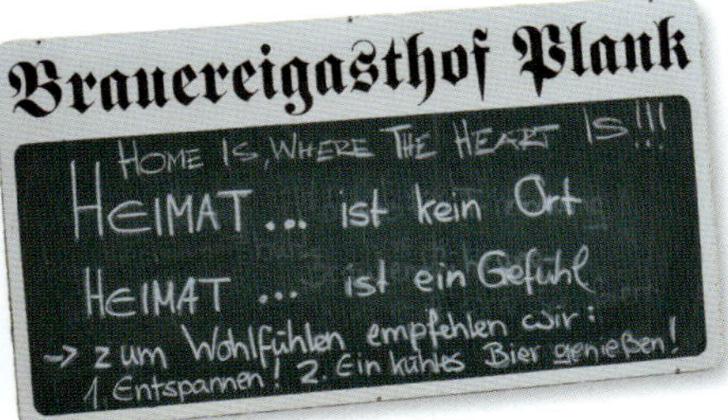

Am Waldrand angekommen überqueren Sie die Wiese auf direktem Weg zum Ort. (Der Weg zum **Gasthaus Plank** ist selbstredend.) Zum Wohlsein!

Sehenswürdigkeiten:

Wiefelsdorf, Wallfahrtskirche St. Peter und Paul:

Basis des Kirchenbaus ist ein romanischer Kern aus den Jahren 1230/40. 1445 wurde er erneuert und um einen Turm erweitert. Im 17. Jahrhundert wurde die Kirche weiter umgestaltet.
Die Wallfahrer und Kunstinteressierten kommen wegen der spätgotischen Madonna von 1470 und wegen des Altars aus der Mitte des 18. Jahrhunderts, also aus dem frühen Rokoko.
Ich persönlich finde die Darstellung der Kopfüber-Kreuzigung des Paulus in der Mitte der Decke ziemlich verstörend.

Info zum Brauereigasthof Plank:

„Als Geburtsstunde der Brauerei gilt der erste Sonntag im Oktober 1888, als Michael Plank das erste selbst gebraute Bier ausschenkte. Kurz zuvor hatte er das so genannte „Hallergütl" inklusive Gastwirtschaft und Grund erworben und sich vorgenommen, eigenes Bier zu brauen. Die Umwandlung der Hausbrauerei in einen Betrieb mit hochwertiger Brautechnologie erforderte über die Jahre viel Einsatz und Arbeit. Trotz mancher Schicksalsschläge und schwerer Zeiten kann die Brauerei nun auf eine über 100 Jahre dauernde Brautradition zurückblicken. Zur Stärkung der Marktposition besteht seit einiger Zeit eine Kooperation mit der **Schlossbrauerei Naabeck,** über deren Vertrieb das „Jura Weizen" die Gastronomiebetriebe und Getränkeläden der Umgebung erreicht." www.brauereigasthof-plank.de

Neukirchen

Im Delirium durch die Epochen der Baugeschichte

TOUR 04

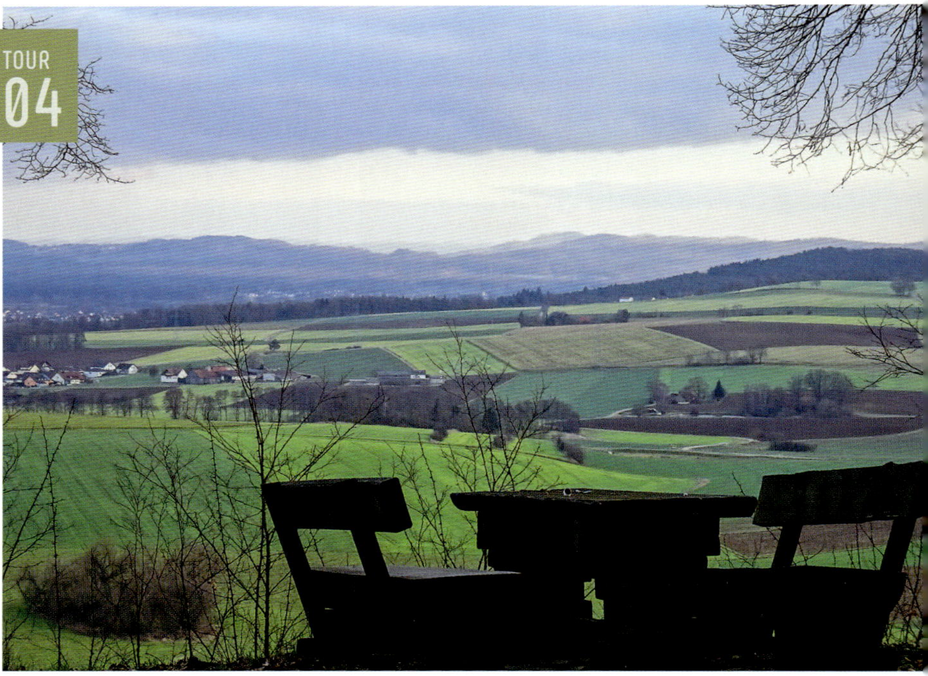

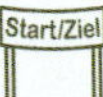

SAD 3 zwischen 92421 Schwandorf/ Neukirchen und 92286 Rieden / Vilshofen

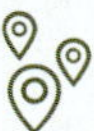

Neukirchen – Naabsiegenhofen – Naabeck

Diese Tour wurde nicht für Wellness konzipiert und bietet ein bisschen was von allem: Asphalt, Forstwege, Schotter, aber auch herrliche Waldabschnitte auf kuschelweichem Boden.

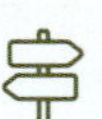

Jakobsweg und Schwandorfer Panoramaweg

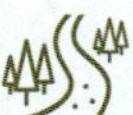

In dieser etwas ausladenden Tour tauchen Sie in die Kirchengeschichte des Landkreises ein. Natürlich kommt auch die Natur nicht zu kurz.

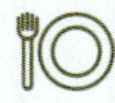

Haunersdorfer Johann
Gögglbacher Ring 8
92421 Schwandorf-Gögglbach
Tel. 09431 4417

Brauereigasthof Plank
Wiefelsdorfer Straße 1
92421 Schwandorf-Wiefelsdorf
Tel. 09431 60889
www.brauereigasthof-plank.de

 Foto: Blick ins Naabtal

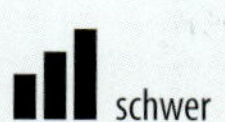

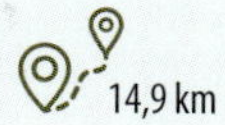

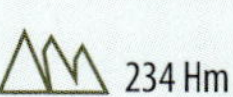

© mapz.com – Map Data: OpenStreetMap ODbL

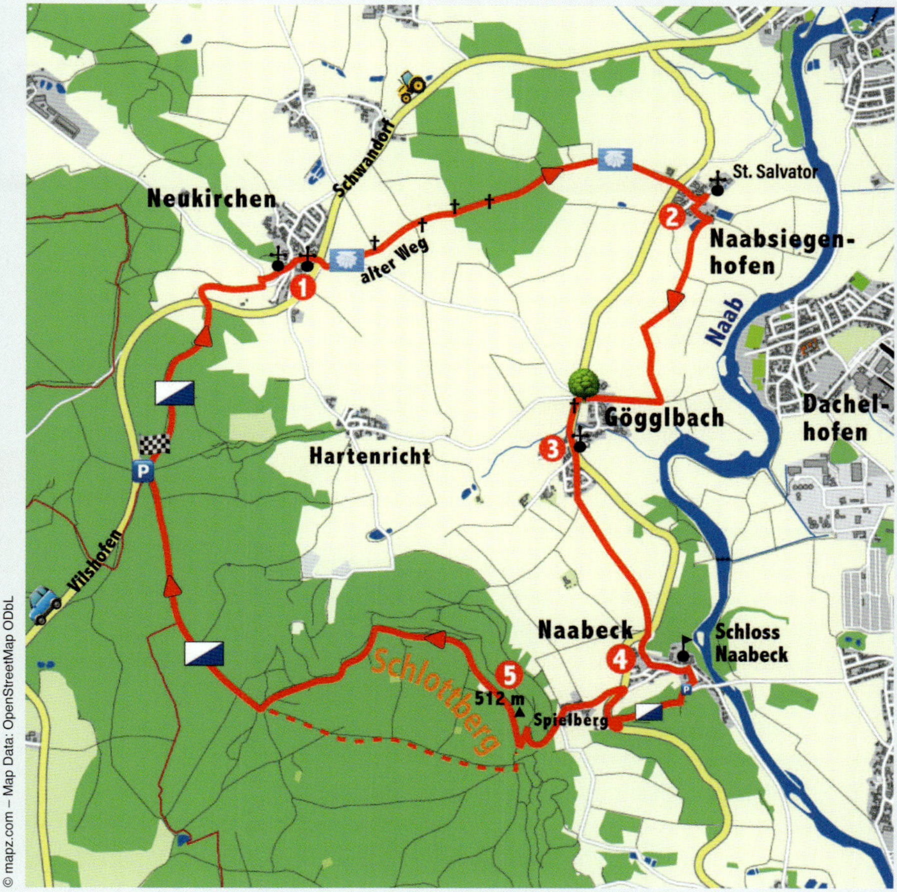

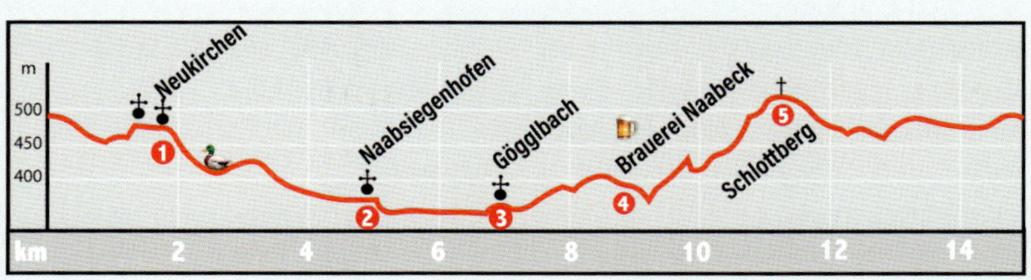

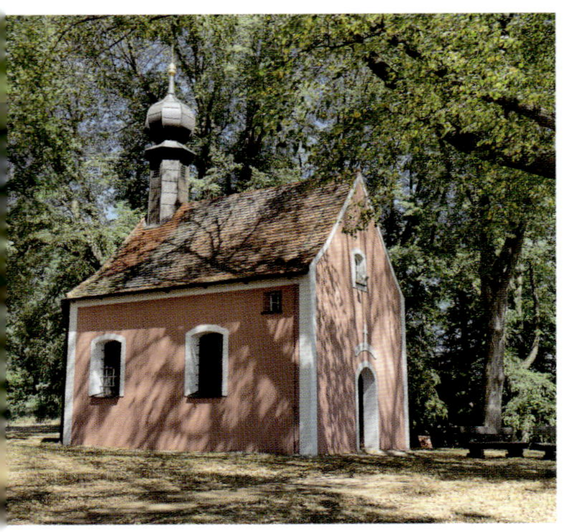

St.-Anna-Kapelle

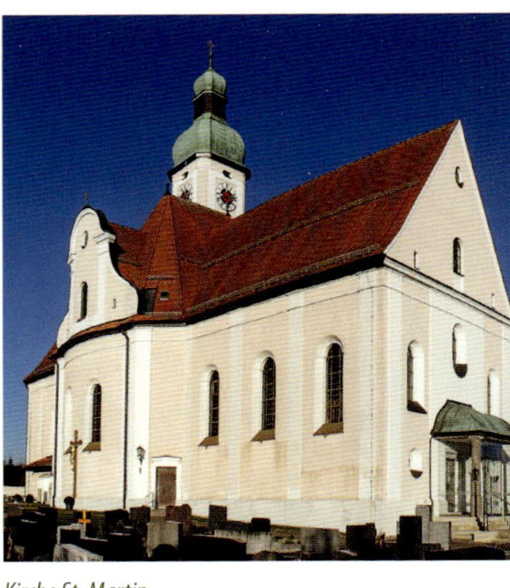

Kirche St. Martin

Immer wieder werde ich gefragt, ob ich nicht schon den Jakobsweg gegangen wäre. Es läge doch nahe. Nun kann ich mir schon vorstellen, dass es erhebend sein muss, sich nach zwei langen, entbehrungsreichen Wanderwochen in Compostela mit wildfremden, ebenfalls hemmungslos weinenden Menschen in den Armen zu liegen. Meine Antwort ist aber dennoch ein tiefes, spontanes „Nein". Erstens ist mir die Anfahrt nach Spanien zu lang (gut, ich könnte natürlich auch direkt von der Regensburger Schottenkirche aus loswandern) und dann – und vor allem – ist mir dieses Unterfangen inzwischen zu Mainstream. Ich bin eher so ein antizyklischer Mensch, der Modetrends meidet. (Nur deswegen habe ich übrigens den Mount Everest auch schon von der Löffel-Liste[2] gestrichen.)

Aber immerhin: 2020 ging ich – eher zufällig – den Jakobsweg von Ensdorf nach Schwandorf. Nachdem ich vorher in Amberg einen leicht vergifteten, obwohl (oder weil) vegetarischen Döner gegessen hatte, wäre ich auf dem langweiligsten Stück des europäischen Jakobswegs fast vor die Hunde gegangen. Als ich an diesem kalten Februarabend nach Einbruch der Dunkelheit in Schwandorf ankam, klapperten mir die Zähne wie die eines Skeletts während eines Erdbebens. Ich hatte nicht einmal mehr die Kraft, ausgiebig zu weinen.

Das zeigt, dass man auch in unseren Breiten den Jakobsweg intensiv gehen und erleben kann. Man muss nur ein wenig an den Stellschrauben drehen. Die Anleitung zu Momenten grenzenlosen Glücks finden Sie hier, auf dem Jakobsweg:

Tourvorbereitung:

- Maximal ein Liter Wasser
- Drei halbe Radler, gut gekühlt
- Mückenmittel, vor allem gegen Pferdebremsen
- Kopfbedeckung
- Handy
- Geldbeutel
- Erste-Hilfe-Set
- Wanderschuhe, die Ihnen eine Nummer zu klein sind. Sind Sie ein großer Sünder (also 1,85 Meter und mehr), dürfen die Schuhe auch zwei Nummern zu klein sein.
- Wählen Sie einen Tag, der als der heißeste des Jahres angekündigt wird. 33 °C sind Minimum! Start ist dann um 11 Uhr.

Tourstart:

Packen Sie den Liter Wasser in den Tagesrucksack, aber lassen Sie Mückenmittel, Kopfbedeckung,

Geldbeutel, das Handy und vor allem die drei kühltaschenkühlen Radler im Auto. Schnüren Sie die Schuhe richtig fest. Bei einer Pilgerwanderung brauchen auch die Zehen profunden Halt! (Das kleine Erste-Hilfe-Set kann mit!)

Wegbeschreibung:

Sie starten vom Wanderparkplatz an der Straße zwischen Schwandorf/Neukirchen und Vilshofen. Die Wanderung startet mit Blickrichtung nach Schwandorf (Nordosten (= vorne rechts!)). Nach 1 Uhr 30 zweigt in den Wald hinein der Schwandorfer Panoramaweg ab. Dieser Beschilderung folgen Sie bis zur **St.-Anna-Kapelle** oberhalb von Neukirchen. (Nach Überquerung der Hauptstraße im S weiter auf Asphalt; eine Weile später kurz Richtung Scheckenberg und Siegenthan und dann am Sportplatz vor zur Kapelle.) Die Sitzbank bietet einen wunderbaren Ausblick, aber ich würde hier nur kurz meditieren und noch nichts trinken! Ressourcen schonen. (Nach den alten Treppen des Kreuzwegs finden Sie – schon im Ort – rechter Hand einen alten Keller im Doggersandstein. Hier wurde früher bestimmt auch kühles Bier gelagert!)

Jetzt geht's weiter auf dem Jakobsweg, hinunter zur **Pfarrkirche St. Martin** ❶. (Vom „Balkon" des Friedhofs blicken Sie ins Naabtal hinaus.) Dann geht's weiter bergab auf der Kramergasse, über die Hauptstraße und zunächst auf Asphalt weiter. Unten, bei der Gabelung, folgen Sie dem Jakobsweg nach links. Am Kramer-Weiher können Sie Rast einlegen. Trinken würde ich das Weiherwasser nicht!

Sobald Sie die Bäume und das Kruzifix erreichen, sind Sie am Ein- oder Ausgang einer alten Allee. Für ein richtiges Pilgererlebnis entkleiden Sie Ihren Oberkörper und setzen sich mit dem alten Weg zwischen den Bäumen auseinander. Er setzt sich dann – deutlich sichtbar – im Wald weiter fort. Danach sei Ihnen die erste Hälfte des Getränkevorrats zugestanden! Weiter auf dem Jakobsweg. Sobald Sie wieder aus dem Wald heraustreten, haben Sie einen wunderbaren „Öha-Blick" auf Schwandorf.

In **Naabsiegenhofen** kommen Sie am Heidelbeerhof Mulzer vorbei. Hier könnte man selbstversorgerisch Beeren erstehen (nicht erstehlen!). Weiter hinten, links im Ort, steht **Kirche St. Salvator** ❷. Es wirkt, als stünde sie auf dem Grundstück des Bauernhofs, aber der Zugang ist per Gewohnheitsrecht erlaubt. Der Mesner wohnt in gleichnamiger Straße im Haus Nr. 5. (Er hat mir erzählt, dass sein Lieblingsfach Erdkunde gewesen war. Toller Mann!) Nach der Kirchenbesichtigung geht es von der Dorfmitte ohne Markierung weiter auf „Zum Anger" bergab. In den Naabauen, vor dem Trafohäuschen, schwenken Sie nach rechts auf die geschotterte Straße mit nichts, was Sie von der prallen Sonne trennt. (Wenn Sie ordentlich geplant haben, steht die Sonne bald am höchsten. Sollten die Schuhe schon zünftig drücken, könnten Sie die nächsten zwei Kilometer barfuß gehen! Wir wollten doch pilgern.)

Bald begleitet Sie rechts ein Gewässer, das Sie schließlich überqueren. Danach links. Etwas spä-

Lässig relaxen auf dem Wanderweg

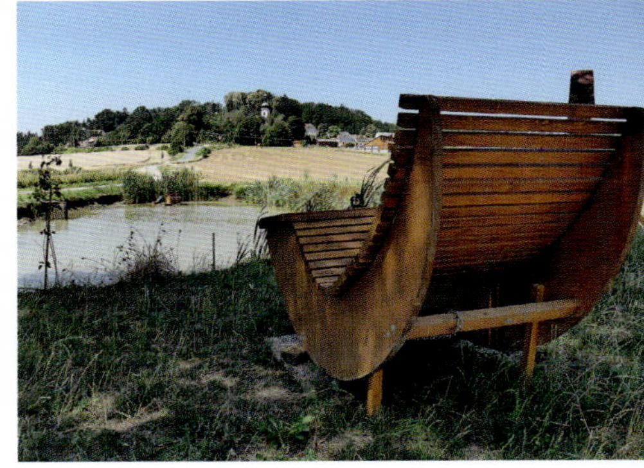

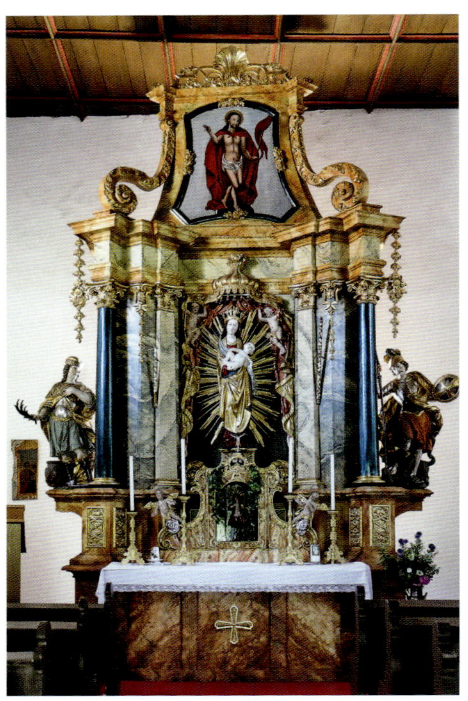

Was macht der Heilige Georg in der St.-Salvator-Kirche?

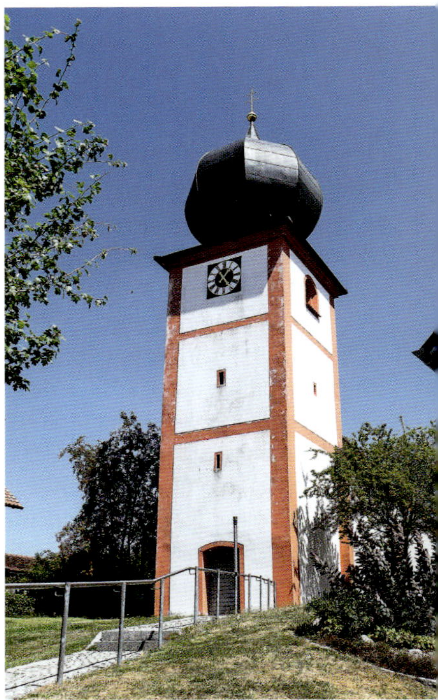

Der Heilige Laurentius behütet die Kirche von Gögglbach

ter, bei der Sitzbank mit Baum, biegen Sie nach rechts Richtung Gögglbach ab. In Gögglbach erreichen Sie die Hauptstraße (Gögglbacher Ring), der Sie nach links folgen (beim Baumdenkmal samt Kruzifix). Die **Kirche St. Laurentius** ③ ist leider nur zu Gottesdiensten geöffnet. Gasthaus Haunersdorfer – in der Ortsmitte – würde im Biergarten Bier verkaufen, aber doch nicht um diese Uhrzeit. Trinken Sie jetzt den zweiten halben Liter, um sich für den weiteren Anstieg zu wappnen. Besagten Anstieg erreichen Sie, wenn Sie am Ortsende zunächst in den Schlottweg (rechts) und dann in die Baderleite (halblinks) abbiegen. Nach dem letzten Haus nach 11 Uhr (halblinks) auf den Feldweg. Sanfter Anstieg auf kalkgeschottertem Boden, aus dem immer wieder eisenhaltige Brocken von rostbraunem Limonitsandstein (Limonit wird auch Brauneisenerz genannt) herausspitzen. (Nach links öffnet sich Ihnen das Panorama über Schwandorf mit seinen herrlichen Gasthäusern, Parks und Biergärten.) Sie erreichen wieder eine Straße und überqueren diese in den **Ort Naabeck** hinein. Jetzt gehen Sie auf dem ◪ bergab. Gehen Sie auf der Hauptstraße bis zum Brauereigebäude. (Warnung: Lastwagen donnern durch den Ort, ein Gehweg fehlt, Ihre Konzentration schwindet durstbedingt langsam ...). Im Nebengebäude des ehemaligen Hofmarksschlosses hört man schon die leeren Flaschen bettelnd klappern, um mit herrlich kühlem Gerstensaft befüllt zu werden. (Direktverkauf zu den üblichen Öffnungszeiten – sofern man Geld dabeihat.) Es geht durch den Ort, hinunter bis zur Kehre. In dieser – an dem Lagerhaus links vorbei – beginnt ein kühl-waldiger Aufstieg. An der T-Kreuzung rechts auf ◪. Rechts von uns liegt der „Ochsengraben", eine tiefe Erosionsrinne im Doggersandstein. (Grüße aus dem Jurassic Park!) Es geht hinauf zur Straße. Diese schlagen Sie ein – kurzer Links-Rechts-Haken. 300 Meter, dann weiter nach Spielberg hinauf. (Grüße an Steven!) Dann kommen wieder Schilder (Wiefelsdorf etc.): Geradeaus weiter durch die Siedlung. Nach der Linkskurve zweigt der Wanderweg nach 1 Uhr in den Wald ab. Aufstieg durch den tief eingeschnittenen Canyon des Naabecker Steins (Spielbergstein). (Wären wir im Mittelalter, hätten Sie beste Chancen, auf oder in diesem alten Verbindungsweg zur „Alten Hochstraße" von „Hohlweglurern" überfallen und ausgeraubt zu werden! Momentan sind Sie aber nur durstig. Wenn Sie schlecht in Mathe sind, können Sie jetzt die dritte Hälfte des Wasservorrats trinken!) Oben angekommen, treffen Sie nach 20 Metern auf das Schild „Schlottberg 512 m", dem Sie ohne Markierung im scharfen Winkel nach rechts folgen. (Kurz danach kurzer 40-m-nach-rechts-Abstecher zum höchsten Punkt Schwandorfs, dem **Schlottberg** ⑤.) Auf dem unmarkierten Weg geht es dann stetig bergab, und an der Gabelung rechts halten. Letzendlich trifft man wieder auf den Panoramaweg ◢. Den Schildern folgen Sie ab hier nach links, bergauf.

Sie sind jetzt sicherlich schon reichlich erschöpft. Nach nur knapp einem Kilometer leichten Aufstiegs sehen Sie vor dem inneren Auge fast die Stelle vor sich, an der Sie Ihr Auto geparkt haben – das Radler zum Greifen nah. Gleich ist's geschafft. Ach, ich vergaß. An der Abzweigung nach rechts beginnt noch eine letzte Durststrecke von 1,7 Kilometern Forststraße. Aber dann trennt Sie nichts mehr von den drei kühlen Radlern im Auto. Ziehen Sie die Schuhe aus und fallen Sie sich in die Arme. Wenn Sie mehr als eine Person sind, ist das um einiges leichter und zudem erleichternder. Sie sind in diesen wertvollen Augenblicken die glücklichsten Menschen!

Jakobsweg: Im Jahr 1992 gab ein Pfarrer namens Geißendörfer den Impuls, den Fränkischen

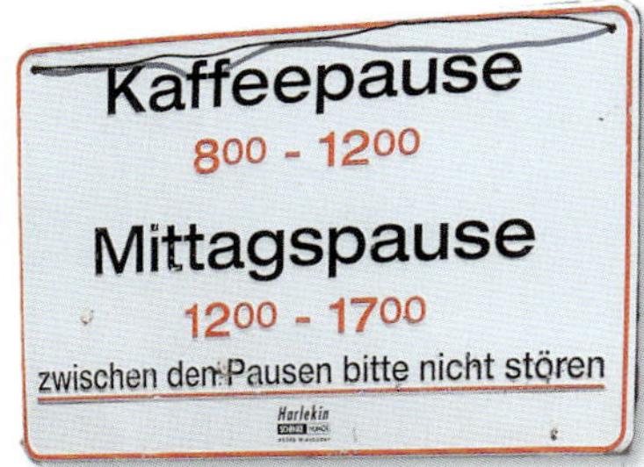

Jakobsweg wiederaufleben zu lassen. Schon im Mittelalter war dieser Wanderweg zwischen Nürnberg und Rothenburg ob der Tauber bekannt gewesen. Heute ist dieser Abschnitt auf einer Länge von 264 Kilometern ausgeschildert. Er beginnt in Tillyschanz an der tschechischen Grenze, durchläuft den Landkreis Schwandorf und führt über Ensdorf und Nürnberg weiter zu oben genanntem Rothenburg. Die Kirchen von Schwandorf und Ensdorf sind dem Heiligen Jakob geweiht! – Wer hier wandert, wandert einsam.

St.-Anna-Kapelle:
Diese kleine Kapelle stammt aus den Jahren 1774–78. Das mit Muschelwerk eingerahmte Altarbild (Ende 18. Jh.) zeigt „die Unterrichtung der kindlichen Maria durch ihre Mutter Anna im Beisein ihres Vaters Joachim".

Neukirchen, Katholische Pfarrkirche St. Martin (Patrozinium 11. November) ①:
Der Taufstein rechts vom Altar stammt aus der Romanik (13. Jh.), vermutlich aus einem Vorgängerbau. Große Teile der bestehenden Kirche waren gotisch, wobei um 1725 schon wieder in Richtung Barock umgebaut wurde: Tonnengewölbe statt Spitzgewölbe, barocke Überformungen und jede Menge Stuck, dann noch ein höherer Turm, ein dreiachsiges Langhaus und ein neuer Chorbogen. Der Altar stammte aus dem Jahr 1745, die Glocken aus den Jahren 1748 und 1761. Damit

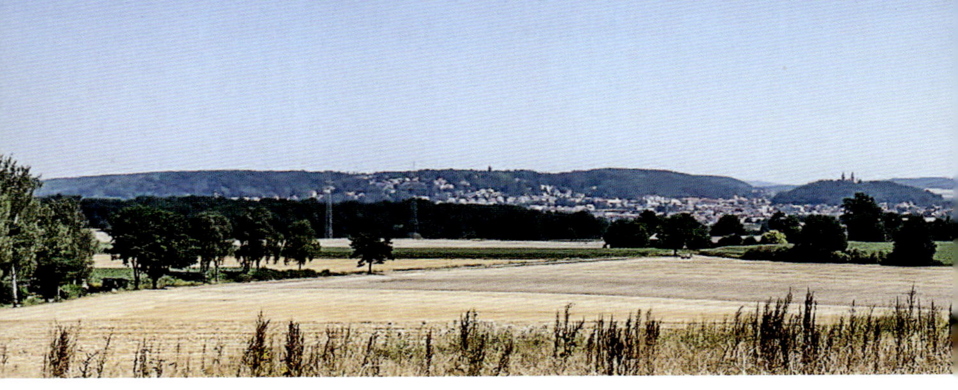

Panorama Schwandorf

nicht genug. Wieder Umbau 1895/96, neue Decke, neuer Dachstuhl, neue Sakristei und ein „neuromanisches Erscheinungsbild". Anfang des 20. Jahrhunderts gab's neue Gemälde in „neubarocken Formen". Das „einstige Hochaltarblatt wurde in der Pfarrscheune wiedergefunden" und wieder eingesetzt. 2003/04 fand man Reste der mittelalterlichen Wandmalerei.

An der südlichen Wand befindet sich eine Skulptur des Kirchenpatrons Martin samt obligatorischem Bettler. Das war eigentlich ein Aufsatz für einen Opferstock gewesen – erkennbar am Münzeinwurf an der Rückseite.

Naabsiegenhofen, Katholische Nebenkirche St. Salvator (Patrozinium wird am 20. Oktober, Hl. Wendelin, gefeiert.) **2**:

Lange vor dem Bau der einstigen Burgkapelle bestand südwestlich der Ortschaft eine Viereckschanze. Kelten lebten hier. Später entstand dann wohl eine Burganlage des Siegenhofener Geschlechts – mit der Kirche als einzigem überlebenden Bestandteil. Der Ort ist im Jahr 1078 als Siegenhofen belegt, die Kirche 1381. Damit ist die Basis der Kirche romanisch. Die schmalen schießschartigen Fensteröffnungen zeugen davon. Im Lauf der Jahrhunderte wurde die Kirche leicht verändert, z. B. durch das Hinzufügen gotischer Spitzbogenfenster und Fensteröffnungen im 18. Jahrhundert.

Der Altar entstammt dem Barock (1. Viertel des 18. Jh.). Die Figur der Muttergottes stammt aus der Mitte des 15. Jahrhunderts. Links am Altar steht der Heilige Vitus (Patron der Geisteskranken) und rechts der Heilige Drachentöter-Georg. Im Tabernakel steht der Hl. Wendelin, bekannt als der „Viehpatron".

Der Beichtstuhl (hinten links) besteht aus einem Hocker und einer hölzernen Trennwand. Diskretion war im Mittelalter nicht ganz so wichtig.

Gögglbach, Katholische Nebenkirche St. Laurentius (Patrozinium 10. August) **3**:

Im Jahr 1028 werden zwei Brüder namens *Rotpret und Adalbero von Gekkelenbach* erwähnt. In diese Zeit reicht das Patrozinium der Kirche. Damit besitzt auch diese Kirche einen romanischen Kern, der in der Gotik und in der Zeit des Barocks verändert wurde. Dies betraf auch wieder die Fenster und vor allem die Innenausstattung.

Das Deckengemälde zeigt den Heiligen Laurentius, der den Kirchenschatz an Verkrüppelte und Arme (dem wahren Schatz der Kirche) verteilt. Der barocke Altar zeigt ebenfalls den Kirchenpatron.

„Im Jahr 1028 werden zwei Brüder namens *Rotpret und Adalbero von Gekkelenbach* erwähnt." So könnte es bei Wikipedia stehen. Ein Aufsatz von Elisabeth Gäde[3] zeigt auf, dass hinter solch lapidaren Sätzen viel mehr steckt. Auf mehreren Seiten und mit wissenschaftlicher Akribie führt sie

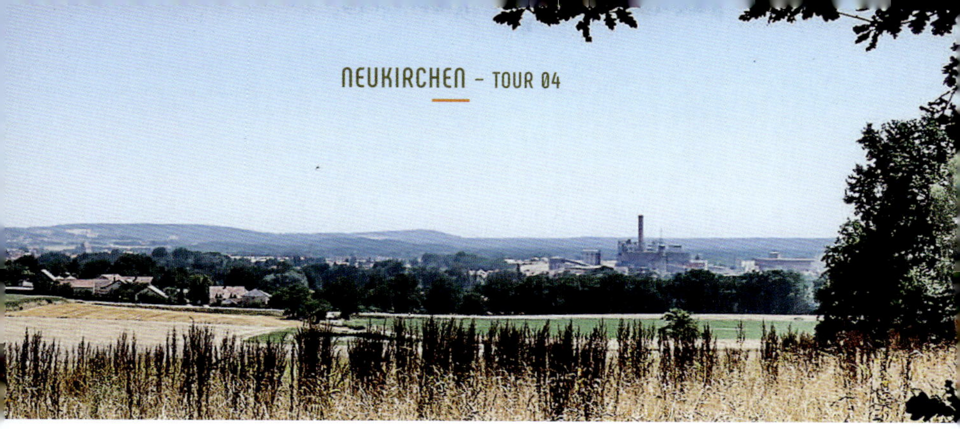

aus, dass mit an Sicherheit grenzender Wahrscheinlichkeit im Jahr 1028 ein Wohltäter namens Gottschalk ein Hofgut in Simmering dem Kloster St. Emmeram übertrug. Als Zeugen der Schenkung wird u. a. ein Adalberto von Gögglbach genannt, womit die Verbindung Wien-Gögglbach hergestellt ist. (Gögglbach war damals schon klein, Wien war damals noch nicht groß und am Rand des Reiches gelegen. Dahinter kamen nur noch die Ungarn …)
„Das Deckengemälde zeigt den Heiligen Laurentius", könnte es weiter lapidar heißen. Gäde führt aus, dass „Gögglbach eine Pfarrkirche war." Die erfolgreiche Schlacht gegen die Ungarn auf dem Lechfeld begann am 10. August 955, dem Patroziniumstag des Heiligen Laurentius. Zahlreiche Laurentius-Patrozinien lassen sich in dieser Zeit belegen: Lorenzen, Ramspau, Wald. Die Bevölkerung war froh, dass die Gefahr der Ungarneinfälle gebannt war, und sah in Laurentius einen veritablen Fürsprecher. Im letzten Teil ihrer Arbeit beschreibt Gäde, dass die Kirche recht schlicht gehalten war und viele Teile fehlten, allen voran der Turm. Der separate Zugang zur Empore wird logisch, wenn man einen Adelssitz annimmt, durch welchen der adelige Herr direkt von seinem herrschaftlichen Gebäude Zutritt zur Kirche hatte – und nicht mit dem gemeinem Volk in Berührung kam. Man liegt wohl nicht falsch, wenn man bei der Kirche vom Typ „Penk" ausgeht.
In der Zeit der Gotik und des Barock wurde diese aus heutiger Sicht unscheinbare Kirche erweitert und verändert (oder umgekehrt).
Laurentius ist ein Kanonheiliger, d. h. er wird im ersten Hochgebet der Heiligen Messe genannt. Er ist Schutzpatron von Berufsgruppen, die mit offenem Feuer zu tun haben, soll aber auch bei Hexenschussleiden lindernd helfen!

Schloss Naabeck 4:

Welches Schicksal teilen gefühlt 103 Prozent aller Oberpfälzer Burgen? Richtig, sie wurden im Dreißigjährigen Krieg zerstört. So auch 1644 die Burg Naabeck, die erstmals 1112 erwähnt worden war. Immerhin hatte man dann Platz für das jetzige Renaissanceschloss, das 1656/57 entstand. Wie schon zuvor wechselten auch hier ständig die Besitzer, die mal mehr, mal weniger gut wirtschafteten. 1803 landete die heutige Schlossbrauerei bei Karl Joseph Graf von Drechsel auf Karlstein und Naabeck. 1892 ging es an einen Privatier aus Sachsen über und 1919 an die Familie Rasel, die das Schloss seitdem besitzt.
Bei dem Hauptgebäude handelt es sich um eine Vierflügelanlage. Nach Westen hin sind Wehrgraben und Ringmauern aus früheren Zeiten noch erkennbar, aber der steile Schlossgraben ist überwachsen.

Schwandorf – Stadtrundgang

In Schwandorf, um Schwandorf und um Schwandorf herum

TOUR 05

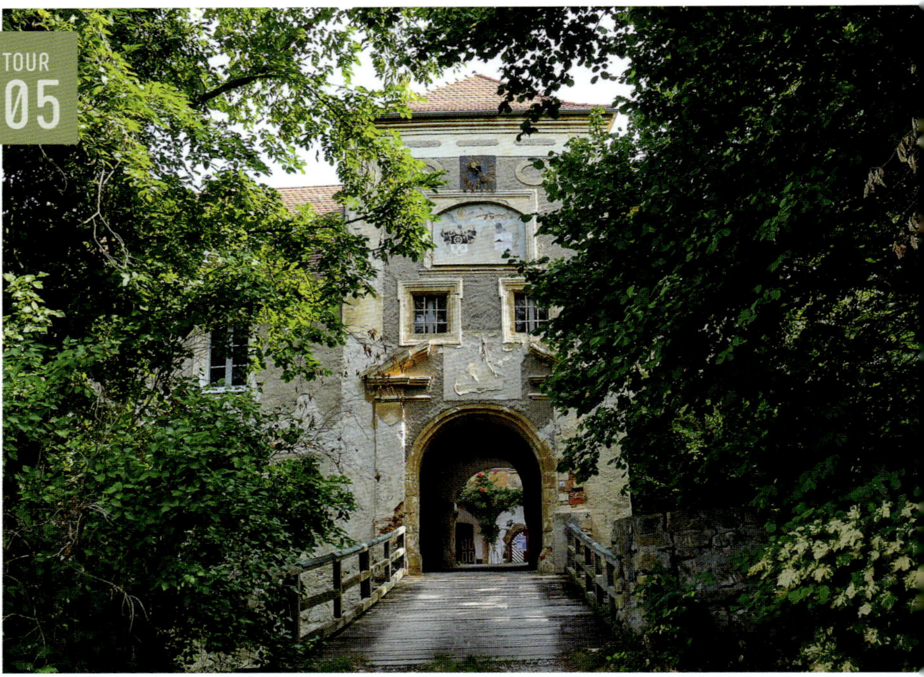

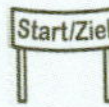

Navi: Naabparkhaus, Ettmannsdorfer Straße 20–22; Parkhaus „Rathaus", Böhmische Torgasse 3; Festplatz, Angerring 35

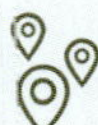

Stadt Schwandorf – Verschanzung von 1796 – Fronberg mit Schloss Fronberg

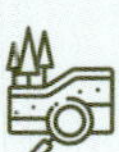

Städtetour, trotzdem überraschend hoher Anteil an angenehmen Waldwegen; die Straßen von Fronberg und Schwandorf sind inzwischen leider asphaltiert.

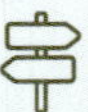

Weg Nr. ④, Pfaffensteig, Sautreiberweg und Jakobsweg 

Interessante Städtetour, die durch ihre vielen Kleinodien und reichlich Natur punktet.

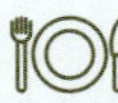

Brauereiwirtschaft Fronberg
Maximilianstraße 30, 92421 Schwandorf, www.brauereiwirtschaft-fronberg.eu (Musikantenfreundliches Wirtshaus – Die Zukunft dieses Traditionswirtshauses liegt zum Zeitpunkt des Redaktionsschlusses im Ungewissen.)

Brauerei-Gasthof Schmidt Bräu
Marktplatz 7,
www.schmidtbraeu-schwandorf.de

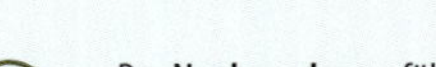

Der **Naabrundgang** führt an der Naab entlang und ist gut geeignet für „triste Morgenstimmungen", sprich, wenn die Naab Nebel führt. Rückweg dann über Prissath oder über die Verschanzung auf dem Holzberg. (Hinterlegt als GPS-Track „05b Schwandorf Naabrundgang".)

Foto: Eingang zum Schloss Fronberg

leicht | 9,8 km | 166 Hm | 2:45 h

Alternative: Naabrundgang

leicht | 10,8 km | 100 Hm | 3:00 h

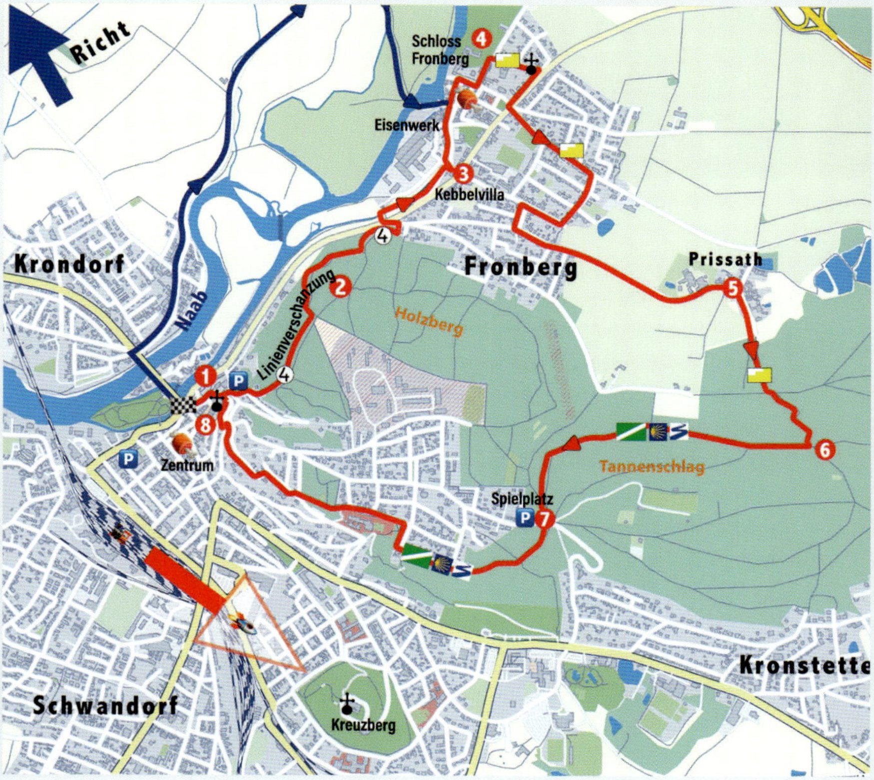

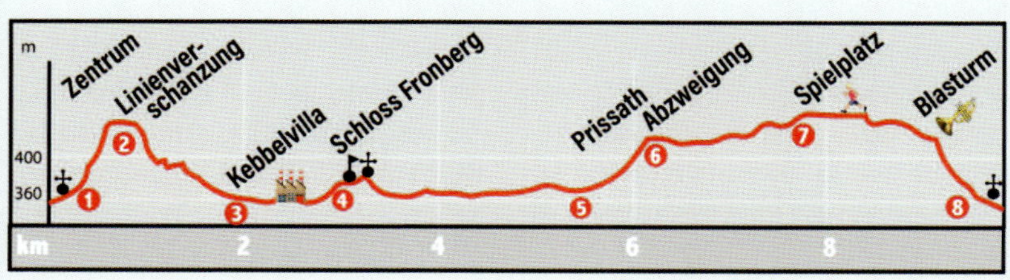

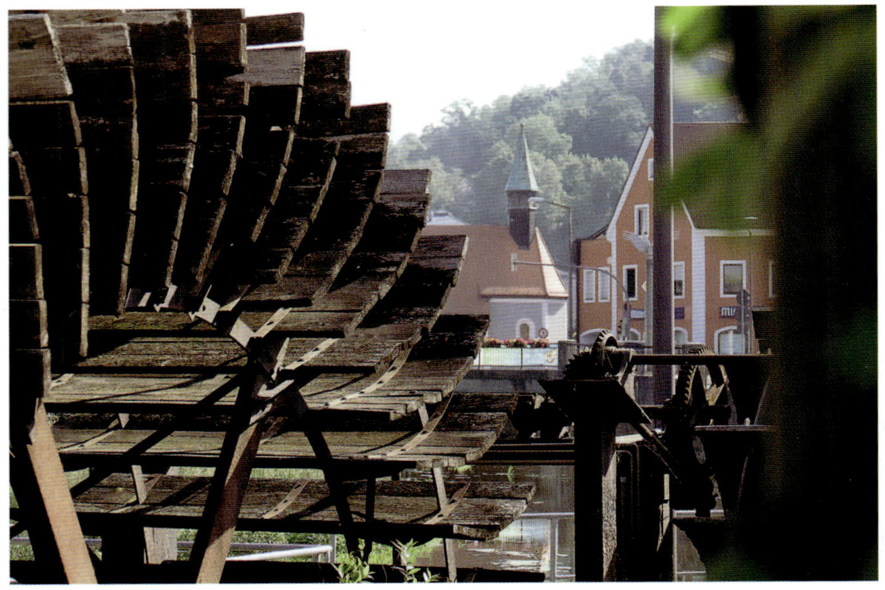

Schwandorf. Gar romantisch an der Naab gelegen.

Am 17. April 1945 legten britische Bomber Schwandorf in Schutt und Asche. Wer einer sehr empfehlenswerten Tour durch die Schwandorfer Felsenkeller beiwohnt, wird erfahren, welche überlebenswichtige Rolle diese zu Bunkern umfunktionierten Keller damals spielten. Dennoch starben Hunderte Menschen unter über 600 Tonnen Bomben. (Die Opferzahl ist unbekannt, weil sich Massen von unregistrierten Flüchtlingen in der Stadt aufhielten.) In der Kreuzbergkirche hätte man den Angriff nicht überlebt, nahmen doch die Bomberpiloten die Gleise des Bahnhofs als „Zielgerade" (siehe Karte, roter Pfeil) auf die Stadt. Die einst barocke Kreuzbergkirche wurde fast vollständig zerstört. (Auch der moderne Nachfolgebau dieser Kirche ist sehenswert!) (Einer der Piloten hatte wohl anstatt Zielwasser ein anderes Wässerchen getrunken und warf seine Bombenlast über dem Tannenschlag ab. Dort – neben dem Vita-Parcours – kann man heute die 10 Bombentrichter noch sehen. Zwei davon sind schon mit Grünzeug und Pferdemist verfüllt.)

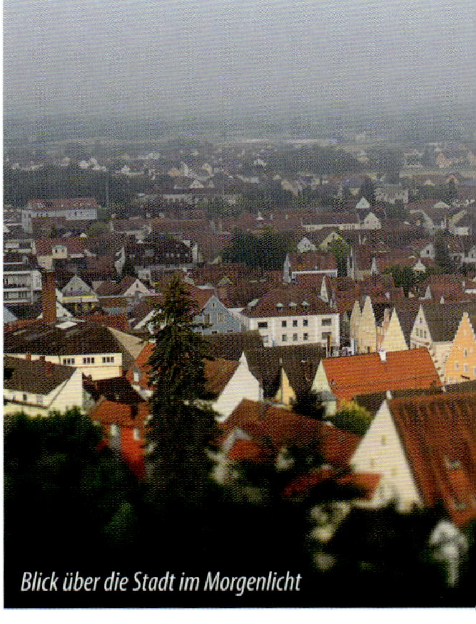

Blick über die Stadt im Morgenlicht

Doch schon im Jahre 1796 war Schwandorf belagert und beschossen worden: Französische Truppen beschossen die Stadt von der Anhöhe bei Richt aus (siehe Karte). Die Österreicher hingegen verschanzten sich am Rande des Steilhangs oberhalb der Naab. Diese Linienverschanzung trägt den Namen „Bodendenkmal Nr. D-3-6638-0150".

Was so trocken klingt, ist Grundlage für einen waldigen Weg nach Fronberg und für den aufgeschlossenen Wanderer ein interessantes Zeitzeugnis und Landschaftserlebnis. (Anstelle des ausgelutschten Pfades entlang der Naab.)
Die Kugeln der französischen Artillerie drangen indes bis Schwandorf hinein. Direkt neben der Kirche – im Haus Marktplatz 13 – steckt immer noch eine französische Kanonenkugel im ersten Stock im Putz. Einziges Todesopfer dieses Beschusses soll eine Magd gewesen sein, die aus einem höheren Fenster gaffte.
Andere kriegerische Ereignisse waren der Brand 1504 im Rahmen des Landshuter Erbfolgekriegs,

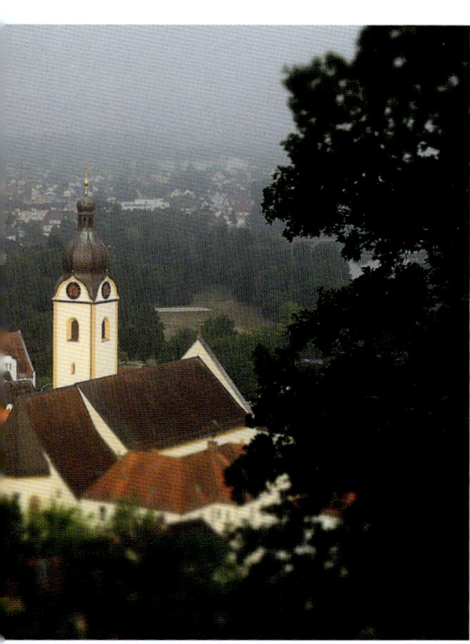

der das Schloss Fronberg arg in Mitleidenschaft zog, und 1427 ein Überfall der Hussiten auf Schwandorf.
Diese Stadttour überrascht mit viel grüner Natur, beeindruckt mit jeder Menge Kultur und überzeugt durch ein großes Maß an Abwechslungsreichtum!

Wegbeschreibung:

Sie starten an der Brücke über die Naab, also an der Kreuzung Naabuferstraße/Fronberger Straße/Nürnberger Straße. Sie folgen kurz der Naab nach Norden (links), dann rechts in die Spitalstraße (mit säkularisierter Spitalkirche 1) und über Pfleghofstraße weiter zur markant betürmten **Pfarrkirche St. Jakob.** Nach Besichtigung der Pfarrkirche gehen Sie rechts (mit der Kirche im Rücken), passieren die Grundschule und kommen zum Parkhaus „Rathaus" am Fuß des Holzberges. Rechts neben dem Parkhaus geht es weiter oben mit vielen Treppen hinauf zum „Schwammerling" (Aussichtspunkt).
Vom Schwammerling zurück auf den Weg und nach links, ca. 70 Meter bis zur Kreuzung. Sie folgen dem Wanderweg Nr. 4 und dem Schild „Fronberg". Es folgen knapp 300 Meter Zaun oder Bretterverschlag oder die Reste dieser Gebilde. Jedenfalls am Ende nach links und knapp 50 Meter später wieder rechts (Nr. 4). Der Damm, auf dem Sie jetzt gehen, und der Graben rechts davon, das ist die österreichische Verschanzung aus dem Jahre 1796 2. Das Ganze mündet in einer deutlichen, menschgemachten Hohlform.
Dort angekommen, biegen Sie nach links ab und folgen dem Weg im Rechtsbogen nach Fronberg hinunter. Links zeigt sich der Fronberger Keller, ein Lost Place im frühen Stadium. Danach links an der T-Kreuzung mit der Holzbergstraße zur Hauptstraße. Diese überqueren Sie und erreichen mit dem Fußweg nach links noch ein Stück des romantischen Naabuferwegs, den Sie nach rechts einschlagen. Beim Kriegerdenkmal erreichen Sie die Maximilianstraße. Folgen Sie dieser.
Links lassen wir das **Gusswerk Fronberg** liegen, gehen weiter auf der Maximilianstraße. Sollten Sie die **Kebbelvilla** 3 in Augenschein nehmen wollen, dann nehmen Sie die Gärtnerstraße als

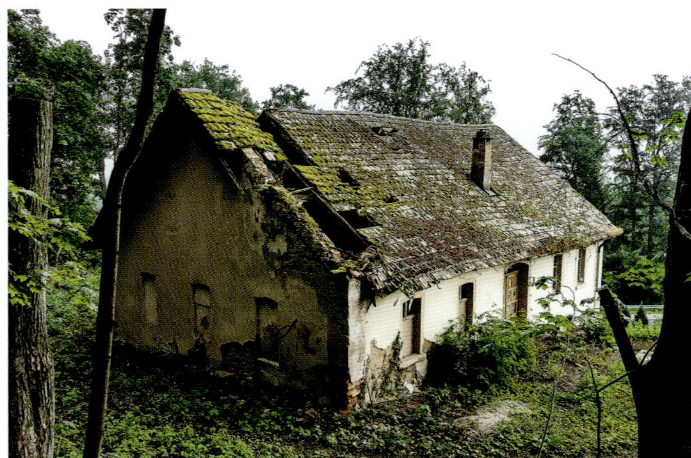

links:
Hat schon bessere Zeiten gesehen: Der Fronberger Keller. Seine Tage sind gezählt.

unten:
Villa Kebbel

Abstecher kurz zur Hauptstaße vor. Zurück in der Maximilianstraße erreichen Sie eine kleine St.-Wendelin-Kapelle und gegenüber die **Brauereiwirtschaft Fronberg.** Netter Biergarten, empfehlenswert. Vor dem Eingang zum **Schloss Fronberg** 4 biegen Sie nach rechts ab und am Ende der Schlossmauer nach links. Ab hier folgen Sie dem Pfaffensteig, was die Wegbeschreibung jetzt etwas einfacher macht: Hoch bis zur Randolph-von-Breidbach-Straße und auf dieser nach rechts an der Gärtnerei entlang zur **Petrus-Kapelle.**

Nach dieser Kapelle biegen Sie nach rechts auf die Hauptstraße (Fronberger Straße) ab. Auf Höhe der **Pfarrrkirche St. Andreas** biegen Sie in die entgegengesetzte Richtung ab und folgen dem Schild und damit der Straße nach Prissath. Fast am Ortsausgang biegen Sie in die Kornblumenstraße nach rechts ab und folgen dem Fußweg weiter. (Der Pfaffensteig verläuft offiziell leicht anders, aber egal.) Sie stehen jetzt vor einem Grundstück mit geschotterter Fläche. Die Einheimischen benutzen diese Passage unbehelligt. Der offizielle Weg führt an der Grundstücksgrenze entlang. Ist aber ziemlich überwuchert und nur 3. Wahl.

Letztendlich müssen Sie den Prissather Weg erreichen, um nach Prissath zu kommen. (Ist das nicht herrlich stringent?) In der Mitte dieser netten Ansammlung von Häusern 5 biegen Sie nach rechts ab und erreichen alsbald den Wald und seine mit Pfaffensteigschildern benagelten Bäume. Diesen folgen Sie, bis Sie einen Querweg erreichen, der die Beschilderungen Sautreiberweg, Jakobsweg, Goldsteig-Zubringer trägt 6. Nach rechts einschlagen! Am höchsten Punkt der Tour erreichen Sie einen Kinderspielplatz 7. Danach überqueren Sie die

Jahnstraße, doch Vorsicht: Nehmen Sie nicht den Hubmannsteig zur Schwefelquelle. Die Wanderwege führen leicht nach rechts versetzt weiter! Folgen Sie den Schildern (manchmal fehlt eines der drei, aber das kann man kompensieren) bis nach Schwandorf hinunter. (Interessante Wegführung und teilweise canyonartige Abstiege!) Beim **Blasturm** 8 erreichen Sie wieder historischen Boden. Danach über die Spitzwegstraße wieder zur Pfarrkirche und dann auf jeden Fall auf den Marktplatz für eine verdiente Einkehr!

Schlacht bei Amberg. 24. August 1796

Im Rahmen des Ersten Koalitionskrieges (1792–1797) standen sich französische Revolutionstruppen und kaiserlich-österreichische Streitkräfte in der Oberpfalz gegenüber. Die eigentliche Schlacht fand am 24. August 1796 im Raum Amberg statt. (Die Schlacht steht sogar auf dem Arc de Triomphe in Paris!) Knapp 100 000 Soldaten standen sich in diesem Krieg gegenüber. Schwandorf spielte dabei nur eine untergeordnete Rolle im Rückzugs- und Sammlungsraum der Österreicher.

Schwandorf im 2. Weltkrieg:

„Schwandorfs schwerste Stunde schlug während des 2. Weltkrieges, als am 17. April 1945 ein britisch-kanadischer Bomberverband den Eisenbahnknotenpunkt bombardierte. Innerhalb von 15 Minuten ging eine Bombenlast von 633 Tonnen auf die Stadt hernieder. Das Bahnhofsviertel sowie das Kreuzberg- und das Lindenviertel wurden weitgehend zerstört. Die Zahl der identifizierten Toten wird mit etwa 1250 angegeben. Eine genaue Zahl ließ sich nicht ermitteln, nachdem die Stadt kurz vor dem Zusammenbruch des 3. Reiches voll von rückflutenden Soldaten, Flüchtlingen und evakuierten KZ-Häftlingen war, die nirgends registriert waren. Es steht sogar die Zahl von 2000 Opfern des Angriffs im Raum. 70 Prozent der Gebäude wurden mehr oder weniger in Mitleidenschaft gezogen, nur etwa 20 Prozent der Anwesen waren unversehrt geblieben. Schwandorf zählte damit zu den am schwersten vom Krieg gezeichneten Städten in Bayern. In beispielhafter Aufbauarbeit wurde innerhalb von 10 Jahren ein Großteil der zerstörten Gebäude wieder errichtet. Man sprach sogar von dem „Wunder von Schwandorf".[4]

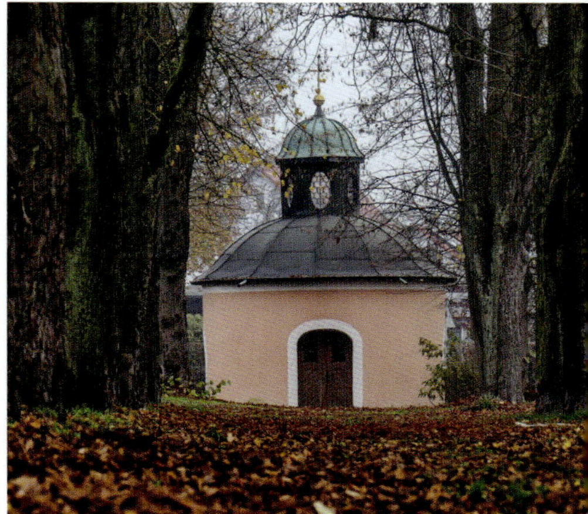

Petrus-Kapelle

Sehenswürdigkeiten:

Villa Kebbel (Künstlerhaus) 3: Bei der Kebbelvilla handelt es sich um einen Gründerzeitbau (1886–1888), das als großbürgerliches Wohnhaus mit Eckturm erbaut wurde. Teile der Parkanlage sind noch vorhanden. Der Besitzer des Eisenwerks (siehe unten), Josef Eigner, hatte die Villa in Auftrag gegeben. Ungeschickterweise verstarb er vor Fertigstellung. So erwarb Gutsbesitzer Andreas Kebbel den Prachtbau. Nach drei namensgebenden Kebbel-Generationen ging das Haus an die Gemeinde Fronberg über, die in der Villa Sozialhilfeempfänger einquartierte. Dann

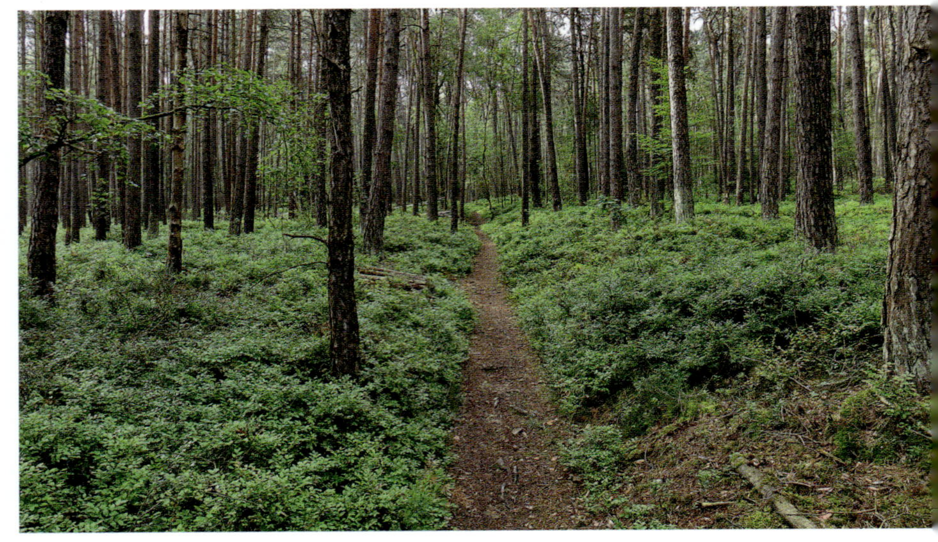

wurde das Haus zum Jugendzentrum. Seit 1974 steht das Haus unter Denkmalschutz, seit 1988 ist es ein Künstlerhaus mit Grafikwerkstätten, Ausstellungen und Konzerten.
(www.kebbelvilla.de)

Gusswerk Fronberg:
Schlossherr Hubertus von Breidbach-Bürresheim führt zum Hammerwerk in Fronberg aus, dass es sich um eines der ältesten in Betrieb befindlichen Hammerwerke der Welt handelt und natürlich lange Zeit mit dem nahen Schloss verbunden war. Die Anlage beinhaltete neben der Eisenverarbeitung (Waffenschmiede) auch eine Papiermühle, eine Färberei und sogar eine Brauerei. Einige der einst 18 Wasserräder stehen heute noch.
(Die Besitzungen von Schloss Fronberg waren so groß, dass es dereinst geheißen hätte *Schwandorf bei Fronberg* und nicht umgekehrt.)

Die Gienanth Group schreibt auf ihrer Homepage:
„Fronberg Guss – Tradition & Innovation
Die Gründung der ***Fronberg Guss GmbH*** *im bayrischen Schwandorf geht auf das Jahr 1449 zurück und somit gar drei Jahre vor der Geburt von Leonardo da Vinci. Im 17. und 18. Jahrhundert wurde die Produktion stärker auf die Herstellung von Stabeisen konzentriert. Zum Beginn des 20. Jahrhunderts führte das Unternehmen den Maschinenformguss ein. Nach tiefgreifenden Umbauten in der zweiten Hälfte des vergangenen Jahrhunderts konzentrierten wir uns stärker auf die Herstellung hochqualitativer Eisengusskomponenten im Handformverfahren. Seit 2005 ist das Werk eine Tochtergesellschaft der Gienanth GmbH." (www.gienanth.com)*

Schloss Fronberg ❹: Erste Erwähnung dieser kunsthistorisch bedeutenden Anlage im 11. Jahrhundert, was bedeutet, dass die Anlage über 1000 Jahre alt ist. Zwei Brände zerstörten dieses klassische Hammerschloss: 1305 und 1504. (Letzterer im Zuge des Landshuter Erbfolgekriegs.) Die Festenbergs bauten die bestehende Anlage nach dem zweiten Brand auf. Zum Abschluss dieser Bauarbeiten wurde die relativ große Kapelle am 13. September 1679 eingeweiht. Zwischen 1622 und 1875 gehörte das Schloss den Freiherren von Spiering.
Seit 1875 ist das Schloss im Besitz der Freiherren von Breidbach-Bürresheim, welche die Anlage ständig sanieren und renovieren und die Innen-

räume instand halten und sogar bewohnen, weswegen sie nicht einfach so besucht werden können. Für unterschiedliche Anlässe (Theater, Mittelalterfest oder Privatveranstaltungen) öffnet das Schloss aber ungezwungen seine Pforten der Allgemeinheit.

Wegen zahlreicher Um- und Ausbauten ist die Anlage ein baugeschichtliches Konglomerat und deshalb schwer zu definieren. Besonders bedeutsam sind die Renaissance-Arcaden.

Dieser Schwandorf-Fronberg-Rundgang führt danach weiter auf der Randolph-von-Breidbach-Straße. Der Namensgeber gehörte dem Widerstand vom 20. Juli 1944 an. Er starb 1945 kurz nach der Befreiung des KZ Sachsenhausen an Tuberkulose. Ihm zu Ehren ließ die Familie um 1950 die **St.-Petrus-Kapelle** am Ende der Straße bauen. (Eine weitere Straße in Fronberg ist nach Graf von Drechsel benannt. Er stammte aus Karlstein (siehe „Burgen, Ritter, Schlossgespenster", Tour 16) und gehörte ebenfalls dem Widerstand vom 20. Juli an.)

Blasturm ❽: In der Mitte des 15. Jahrhunderts war Schwandorf Grenzstadt zwischen dem Herzogtum Bayern-München (nein, kein Fußballclub!) und den Wittelsbachern der Kurpfalz. Wegen des Naabübergangs lag Schwandorf strategisch bedeutsam und brauchte eine Stadtmauer. Diese wurde dann in den folgenden Jahrzehnten erbaut. Höchster Punkt dieser Stadtmauer war und ist der Blasturm, der von einem Türmer bewohnt wurde, der nach Feuer und Krieg Ausschau hielt und die Bürger gegebenenfalls mit einem Horn oder einer Glocke warnte und mittels roter Fahne die Richtung anzeigte, aus der die Gefahr drohte.

Franz Michael Kunz und seine Frau Barbara versahen dieses Amt Anfang des 19. Jahrhunderts und hatten im Jahre 1811 Zeit und Gelegenheit, für Nachwuchs zu sorgen. 1812 kam dieser auf die Welt und wurde Konrad Max getauft. Nicht sofort, sondern erst nach einer musikalischen Ausbildung und mit viel Erfahrung versehen, komponierte er 1860 eine Melodie, die später zur Bayernhymne wurde.

Nicht auf der Tour, aber empfehlens- und erlebenswert:
Schwandorfer Felsenkeller: www.schwandorf.de/Kultur-Tourismus/Felsenkeller-Labyrinth/

Kreuzbergkirche: Die heutige Kirche wurde zwischen 1949 und 1952 wiederaufgebaut. In der Mitte des modernen Altars hängt das Gnadenbild Mariahilf von Lucas Cranach dem Älteren, das den Bombenangriff vom 17. April 1945 unversehrt überstand.

Der Blasturm

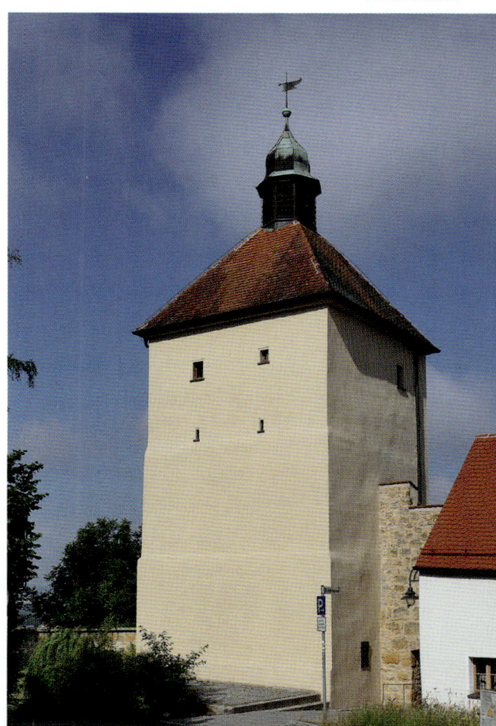

Steinberger See

Im Osten viel Geschichte, im Westen viel Natur, im Herbst viel Stimmung

TOUR 06

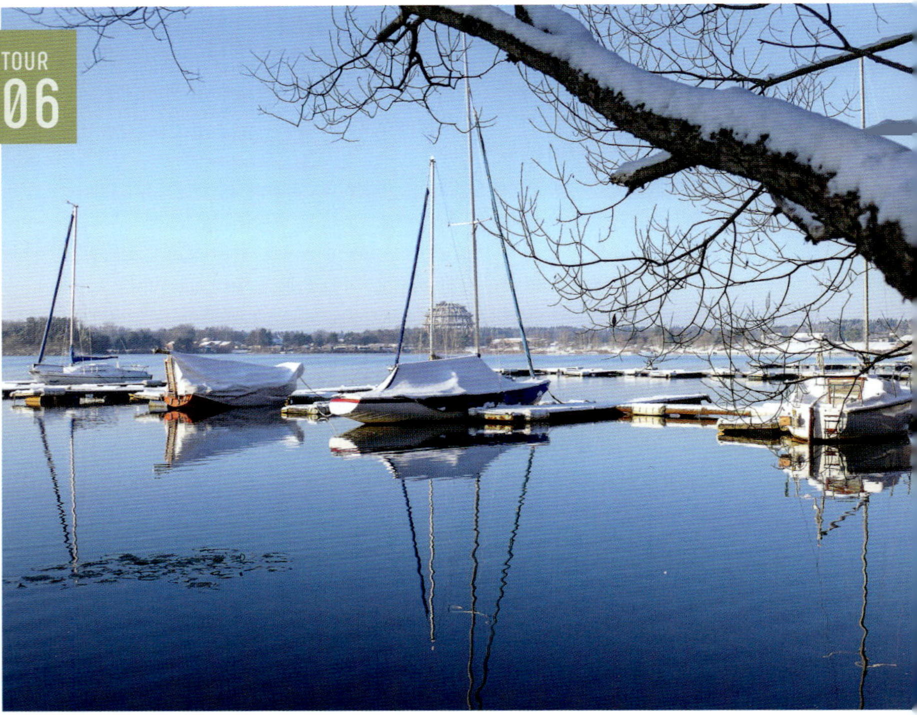

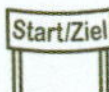

Navi Startpunkt Steinberger See: 92442 Wackersdorf, Knappenstraße 3 (die *Knappenstraße* nur zu Anfahrtszwecken eingeben!)
Navi Startpunkt Klausensee (Alternative): Naturbad Klausensee, Seeklause 7

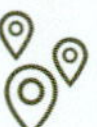

Knappensee – Steinberger See – NSG Hirtlohweiher – Klausensee – Geotop 99

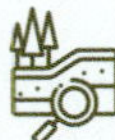

Herrliche Uferpfade und stimmungsvolle Waldwege, die mittels unaufdringlicher Schotter- und Asphaltstrecken überbrückt werden

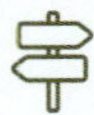

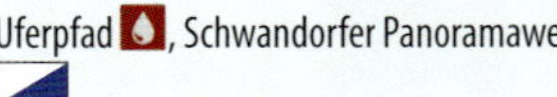

Uferpfad, Schwandorfer Panoramaweg

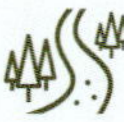

Ein Muss für den Landkreis Schwandorf. Der östliche Teil taucht in die Geschichte ein, der westliche Teil begeistert auch den Naturliebhaber.

Kugelwirtschaft inMotion PARK
In d. Oder 7, 92449 Steinberg am See
Tel. 09431 7986516
www.dieholzkugel.de

Pizzeria und Biergarten Seeblick
In d. Oder 2, 92449 Steinberg am See
Tel. 09431 56295
www.segelschule-steinberg.de

Gasthaus J. Haller
Oder 7 ½, 92449 Steinberg am See
Tel. 09431 60160

Foto: Der Steinberger See ist zu jeder Jahreszeit einladend.

	schwer	20 km	44 Hm	6:00 h
Knappensee/ Steinberger See	leicht	9,9 km	34 Hm	3:00 h
Klausensee	leicht	10,2 km	10 Hm	3:00 h

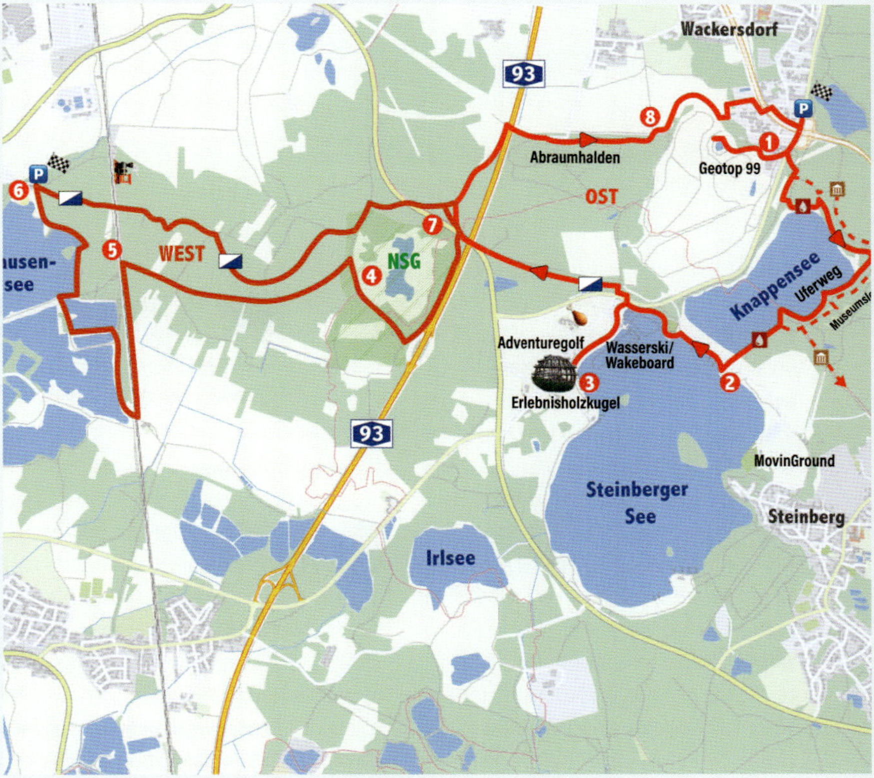

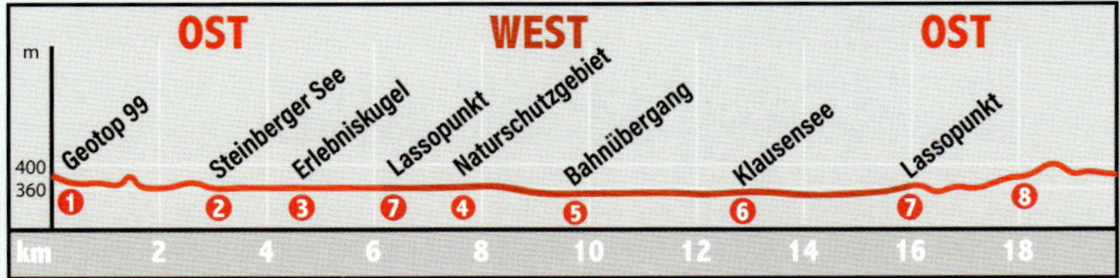

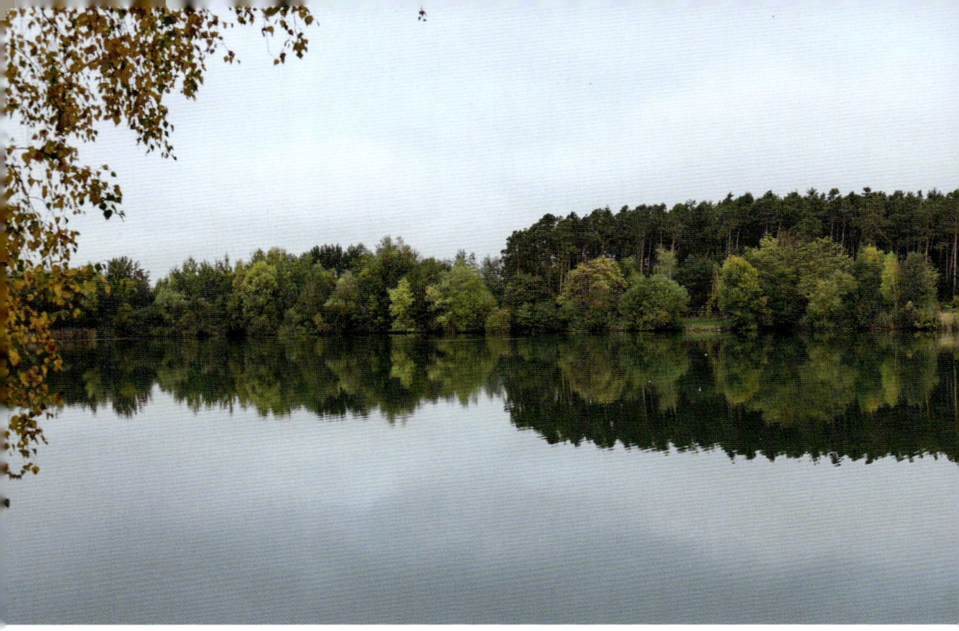

Spätsommerstimmung am Klausensee

In wohl keiner anderen Tour in diesem Buch verdichten sich Vergangenheit, Geschichte und Zukunft des Landkreises Schwandorf so stark wie bei dieser. Die Fülle an Themen, die man hier unterbringen könnte oder müsste oder sollte, ist schier überwältigend: Die Geschichte des Braunkohleabbaus mit all seinen Facetten, von der gewaltsamen Umweltzerstörung und der damit verbundenen zwangsweisen Umsiedlung von Menschen bis hin zur Rekultivierung der Narben. Die anschließende Umgestaltung der Landschaft hin zu einem Hotspot der Freizeitindustrie. Und dazwischen noch die intensive, traumatische und am Ende glimpfliche Geschichte der atomaren Wiederaufbereitungsanlage WAA, die man dem vermeintlich dödeligen Oberpfälzer vorsetzen wollte. Auf dem ins Auge gefassten WAA-Gelände brummt heute der Wirtschaftsmotor.

Dort, wo die Tour startet und endet – beim Heimat- und Industriemuseum Wackersdorf – liefen dann auch die Fäden des Widerstands zusammen. Nehmen Sie sich Zeit für diese Tour. Es gibt so viel mehr zu erleben und zu sehen, als auf diesen Seiten an Informationen unterzubringen ist. Günstigerweise teilen Sie die Strecke in zwei gleich große Hälften – Ost und West. Dann haben Sie hinterher auch noch Zeit für gebührende Erholung.

Wegbeschreibung:

Der Kern der Tour startet beim Eingang zum Geotop 99, 150 Meter südlich der Brücke der B85. (Vier Parkplätze direkt vor dem Gelände!) Der Abstecher ins **Geotop 99** 1 steht Ihnen genauso offen wie die Gittertüre! Danach geht es gegenüber weiter, auf dem Museumsgelände. Zwischen Niederdruck-Turbinenläufer des Dampfkraftwerks Dachelhofen links und den Waggons sowie den alten Schaufeln rechts gehen Sie goldrichtig. Auf den asphaltierten Radweg biegen Sie nach rechts ein und folgen ihm bis zur Abzweigung des **Uferwegs Knappensee**, der erst nach links weg und dann im Rechtsbogen um den See führt. (Alternativ dazu könnten Sie auch vorher auf den **Museumslehrpfad** abgebogen sein.)

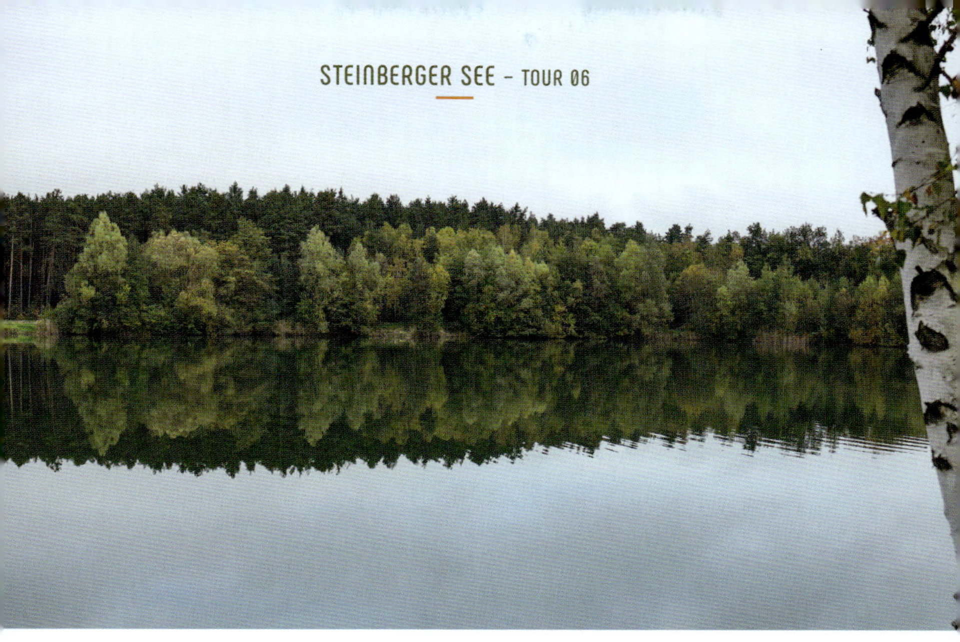

Nach halber Seeumrundung trifft der Uferweg auf die Durchgangsstraße der Seepromenade. Diese überqueren Sie möglichst unbeschadet und steigen auf der gegenüberliegenden Seite im Zickzack auf Rasengittersteinen zum Segelclub hinab 2. Nach rechts auf den Uferweg des Steinberger Sees! Im Bereich der **Wakeboardanlage** treffen Sie im Zufahrtbereich zur Holzkugel auf eine für Fußgänger gemachte Querung der Hauptstraße nach Norden, d. h. nach rechts. Diese benutzen Sie früher oder später. Sollten Sie nämlich den Abstecher nach links zur **Holzerlebniskugel** 3 (samt Minigolf und Einkehr!?) nehmen, wird die Querung deutlich später stattfinden. Gleich nach links auf den Radweg, nach einem kurzem Stück auch schon unter den Fittichen der Schilder des Schwandorfer Panoramawegs biegen Sie nach rechts ab, weg von *Oder* und der *Erlebniskugel.* (Der Panoramaweg kommt von der Holzkugel!)

40 Meter später auf Panorama- und Radweg nach links. Einen guten Kilometer später unterqueren Sie die A93. 100 Meter später geht ein dritter, breiterer Weg (einst Trasse der BBI-Werksbahn) nach rechts weg (unbeschrankter Weg). Möchten Sie die 10-km-**Ostrunde** gehen, biegen Sie auf diese nach rechts ab. Möchten Sie die **große Doppelrunde** gehen, finden Sie nach links einen Trampelpfad zur Hauptstraße und überwinden an dieser Stelle die Schutzplanke der Hauptstraße. Für die **Ostrunde** gehen Sie die vermeintliche Bahntrasse durch den Wald und treffen 200 Meter später auf eine wenig befahrene Straße nach Norden 7. Springen Sie nun im Text fünf Punkte weiter (siehe Seite 53).

Für die lange Runde überqueren Sie die Straße und folgen der Straße, die parallel zur A93 nach Süden läuft. Auf Höhe der Rastplatzmitte angekommen, wenden Sie sich im rechten Winkel von der Autobahn und den Zaunbieslern ab und betreten waldwegig das **Naturschutzgebiet Hirtlohweiher** 4. Auf einer Länge von 700 Metern folgen Sie diesem Weg und können den Blick auf das NSG rechter Hand genießen. Mittels dem ersten veritablen Waldweg nach scharf links verlassen Sie das NSG-Gebiet. Nach 140 Metern an der

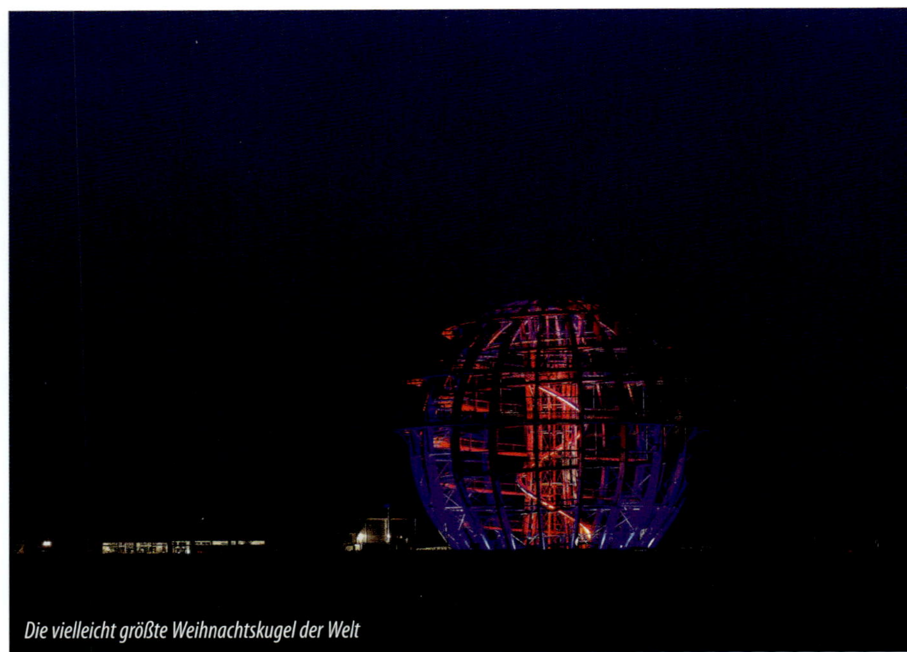
Die vielleicht größte Weihnachtskugel der Welt

ersten Gabelung links halten. Weitere 300 Meter sollten Sie sich für den weniger gegangenen Weg geradeaus entscheiden. 900 Meter später überqueren Sie den **Wolferlohgraben** und stoßen dort wieder auf die Panoramawegschilder ◪. Nach 350 weiteren Metern stehen Sie an der Bahnline Regensburg-Hof. Hier links ❺.

Nach einem Kilometer (gute 10 Minuten) auf diesem Feldweg zwischen Wald bzw. Feld und Bahn erreichen Sie bei **Unterweiherhaus** den Bahnübergang. Knöpfchen drücken, Schrankenöffnung abwarten. Auf der anderen Seite selbes Spiel, nur mit Schrankenschließung. Folgen Sie nun nach rechts dem Schotterweg entlang dem Kiesweiher. Mein Vorschlag wäre, beim nächsten Baggersee, auf den Sie im Norden treffen, nach links abzubiegen, um ihn dann in einem großen Gegenuhrzeigersinnbogen zu umrunden. Im Norden treffen Sie dann auf den etwas größeren **Klausensee,** an dessen Ostufer Sie ein Pfad bis zum Naturbad Klausensee bringt.

🏁 Beim **Naturbad Klausensee** ❻ befindet sich der alternative Startpunkt für die Westrunde. Von der Seeklause und dem dazugehörigen Parkplatz im Wald folgen Sie zu Fuß der Straße in den Wald hinein, den Schildern des Panoramawegs folgend ◪. Nach 550 Metern Bahnüberquerung. 700 Meter weiter die ehemalige **Gaststätte Neuwolferlohe** im Wald, derzeit Hundeschule. Hier macht der Panoramaweg einen kurzen Schlenker nach rechts, über den Wolferlohgraben. Sie folgen dem ausgebauten Weg geradeaus, und etwas später wieder den Schildern des Panoramawegs.

Sie durchqueren kurz das Naturschutzgebiet und erreichen wenig später die Staatsstraße, die Sie überqueren. Nach 100 Metern nach Wackersdorf/Irlach nach links einbiegen ❼. Weitere 250 Meter später nehmen Sie die Wanderer in Empfang, die die **Ostrunde** gehen und zu Ihnen stoßen. Sollten Sie nur die Westrunde gehen wollen, dann müssen Sie hier nach rechts abbiegen, zur Staatsstraße, und diese überqueren (erst Trampelpfad, dann Leitplanke, dann Raser!). Der Weg geht dann entlang der Autobahn nach Süden weiter (ab 4. Absatz).

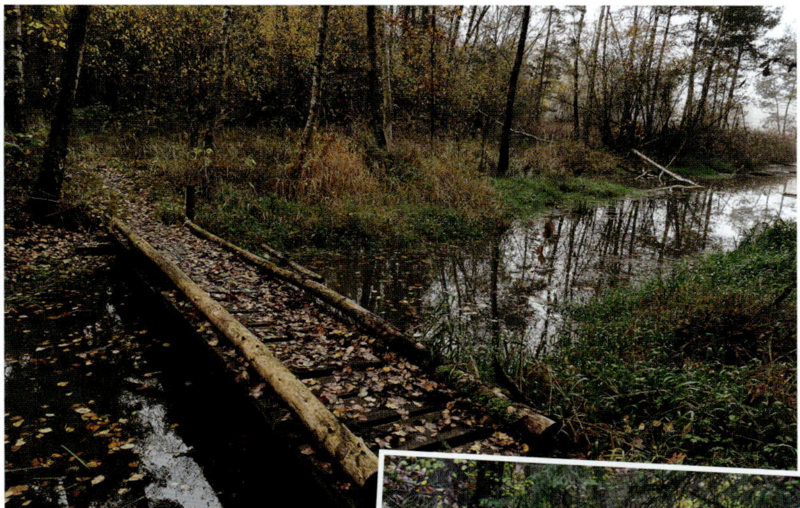

Vor allem im Herbst ein Genuss: NSG-Gebiet Hirtlohweiher

Der Rückweg nach **Wackersdorf** liest sich so: der Straße nach Norden, d. h. nach rechts, und durch die Unterquerung der A93 folgen. Dort noch 130 Meter weiter, dann kommt rechter Hand eine kleine Straßenbucht, von der ein vergessener Weg zum breiten Weg im Wald führt. Diesen schlagen Sie dann nach links ein. Auf den nächsten 900 Metern gehen Sie zwischen der Trasse der Industriebahn (jetzt Straße), dem Entwässerungsgraben und der alten **Abraumhalde Irlach** (tafelbergartige Aufschüttungen im Wald; die nicht permanenten Schienen der Abraumbahn (Spurweite 900 mm) sind auch in alten Karten nicht eingetragen). An der nächsten Gabelung leicht links halten und kurz darauf im Linksbogen aus dem Wald heraus. Am Waldrand treffen Sie auf eine Feldwegkreuzung. Sie nehmen KEINEN der offensichtlichen Wege, sondern passieren erst die Hecke rechts vor Ihnen 8. Diesen Weg – links der Hecke verlaufend – nehmen Sie und folgen ihm zunächst im Linksbogen am Feld entlang, unter der Hochspannungsleitung hindurch und nach einem Hochsitz im großen 180°-Rechtsbogen um das Gelände der **Deponie Westfeld (Geotop 99)** herum.

Am Ende sind Sie auf der Rückseite des Wertstoffhofs und müssen nun diesen erneut umrunden. Sie erreichen die Bauhofstraße, schlagen diese nach rechts ein, unterqueren die B85 nach links via Knappenstraße und wählen sofort danach den Fußweg nach rechts entlang der B85. Das letzte Stück zum Auto ist dann ein Kinderspiel. Glückwunsch zu dieser wunderbaren Tour!

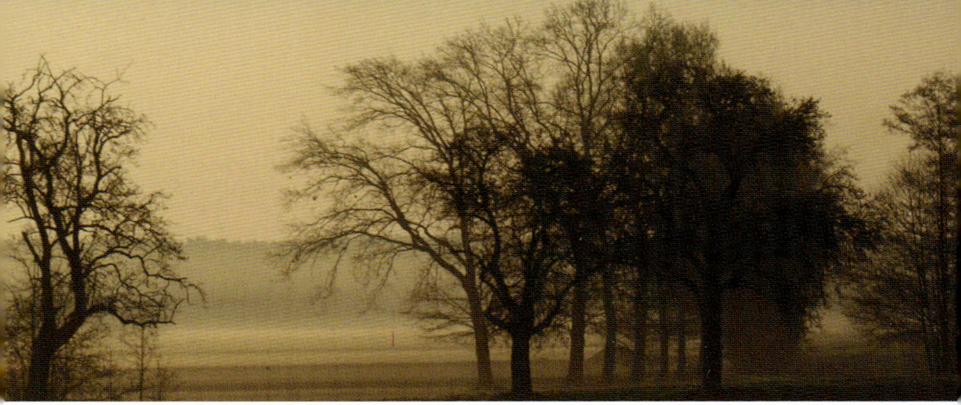

Morgenstimmung bei Unterweiherhaus

Sehenswürdigkeiten:

Geotop 99: Als 99. Geotop (noch vor der Watzmann-Ostwand!) wurde das ehemalige Abbaugebiet der Wackersdorfer Braunkohle als Geotop ausgewiesen. Deshalb Geotop 99.
Es sind 100 Orte in Bayern, die wegen ihrer „Schönheit, Seltenheit, Eigenart oder wegen ihres hohen wissenschaftlichen Werts" ausgewählt wurden.

Das Geotop 99 besticht sicherlich nicht durch exquisite Schönheit, aber es ist ein bedeutendes Dokument für Bergbaugeschichte und Geologie. 1982 endete hier der Abbau. Seitdem holt sich die Natur diese Landschaft zurück. Wie alle Geotope ist auch dieses Areal leicht zugänglich und durch Schautafeln inhaltlich noch gehaltvoller. Sogar ein Kohleflöz ist noch sichtbar!
Besichtigung in den Wintermonaten nur auf Anfrage. Anmeldung und Gruppenführungen unter Tel. 09431 7436-0.

Blick ins Geotop 99

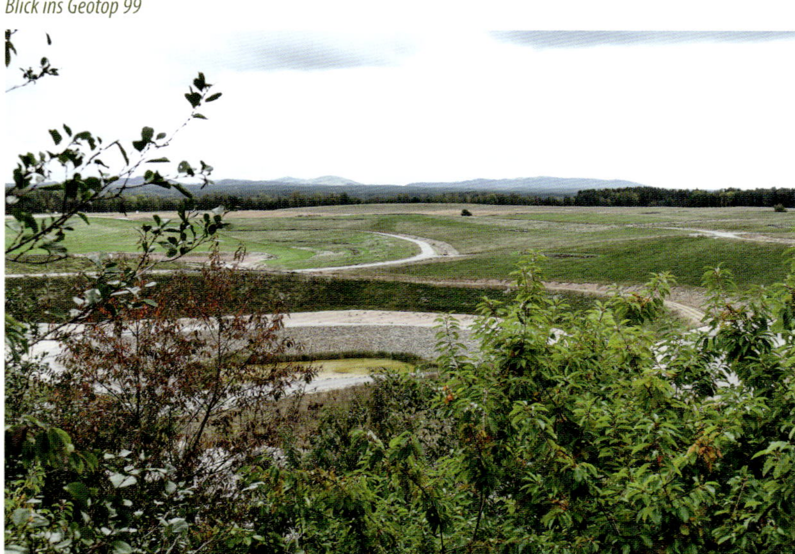

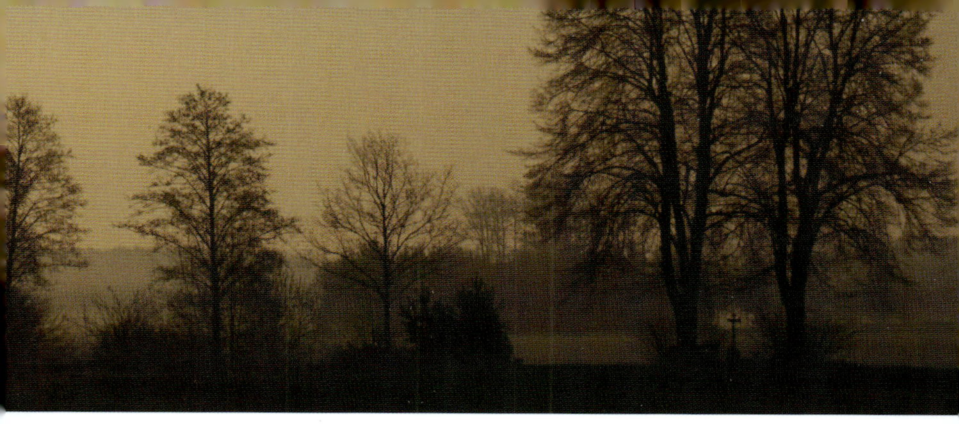

Heimat- und Industriemuseum Wackersdorf, Gewerbegebiet Werk, Werk 27, 92442 Wackersdorf, www.vg-wackersdorf.de

Das Museum schreibt über sich: „Kaum ein anderer Ort in Deutschland hat insbesondere im vergangenen Jahrhundert so viel Geschichte erlebt – Geschichte, von der heute fast nichts mehr sichtbar wäre. Das Heimat- und Industriemuseum Wackersdorf erzählt die Geschichte von Ort, Gesellschaft und Industrie des Orts im Wandel der Zeit und beleuchtet unterschiedliche Aspekte der Vergangenheit."

Braunkohle- und Heimatmuseum Steinberg, Heimatkundlicher Arbeitskreis Steinberg-Wackersdorf e.V., Pfarrer-Gschwendtner-Str. 5, 92449 Steinberg am See, www.braunkohlemuseum-steinberg.de

- **Dauerausstellung Braunkohle**
- **Dauerausstellung Ortsgeschichte**
- **Museumslehrpfad zwischen Museum Steinberg am See und Wackersdorf**

Der „Coalosaurus Krupp".
In den 1960ern hier im Einsatz. Foto: Georg Klug

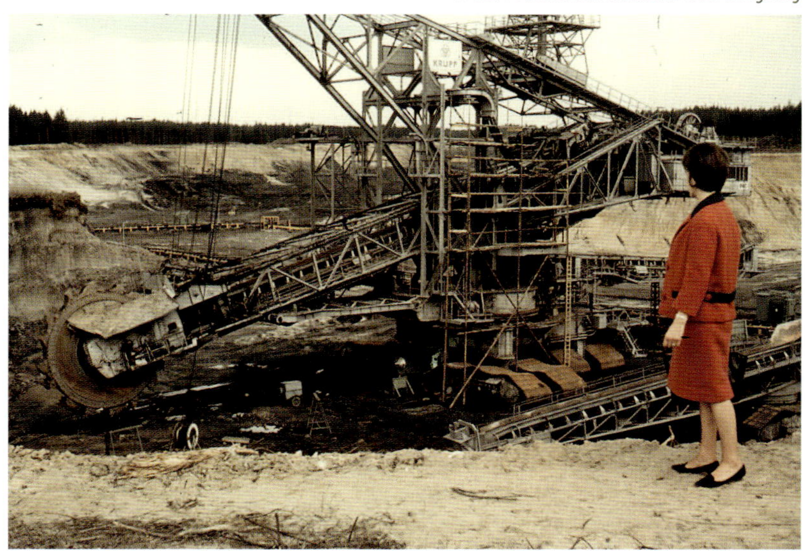

Bodenwöhr

Der Boss des Feuchtgebiets muss der Feuchtgebieter sein.

TOUR 07

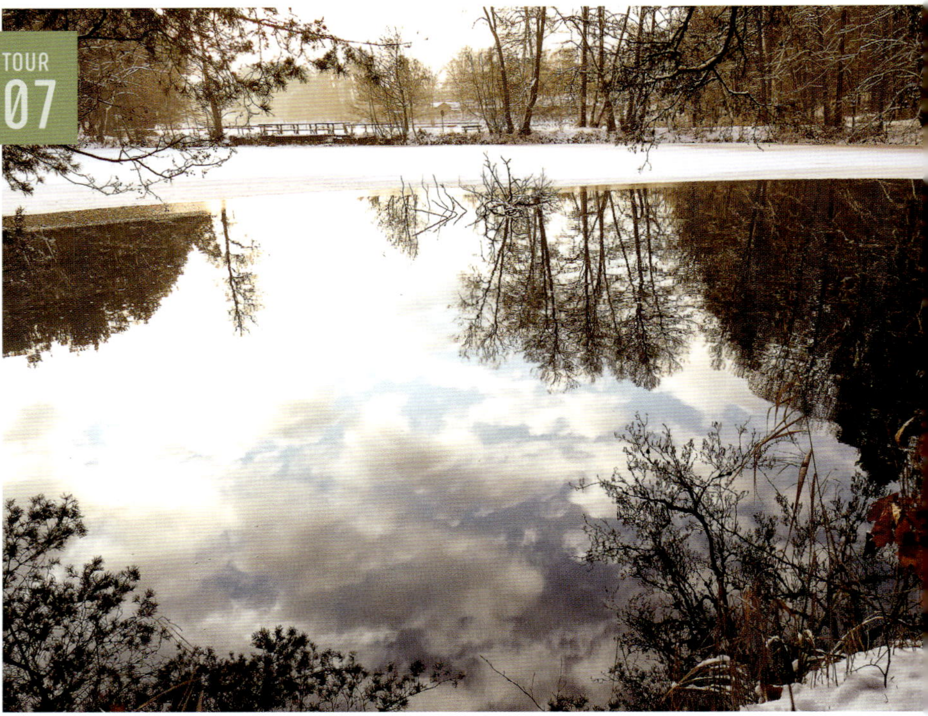

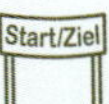

Parkplatz auf der linken Straßenseite.
Navi: 92439 Bodenwöhr, Ludwigsheide 34

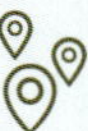

Bodenwöhr – Weichselbrunner Weiher – Breitenbrucker Weiher – Hammerweiher – Undnochandereweihermehr

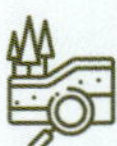

Supernette, schlängelnde Uferpfade und auch breitere Forstwege. In der Mitte ein langweiliges Stück Asphalt. Geht auch vorbei.

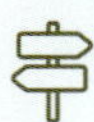

Weiß-rot, Goldsteig

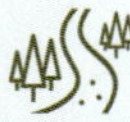

Relativ flache Tour im Bereich der Oberpfälzer Seen. Zu jeder Jahreszeit ein Genuss. Am Ende ein kühles Bier!

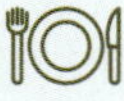

Familienbrauerei Jacob oHG
Ludwigsheide 2, 92439 Bodenwöhr
Tel. 09434 94100
www.brauerei-jacob.de

Taverna am Hammersee
Im Seewinkl 8, 92439 Bodenwöhr
Tel. 09434 9011333

Foto: Zu jeder Jahreszeit sind diese Weiher ein optischer Hammer, nicht nur der Hammerweiher.

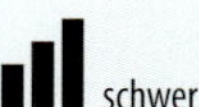 schwer  14,4 km 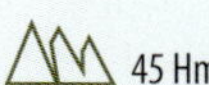 45 Hm 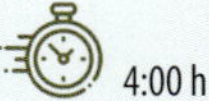 4:00 h

Abkürzung
(siehe Karte und GPS-Track)

leicht 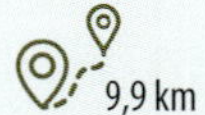 9,9 km 11 Hm 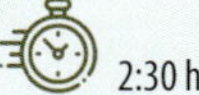 2:30 h

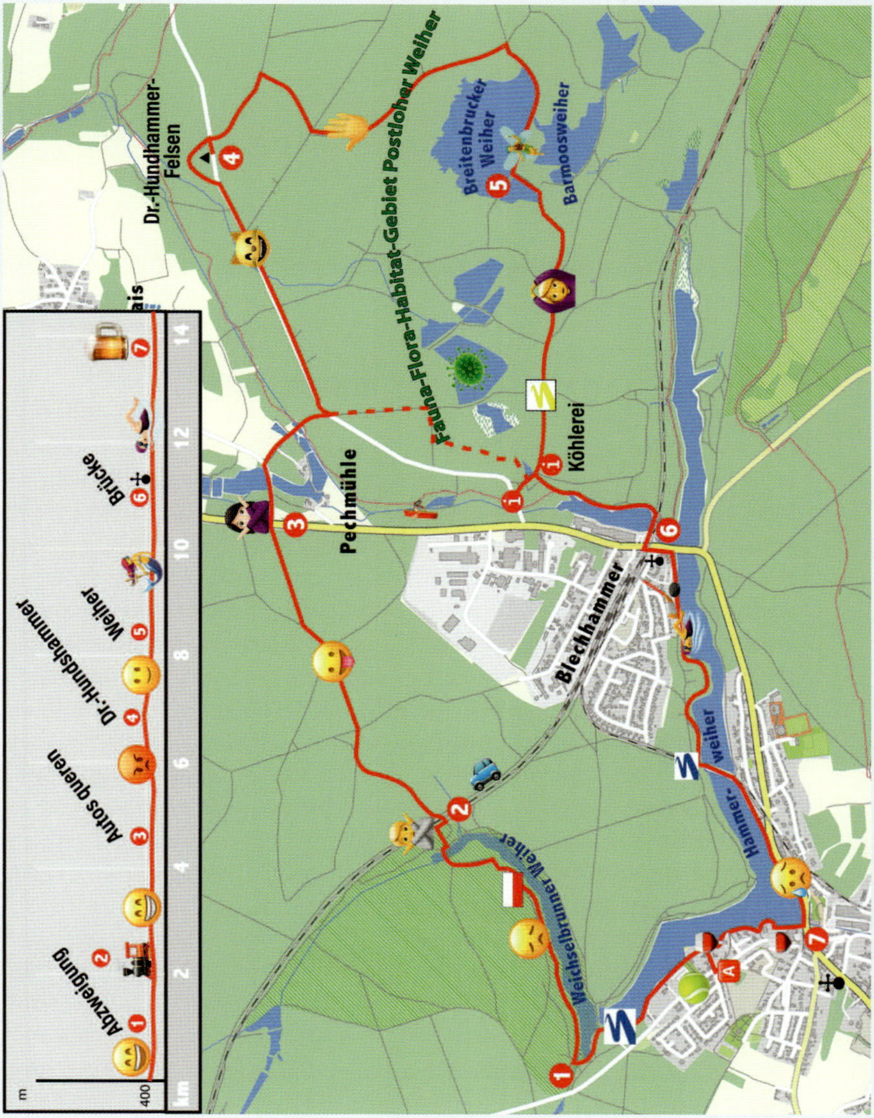

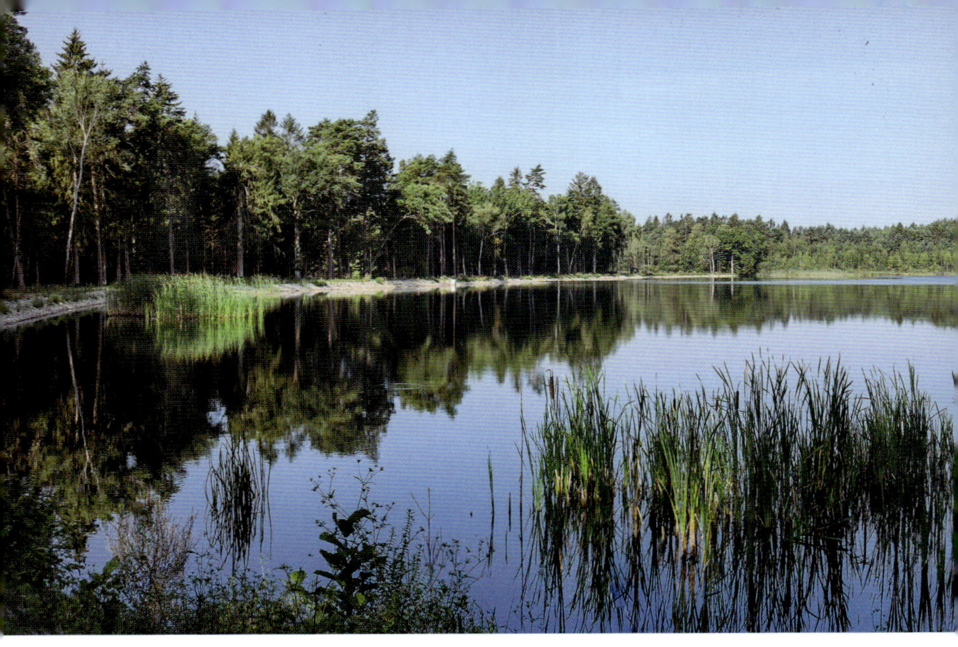

Morgenstimmung am Breitenbrucker Weiher

Mit dieser Tour sind wir beim absoluten Tiefpunkt sowohl des Landkreises Schwandorf als auch dieses Wanderbuches angekommen, nämlich in der Bodenwöhrer Bucht. Abgesehen von 1,16 unaufdringlichen Asphaltkilometern fast in der Mitte der Tour bietet aber auch diese Wanderung einen bunten Strauß interessanter Aspekte, mit denen man sich intensiver beschäftigen könnte: Allen voran natürlich das Oberpfälzer Brauwesen, die Teichwirtschaft, die Biberfrage, die Forstwirtschaft, die industrielle Vergangenheit der Region mit ihren Hammerwerken und Köhlereien, die Kirchen und Kapellen der Region, die Kunst, die Geologie, das Universum, der Sinn des Lebens, die Zahl 42 . . . .
Diese Wanderung ist so angelegt, dass Sie gegen Ende – erstens – genügend weiterführende Infotafeln finden. Zweitens, Ihren makellosen, aber geplagten Körper äußerlich durch Baden erfrischen und – drittens – innerlich durch ein kühles Hopfenkaltgetränk regenerieren können. Also Badehose einpacken und in die Kamera unbedingt den Farbfilm einlegen!

Wegbeschreibung:

Alles nimmt seinen Anfang vom Parkplatz an der Ludwigsheide. Via Straße *Im Seewinkl* erreichen Sie die **Gastwirtschaft Taverna.** Die hat jetzt sowieso noch zu. Also schlagen Sie den Uferweg nach links ein und folgen diesem Weg genießerisch am **Hammersee** entlang. Vor der Brücke, die Hammersee und Weichselbrunner Weiher trennt, erreichen Sie das Landschaftsschutzgebietsschild. Hier biegen Sie nach links ab 1 und umrunden auf herrlichem Uferpfad den etwas weniger bekannten Weichselbrunner Weiher im Uhrzeigersinn – immer so nah wie möglich am Wasser. (Wenn Sie diese Tour als Erste am Morgen gehen, halten Sie einen Stock wie Moses vor sich, um die Spinnfäden vor Ihrem Gesicht zu teilen.)
Der Uferweg endet auf dem , der Sie nach rechts weiterführt. Wenn Sie ebendieses Schild zusätzlich mit der Aufschrift *Bo2 – 12* sehen, dann halten Sie sich rechts, um das vom Gleixnerbach geschaffene Feuchtgebiet zu über-brücken. Gleich nach der Brücke nach rechts. Wenige Meter

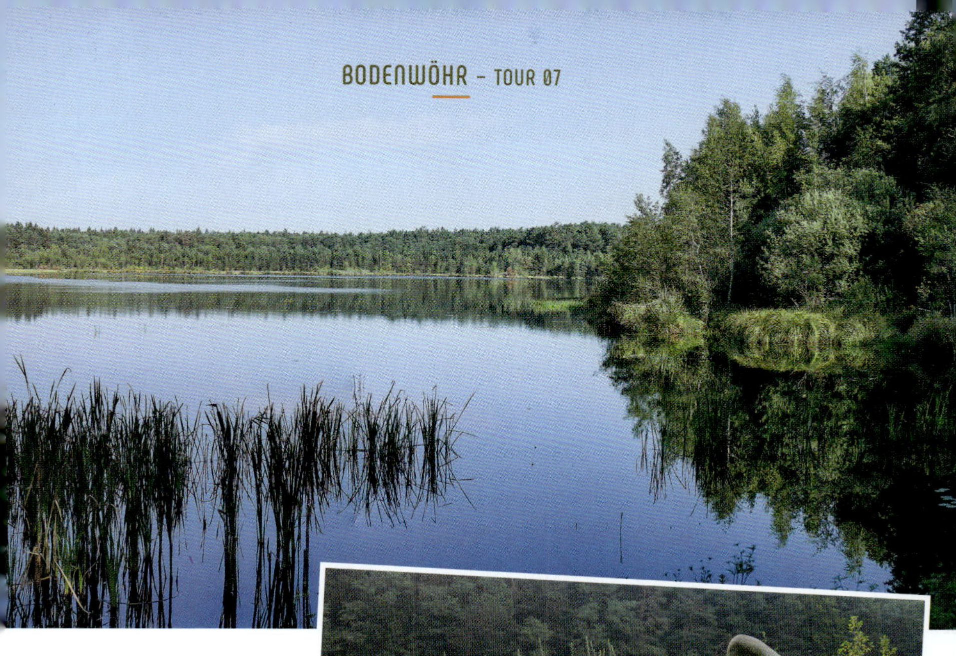

Der Drache vom Hammersee

später finden Sie einen informellen Saumpfad nach links. Dieser Schlingelpfad schlängelt Sie durchs Blaubeergebüsch, bis Sie auf die Bahnstrecke treffen. Hier noch kurz nach rechts, und schon erreichen Sie nach ein paar Metern den **Bahnübergang** ②.
Die Bahnstrecke ist gut zu überblicken. Wenn Sie hier scheitern, bleibt Ihnen der Rest der Tour auf Dauer verwehrt. Am anderen Ende Wandertafel. Sie folgen dem Weg geradeaus nach *Erzhäuser 6,0 km*. Nach 450 Metern biegen Sie nach rechts auf eine Forststraße ein, 100 Meter später überqueren Sie eine Kreuzung. (Sie verlassen die Abteilung *Windhau*.) 400 Meter später biegen Sie an der Kreuzung nach links ab, den -Schildern folgend, die Sie an der nächsten Gabelung nach rechts auch schon wieder verlassen.
450 Meter Wald. Überquerung des Radwegs. Überquerung der Straße ③. (Wenn Sie hier scheitern ....) 250 Meter Straße Richtung Windmais. Das ist keine Knabberei, deshalb nicht verfolgenswert. Nach Wald und Fischteichen geht's nach rechts ab, am Waldrand entlang. Nach weiteren Fischzuchtweihern (Wenn Sie hier baden ...) leichter Aufstieg zur Kreuzung mit Sitzbank und gelben Erdgassichtmarkern. Linksschwenk! Jetzt folgen Sie der Straße auf einer Länge von 1,16 Kilometern. Gehen Sie im linken Bankett und schließen Sie die Augen. Sie dürfen weder Gras (links) noch Asphalt (rechts) berühren. Wenn Sie sich das nicht trauen, können Sie die leeren Ziga-

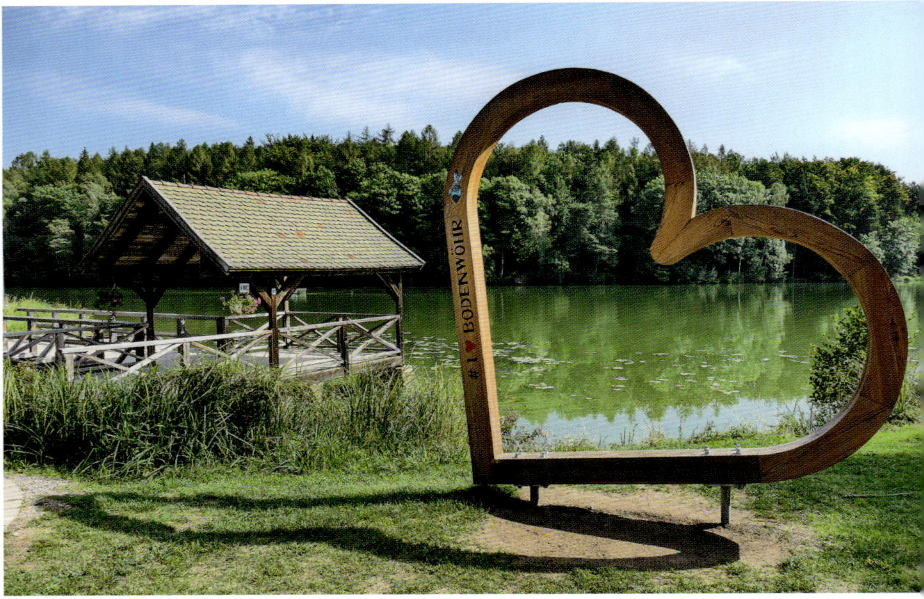

Ein Herz für Bodenwöhr

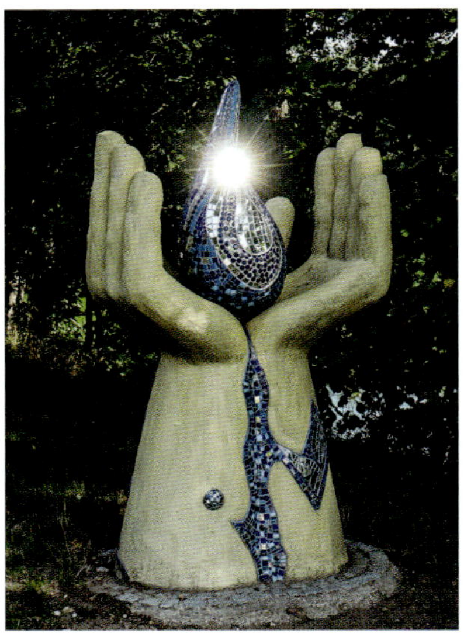

Die Sonne bringt Skulpturen zum Strahlen.

rettenschachteln und Fast-Drink-Becher vom Wegesrand einsammeln.

Nach dieser Strecke geht es zusammen mit den Gasmarkern nach leicht links weg. Sie umrunden nun den **Dr.-Hundhammer-Felsen** 4, den Sie erst finden, wenn Sie wieder auf der Straße ein kurzes Stück zurück nach rechts gehen. (Wenn man mir hier ein Denkmal errichten täte, ich weiß nicht, ob ich mich geehrt fühlte ...) Dann zurück, die Straße überqueren und auf Forststraße weiter. Leichtester Linksbogen, zunächst noch leicht ansteigend. Bevor der aktuelle Weg einen deutlichen Anstieg nimmt, geht ein Weg nach halbrechts in den Wald hinein. Hier wurde durch intensives Holzrücken die Natur so stark erniedrigt, dass Sie in den nächsten 20 Jahren zerstört am Boden liegen wird.

Nach 450 Metern haben Sie eine Forststraße weiter südwestlich erreicht, überqueren diese und betreten beim Wasserschutzgebiet die Abteilungen „Fuchslohe“ und „Eichenschläge“. Es schließt sich ein wunderbarer Waldweg an. (Linker Hand sehen Sie alte Pflanzreihen für die Fichtenschonung – sehr häufig hier.) Eine Einmündung von links ignorieren, stattdessen leicht nach rechts weiter. Letztendlich erreichen Sie wieder eine Forststraße. Diesmal nach rechts, und schon sind Sie nach 65 Metern am **Breitenbrucker Weiher.** Auf der Deichkrone schreiten Sie bis zum Häus-

chen mit den Infotafeln zur Neugestaltung 2020 5. Beim Häuschen nach links und auf Forststraße zügig voran. Nach knapp 600 Metern Vereinigung mit dem vielbesungenen Goldsteig, dem Sie nach rechts folgen.
(Kurz vor Erreichen der Abzweigungen Infotafel zu einer alten Köhlerei links im Wald!) Gehen Sie ruhig bis zum Infopunkt mit den vielen Tafeln i und dem rotbedachten Vogelhaus. Brotzeitzeit! Dann wieder kurz zurück und auf Goldsteig und Waldlehrpfad am Warbrucker Weiher nach Süden entlang. Immer noch Goldsteig. Parallel zur Bahnbrücke über den Warbrucker Weiher. Treppe nach oben und am Zaun des Unternehmens links (!) vorbei. Purzeln Sie danach nicht die Treppe zur Taucherstraße hinunter. (Wenn Ihnen das passiert . . .)
Schräg gegenüber, auf der rechten Seite der Straße, sehen Sie die marode **Taucherkapelle** 6. Dort hinüber wechseln Sie. Vor der Brücke der Hauptstraße geht nun der blaue Goldsteig-Zubringer nach Bodenwöhr zurück: Campingplatz, Badeplatz. Alternativ zum breiten, faden Zubringerweg können Sie den Waldpfad am Seeufer nehmen, der direkt hinter dem Wasserwachtsgebäude beginnt. (Wenn Sie schwimmen können, ist das hier ein guter Ort. Andernfalls . . .) Sobald Sie die Bahnbrücke erreichen, überqueren Sie diese nach links. Dann über die Gleise der Werksbahn. (Wenn Sie hier ein Zug erfasst, ist das sensationelles Pech!) Den Rest zur Familienbrauerei Jacob 7 und dann zur Taverne schaffen Sie auch ohne mich. Andernfalls . . .

Die Tafel am **Breitenbrucker Weiher** 5 fasst die Umstände trefflich zusammen. Dort steht: „Dieser schöne 19 Hektar große, ehemals „Herrschaftliche" Weiher wurde schon vor dem 30-jähr. Krieg angelegt. Der Damm in dem sumpfigen Gelände wurde mühsam im Spanndienst mit Lehm und „Bschütt" errichtet.

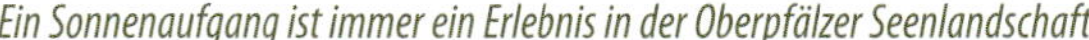
Ein Sonnenaufgang ist immer ein Erlebnis in der Oberpfälzer Seenlandschaft

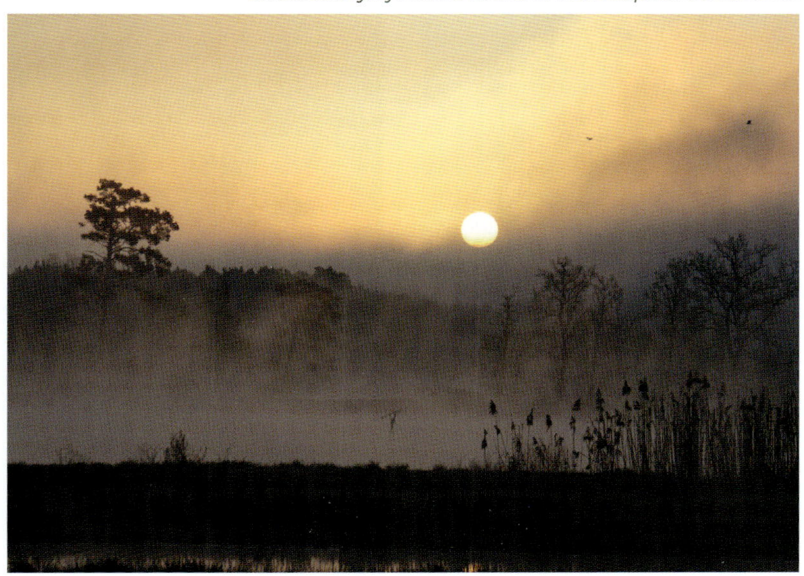

1646 unterstand er dem Kurfürstlichen Hoffischamt Amberg und wurde alle 2 Jahre abgelassen. Gesetzt wurden Karpfen, Hechte, Nerflinge, Krebse. Verkauft wurde an die Hofküche, Wirte (bis nach Regensburg), ein Teil ging als Almosen an die Kapuziner (Fastenfisch). Jagd auf Enten, Wildgänse, Falknerei, 1775 verkaufte der Hof den Weiher auf Erbrecht an Vötter und den Wirt von Penting. 1838 kaufte das Bergamt Bodenwöhr BHS dem Brauer Vetter zu Egelsried den Breitenbrucker [Weiher] um 3.000 Gulden ab. Ton war wichtig zum Auffüllen des Hammerweiher (Wasserkraft für die Schmiedehämmer und Blasebälge). Der Weiher liegt auf Ton, ist kalkarm und 1-2,5 m tief. Zulauf über den Silbergraven (vom Pfahl) und aus dem Moor."

Taucherkapelle „Schmerzhafte Mutter Gottes und Heilige Anna" 6: Die im neugotischen Stil gehaltene Taucherkapelle wurde vom Industriellen Max Josef Taucher in den Jahren 1895/96 erbaut. Allerdings starb seine Mutter noch vor der Fertigstellung der Kirche. Ihr Wunsch war ihm Befehl gewesen. 1910 ging die Kapelle an die Bayerische Vereinsbank über und 1914 an die Kirchenstiftung Bruck. Mit dem Neubau der Bodenwöhrer Pfarrkirche fiel die Taucherkirche wieder an die ursprünglichen Besitzer zurück. Sie ist noch heute in Privatbesitz. Seit 2021 bemüht sich ein Förderkreis um die Sanierung der kleinen Kirche. Die Zukunft wird's zeigen …

Der Hammersee:

Der Hammersee entstand im 15. Jahrhundert, als man diverse Zuflüsse aufstaute, um Wasserkraft für die Eisenverhüttung (Hammerwerke) zu er-

Protest!

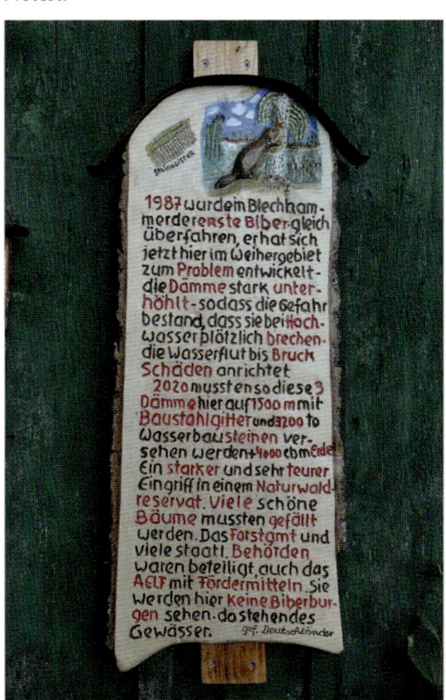

Jacob im Postkartenmotiv

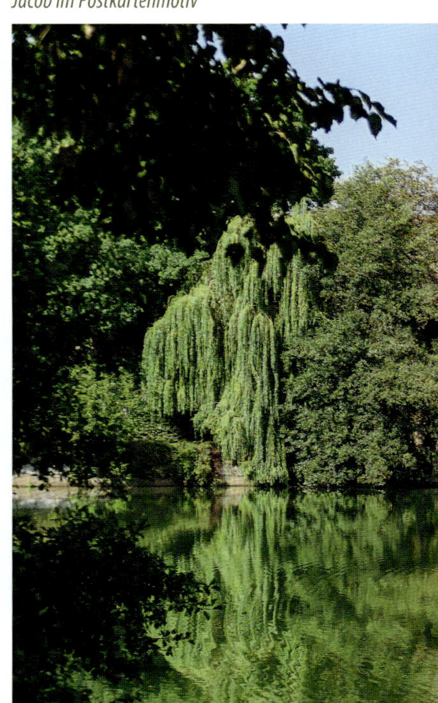

halten. Ein erster Hammer war der Weichselbrunner Hammer, der angeblich schon vor 1300 bestand. Von ihm sind keine Überreste mehr vorhanden. Der Nachfolgebau entstand in Bodenwöhr, wo die Wasser von Weichselbrunner Weiher und Warbrucker Weiher aufeinandertrafen. Nach 1693 wurde ein Schmelzofen errichtet und avancierte in der Folgezeit zu einem der bedeutendsten Eisenwerke Deutschlands. 1971 wurde das dann staatliche Hüttenwerk Bodenwöhr geschlossen. Heute wohnen auf dem Gelände Menschen in netten Fischer-Fertighäusern, und die Eisenverhüttung ist Geschichte.

Wegen der schweißtreibenden Arbeit in den Hüttenwerken tranken die Arbeiter reichlich Bier. Das wurde zunächst aus den umliegenden Gemeinden importiert, befriedigte aber nicht den Geschmack der Arbeiter. Also wurde – erfolgreich – der Bau eines eigenen „praunen Brauhauses" gefordert. 1758 nahm ein erster Familienbetrieb seine Arbeit auf, welcher 1884 an den ersten „Jacob" überging, nämlich an Johann Baptist Jacob.[5]

Das Brauwesen 7:

Jetzt nehmen Sie mal Zettel und Stift zur Hand und schreiben Ihre Schätzungen auf: Wie viele aktive Brauereien gibt es in Bayern? In der Oberpfalz? Im Landkreis Schwandorf? (Spitzenreiter ist Oberfranken mit 168 aktiven Brauereien (Stand 2022).) Die Antwort steht auf Seite 158. Mehr als die Hälfte dieser Lkr-Schwandorf-Brauereien wird in diesem Buch „berührt": Weißbierbrauhaus in Wiefelsdorf (Tour 3), Schlossbrauerei Naabeck (Tour 4), Schlossbrauerei Fuchsberg (Tour 19) und heute Brauerei Jacob in Bodenwöhr. Hier besteht Verwechslungsgefahr: Das Brauhaus Nittenau wird von Familie Jakob geleitet! („WAB"-Bier Tour 1!)

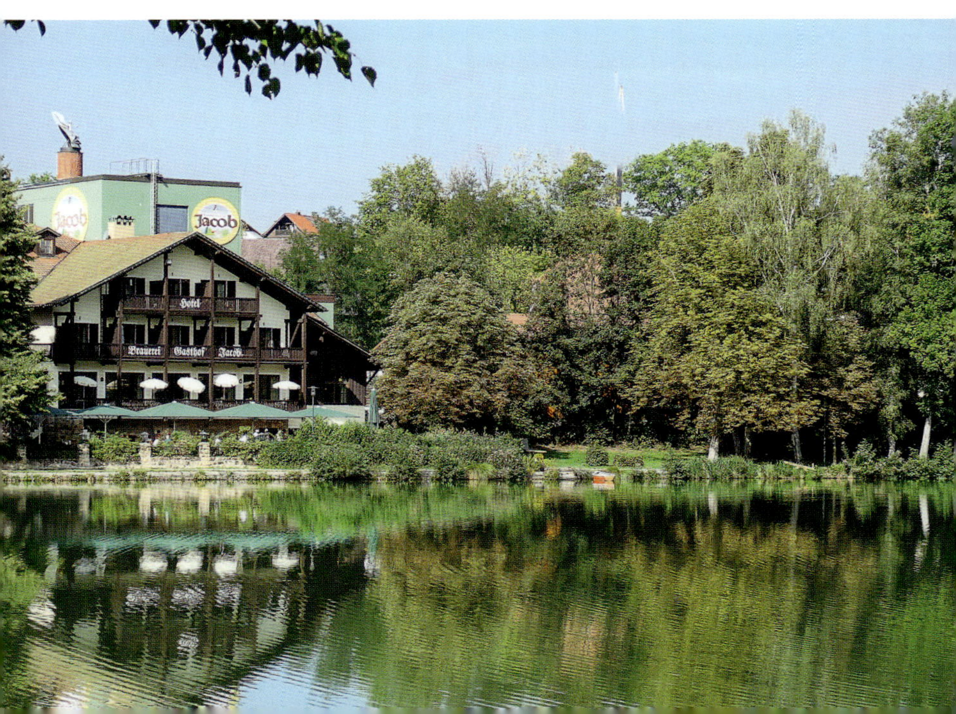

Taxöldern

Die besten Wege sind die unmarkierten.

TOUR
08

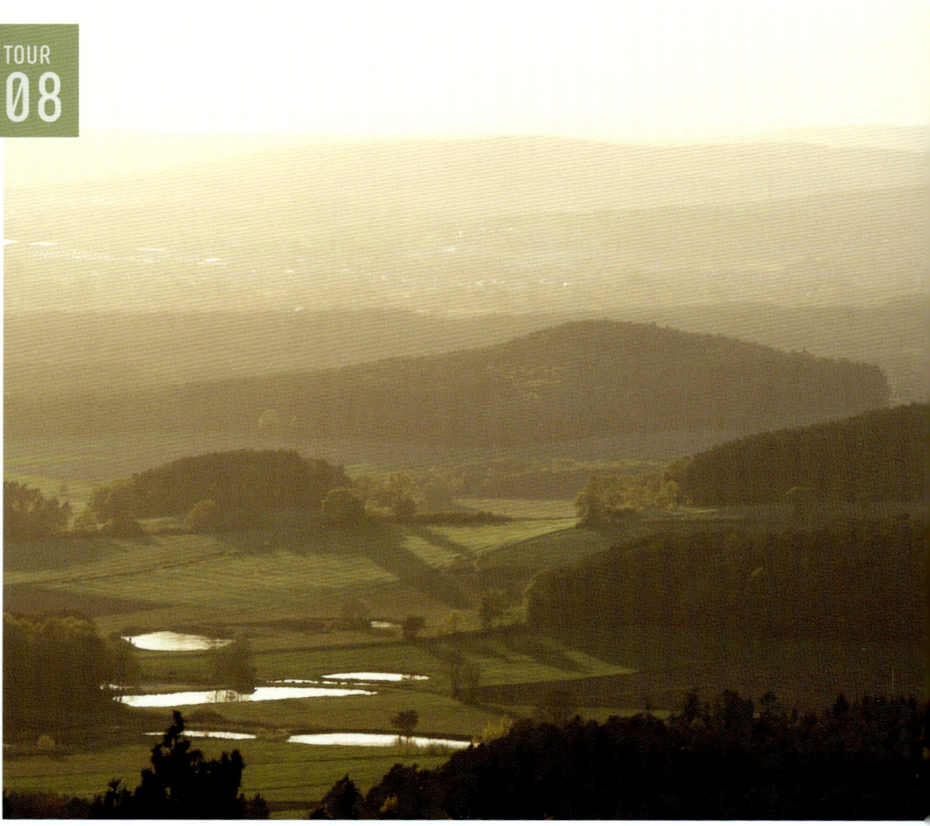

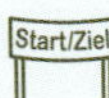

Mehrere offizielle Parkplätze im Hirschbergweg
Navi: 92438 Bodenwöhr / Taxöldern, Hirschbergweg 1

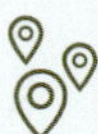

Taxöldern – Schlucht von Taxöldern – Hirschberg – Pfahl

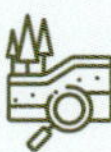

Waldwege, sehr angenehm; zwischendurch ein wenig wild

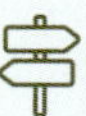

Schwandorfer Panoramaweg bzw. Goldsteigzubringer, Hirschbergweg

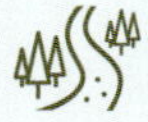

Herrliche kleine Rundtour mit ansprechendem Relief. Nicht nur Natur, sondern auch noch Geologie sind hier reichlich geboten.

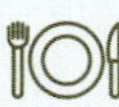

Siehe Tour 9

Foto: Blick vom Hirschbergturm nach Westen. Am Horizont grüßt Amberg mit dem Mariahilfberg.

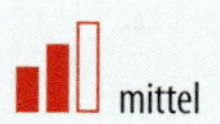

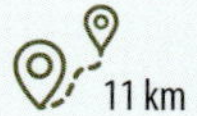

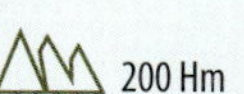

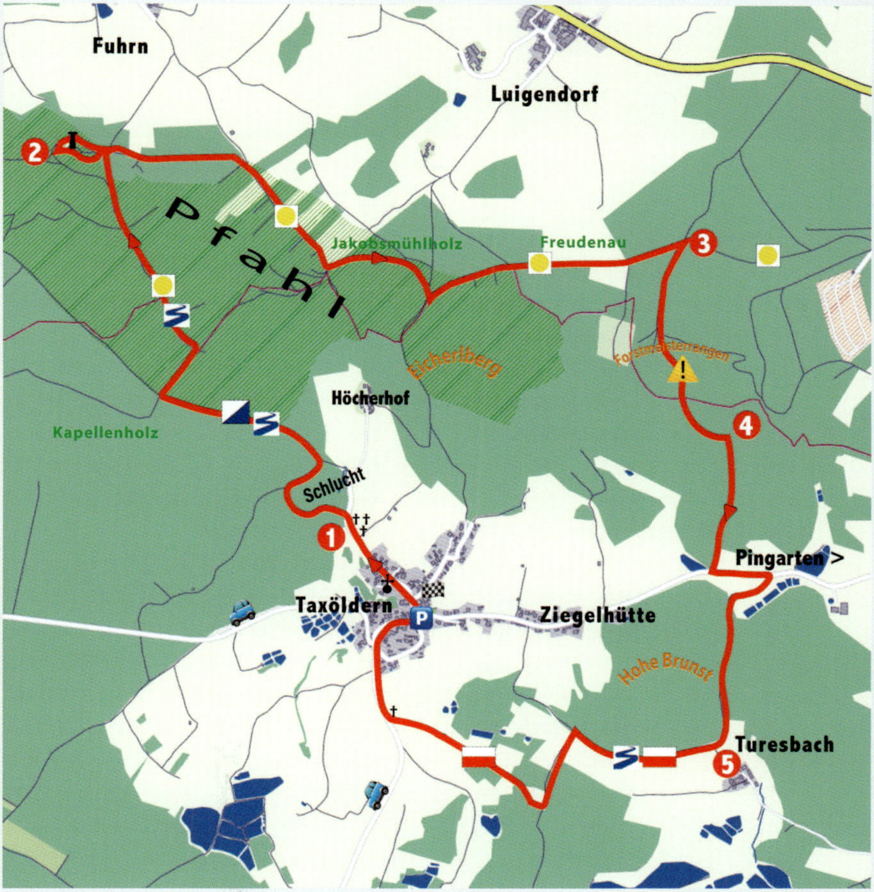

Fuhrn
Luigendorf
Pfahl
Jakobsmühlholz
Freudenau
Forstmeisterrangen
Eicherlberg
Höcherhof
Kapellenholz
Schlucht
Pingarten >
Taxöldern
Ziegelhütte
Hohe Brunst
Turesbach

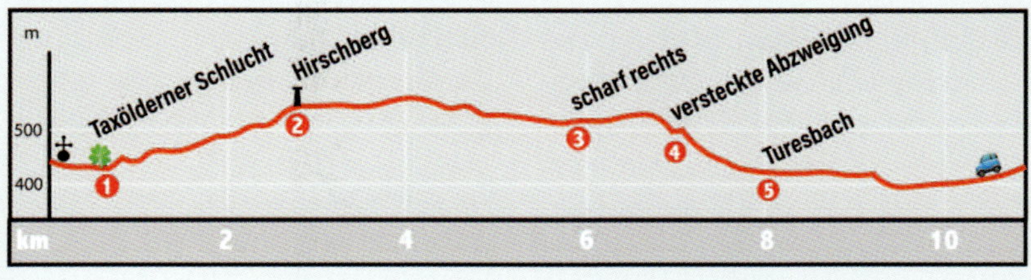

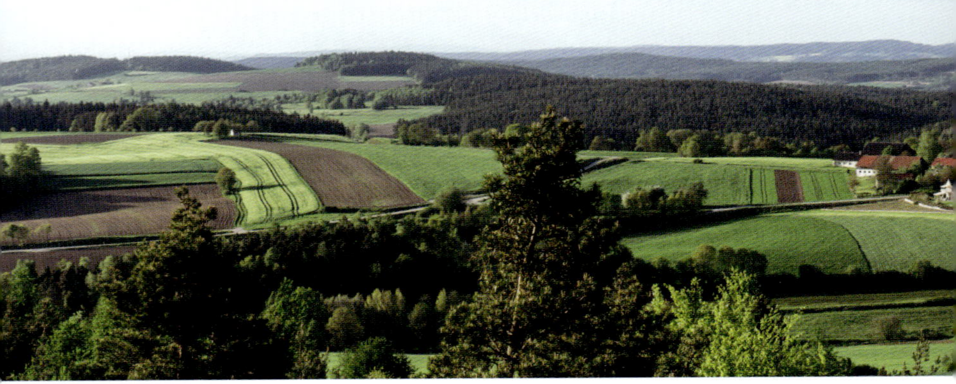

Panoramablick nach Norden über den Ort Fuhrn hinweg. Bei guter Fernsicht sieht man bis zum Fichtelgebirge.

„Reliefumkehr" beschreibt das Phänomen, dass eine ehemalige Vertiefung zu einem herausragenden Phänomen wird. Für den Pfahl trifft das sowohl wörtlich als auch übertragen zu. Er ist einzigartig auf der Welt. Was war passiert? Vor 250 Millionen Jahren brach die Gebirgsmasse des Bayerischen Waldes (einst ein stattliches Hoch-, heute ein klägliches Rumpfgebirge) auseinander. Auf einer Länge von immerhin 150 Kilometern. In diese Kluft drang heiße, flüssige Kieselsäure ein und kristallisierte als Quarz aus. Dieser Quarz ist härter als das umgebende Gestein. Letzteres verwitterte schneller als der Gangquarz, der heute als messerscharf gezogene Linie vom Mühlviertel in Österreich bis Schwarzenfeld die Landschaft herausragend prägt. Mit dem Hirschberg findet der Pfahl, den man auch einen „Härtlingszug" nennt, einen letzten Höhepunkt im Westen.

Wegbeschreibung:

Wir starten in **Taxöldern,** wo wir unser Auto eine Runde poofen lassen. Es geht den Hirschbergweg entlang, an der Dorfkirche Johannes der Täufer vorbei. Beim Waldrand erreichen Sie den Friedhof, für den Sie noch zu fit sind, sonst würden Sie hier nicht wandern. Direkt gegenüber der Aussegnungshalle zweigt ein unscheinbarer Trampelpfad nach halblinks ab 1 und führt in die **„Schlucht von Taxöldern"** hinunter. Hier hat sich der Bach in den letzten plusminus sechshunderttausend Jahren in den Sandstein eingegraben. Hier ist die Abbruchkante zur Bodenwöhrer Senke sichtbar.[6] Unten angekommen am Hochsitz vorbei und auf der gegenüberliegenden Seite wieder bergauf. Wenig später erreichen Sie eine Forststraße. Hier rechts.

Bei einem wegweisenden Totholzwegweiserturmhäuschen geht's jetzt links auf der Forststraße weiter. Ab hier folgen Sie dem Jurasteigzubringer bzw. – noch besser – dem Gelben Punkt des Hirschbergwegs. An der Kreuzung beim Johannes-Schlag rechts abbiegen und dann auffi zum Aussichtsturm 2 [derzeit neue Version im Bau!]. Oben erreichen Sie eine Kreuzung, an der sich mehrere Wegweiser befinden. Der gelbe Punkt bringt Sie zur Infotafel beim Pfahl. Hier biegen Sie an der Infotafel zum Pfahl ins unwegsamere Gelände über die Quarzbrocken ab und besteigen den **Hirschberg-Turm.** Folgen Sie dem Pfahl ein Stück weiter, am Steinbruch entlang, hinunter zum Schotterweg. Hier erläutert ein QR-Code-Link, dass der Pfahl in Wirklichkeit ein versteinerter Drache ist.

Auf dem Schotterweg zurück zur Kreuzung mit den Wegweisern. Die Wegweiser im Rücken ver-

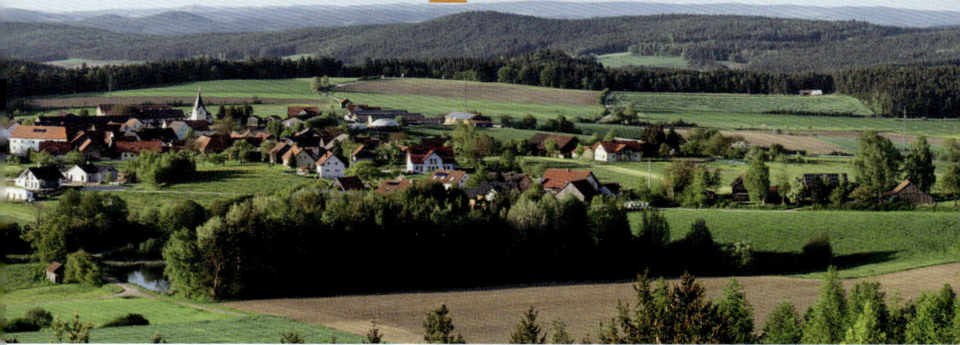

lassen Sie den Schotterweg und nehmen halbrechts den unbeachteten Waldweg, für den keiner der Wegweiser zuständig ist. Sie gehen geradeaus und finden alsbald wieder das ●. (Kontrolle: Hier wurde ein Baumlehrpfad angelegt.) Der Gelbe Punkt bringt Sie zuverlässig weiter: An der nächsten Kreuzung am Waldrand rechts halten (herrlicher Fernblick zum Signalberg halblinks am Horizont, s. Tour 19). Nach einem halben Kilometer erreichen Sie erneut eine Kreuzung. Hier gilt es, den zweiten Weg nach links zu nehmen, also nicht den Weg am Waldrand, sondern den nach dem alten Grenzstein (immer noch ●; 2022 stand hier wenige Meter später eine neue Sitzgruppe). Immer geradeaus, dann raus aus dem Wald und wieder rein in den Wald.

Nach fast eineinhalb Kilometern erreichen Sie ein verfallendes Bus- oder wohl eher Schutzhäuschen **3** an einer Kreuzung. Vor dem Häuschen scharf rechts abbiegen, den Gelben Punkt für immer verlassend. Dann kommt der wilde Teil: Dreifachgabelung nach 400 Metern: Sie nehmen den schönsten Weg, nämlich den Hohlweg in der Mitte. Aufstieg, Abstieg. Nach 500 Metern macht der

Wilde Romantik in der Schlucht von Taxöldern

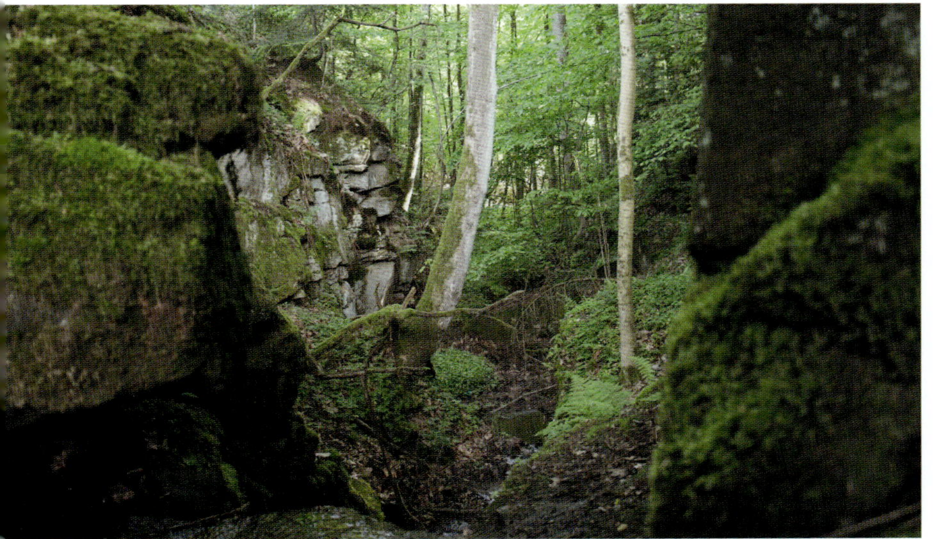

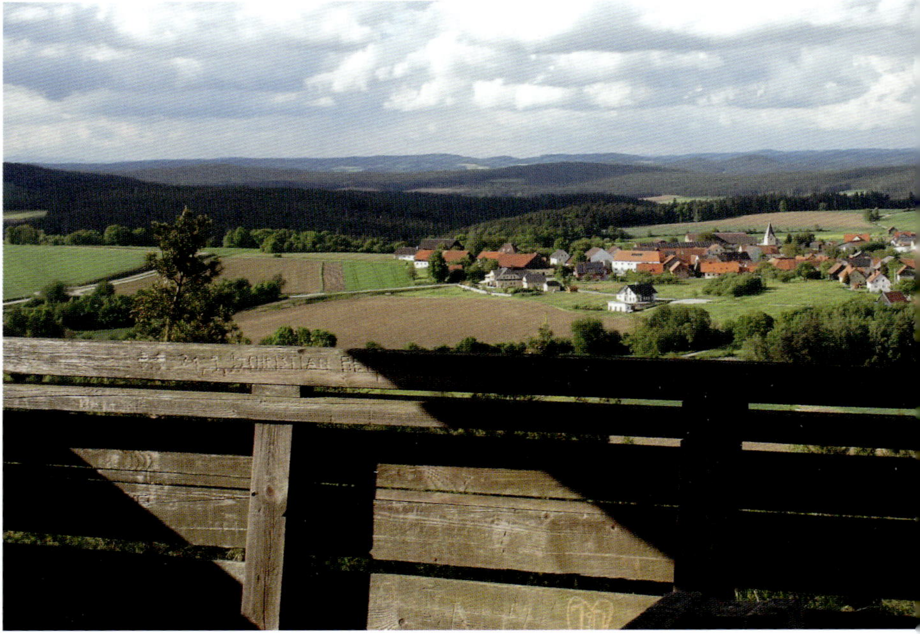

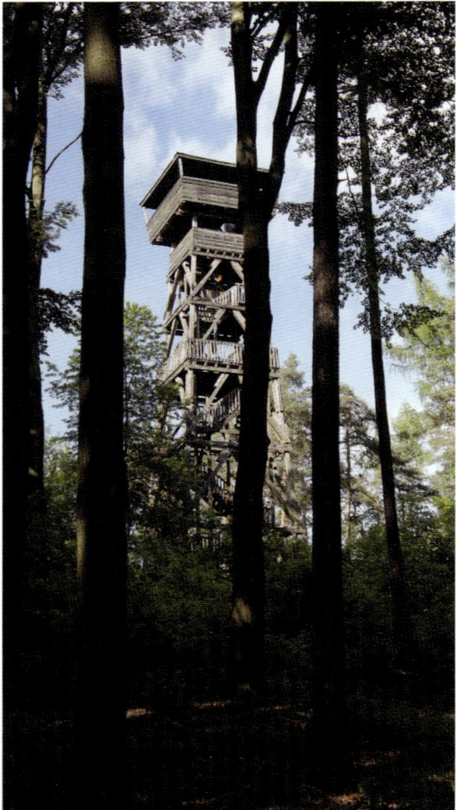

Auch ein Ding der Vergangenheit: der alte Aussichtsturm auf dem Hirschberg

Weg eine markante Rechtskurve. Wenn Sie 70 Meter weiter auf einen Hochsitz treffen und dann linker Hand auf mehrere Wege, die auseinanderdriften, sind Sie eindeutig zu weit gegangen. Gehen Sie 35 Meter zurück. Hier finden Sie eine Abzweigung nach rechts 4 (aus der Wanderrichtung gesehen). Knapp 50 Meter später erneut nach links abbiegen, auf wunderbar wildem Weg leicht bergab. Weitere 500 Meter später erreichen Sie die Straße zwischen Taxöldern und Pingarten. Linksschwenk, Marsch, auf die Straße!

Vor dem Weiherensemble scharf rechts auf Feldweg. Dann hinein in den Wald und durch ihn hindurch. Bei der Abzweigung nach Turesbach 5 erreichen Sie wieder Wanderwege, z. B. den , aber auch die Flagge von Polen . Nicht nach Turesbach, sondern am Waldrand entlang, bis ein weiterer Feldweg nach links abbiegt. Nach der nächsten Lichtung nach rechts auf und auf Feldwegen bis zur Straße nach Taxöldern. Auf

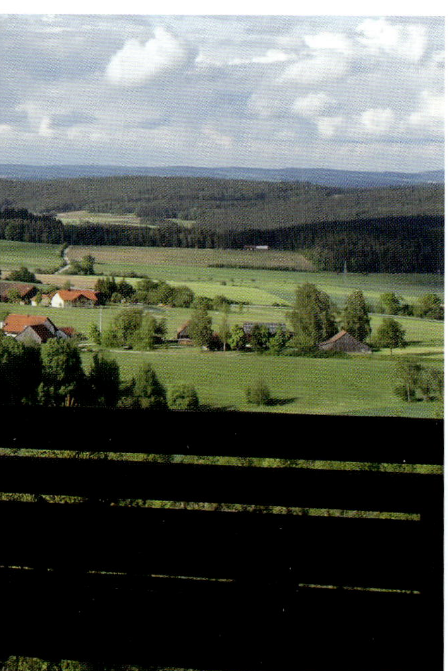

Fuhrn vom alten Turm aus

dieser Straße zurück in den Ort. Beim Aufstieg finden Sie noch Aufschlüsse von Sandstein, den Sie vorher schon in der Schlucht gesehen hatten.

Info zum Dachsbrunnen: Das erste „Taxölderner Dachsenfest" fand am Samstag (23.6.2012) um 18 Uhr am Dorfplatz statt. Nachdem die Idee einer Skulptur mit geschichtlichem Hintergrund schon länger bei den Taxölderner Vereinen diskutiert wurde, fand man im Jahr 2010 einen Oberpfälzer Künstler, der eine Skizze anfertigte, wonach das Wahrzeichen in Granit gemeißelt wurde. Im Jahre 1140 werden erstmals die „Dasholrer" erwähnt, und sie waren zu dieser Zeit bereits ein angesehenes Rittergeschlecht. Ein gewisser „Poppo de Dasholren" siedelte damals am Südhang des Eichelberges bei den Dachshöhlen. Im Mai dieses Jahres fand die Skulptur ihren Standort, und so wird die Dachsenfamilie nun bei kühlen Getränken und Bratwürsten von der Dorfgemeinschaft gefeiert, und alle, die mitfeiern wollen, sind dazu herzlich eingeladen.
https://www.taxoeldern.de/taxoeldern-archiv-2012.html

Geotop „Pfahl": Die Entstehung des Pfahls wurde im Eingangstext geschildert. Unter selbigem Namen finden wir auch das Naturschutzgebiet bzw. Geotop *Quarzbruch am Hirschberg E von Hofenstetten.* Bereits 1939 wurde dieses Naturschutzgebiet ausgewiesen. Man sieht dort wie kaum woanders, dass der Pfahl im Lauf seiner Entstehung immer wieder zerbrach und durch neu eindringende Kieselsäure wieder „verheilt" wurde. Kein Wunder, dauerte doch die Entstehung über 50 Millionen Jahre lang an!
Wenn man ein bisschen über den Tellerrand blickt, wird man einen Besuch des „Großen Pfahls" bei Viechtach empfehlen und Wanderern in diesem Zusammenhang den Pandurensteig. Auf dem Pfahl läuft dieser Qualitätsweg wie mit dem Lineal gezogen!

Am Dachsbrunnen erkennt man den Namensgeber von Taxöldern.

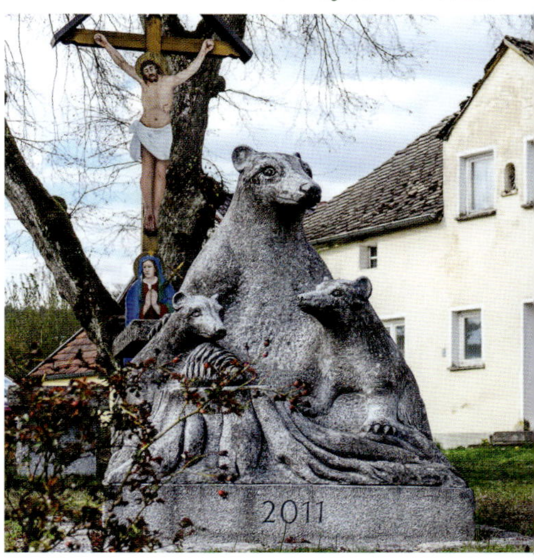

Fuhrn

Haben Sie schon mal auf einer Skipiste Golf gespielt?

TOUR 09

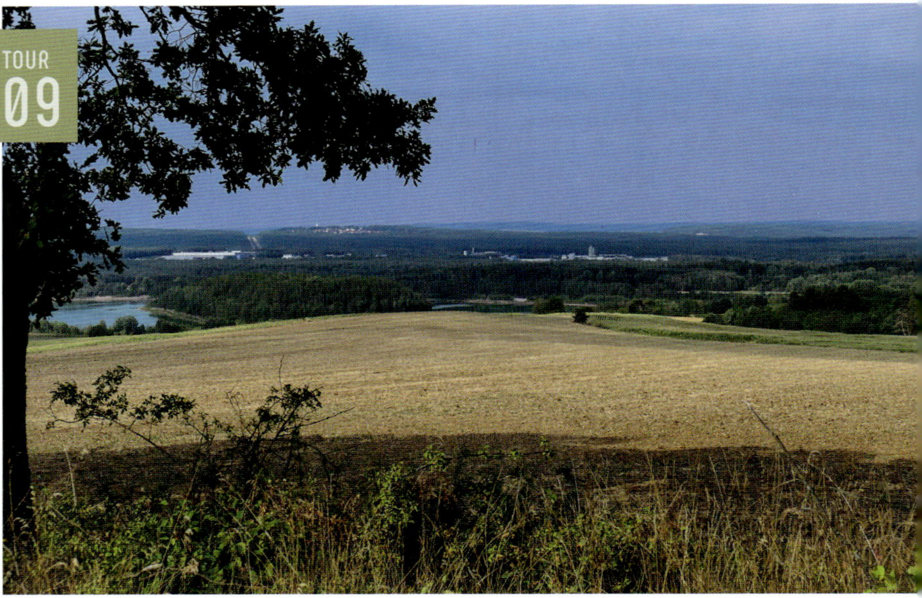

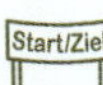

Wanderparkplatz in Fuhrn
Navi: 92431 Neunburg vorm Wald, Fuhrn 57
Alternativer Start in Hofenstetten:
92431 Neunburg vorm Wald, Hofenstetten 1
(Parken entlang der Straße zwischen Ort und Hotel)

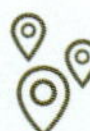

Fuhrn – Aussichtsturm Hirschberg – „Pfahl" – Wallfahrtskirche Büchlberg – Golfen auf der Skipiste – Burgstall Ramberg

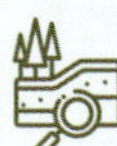

Angenehme Wanderwege (überwiegend geschottete Flurwege und Waldwege), zwischendurch kleine Asphaltstrecken

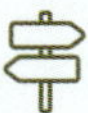

Schwandorfer Panoramaweg bzw. Goldsteigzubringer, Hirschbergweg

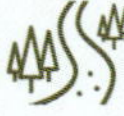

Lauter Schmankerl, die wie an einer Kette aufgereiht daherkommen. Geschichte, Natur, Kulinarik.

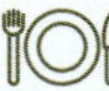

Schiessl-Tafferne (seit 1285)
Kemnath bei Fuhrn 8
92431 Neunburg v. Wald, Tel. 09439 242
www.schiessl-tafferne.de

Restaurant am Golf- und Landclub „Oberpfälzer Wald"
Kemnath bei Fuhrn/Ödengrub
92431 Neunburg v. W., Tel. 09439 466,
www.golf-oberpfalz.de

Gaststätte Hirschbergstub'n
Fuhrn 24, 92432 Neunburg vorm Wald
Tel. 09439 416
birgitnr1@aol.com

Der Birkenhof – Spa & Genuss Resort *** / Restaurant Eisvogel**
Hofenstetten 55, 92431 Neunburg v. Wald
Tel. 09439 9500
www.der-birkenhof.de

Foto: Durchblick in die Bodenwöhrer Senke

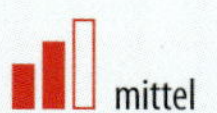 mittel
 13 km
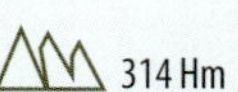 314 Hm
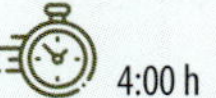 4:00 h

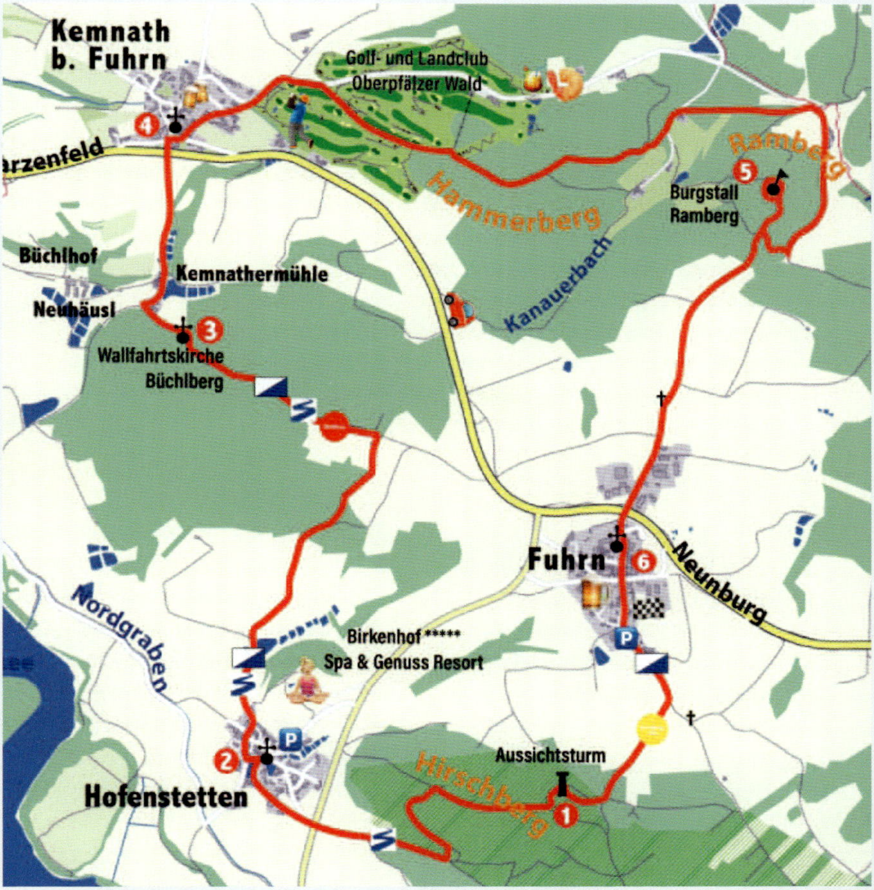

Kemnath b. Fuhrn
Golf- und Landclub Oberpfälzer Wald
Schwarzenfeld
Hammerberg
Ramberg
Burgstall Ramberg
Büchlhof
Kemnathermühle
Neuhäusl
Kanauerbach
Wallfahrtskirche Büchlberg
Fuhrn
Neunburg
Nordgraben
Birkenhof ***** Spa & Genuss Resort
Hofenstetten
Aussichtsturm
Hirschberg

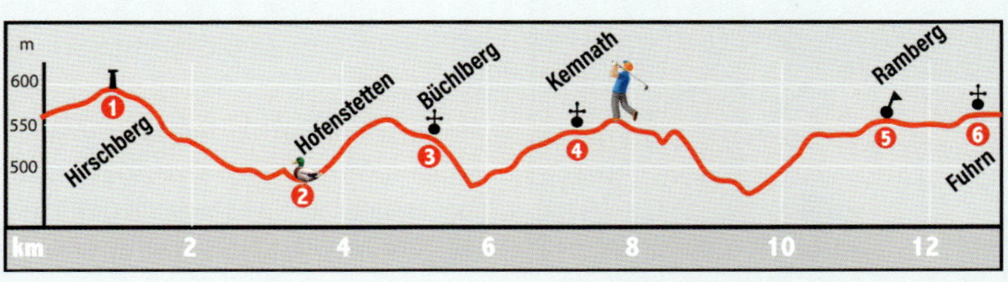

Foto rechte Seite: Kemnath-Panorama – wie herrlich grün hier alles ist!

Als meine Frau und ich einmal in Wanderkleidung ein ****-Wellnesshotel im Lamer Winkel ansteuerten – natürlich als gemeldete, zahlende Gäste – raunte uns ein Gast zu, der gerade aus dem Hotel kam: *Ihr seid verkehrt hier!*

Das kann Ihnen auf dieser Tour auch passieren, nämlich dann, wenn Sie das Fünf-Sterne-Birkenhof-Wellness-Resort für ein isotonisches Hopfenkaltgetränk ansteuern. Tun Sie's am besten *nach* der Tour, wenn Sie so richtig verschwitzt sind. Dann stehen Sie in krassem Gegensatz zu den Gästen, die noch frisch nach Shampoo riechend ihre willenlosen E-Bikes gen Hirschberg steuern. Diese Tour repräsentiert die Oberpfalz wie kaum eine andere: Sie sehen das einst für die WAA geplante Gelände, das jetzt ein Industriegebiet beherbergt, haben den Blick auf das Oberpfälzer Seenland, finden eine Wallfahrtskirche, zwei Dorfkirchen (von denen eine bis in die Romanik zurückreicht), einen der schönsten Golfplätze der Oberpfalz (sagt der Golfplatz von sich), eine abgegangene Burg, einen spektakulären Blick vom Hirschberg, eine geologische Megaattraktion und natürlich jede Menge vergessene Pfade, die das alles miteinander verbinden.

Wallfahrtskirche Büchlberg

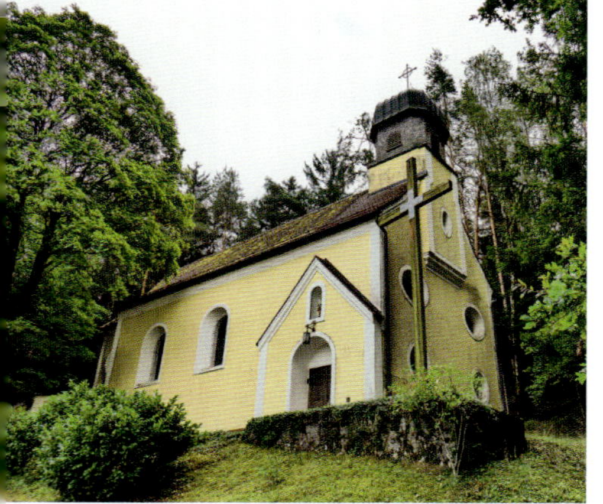

Die Gastronomie könnte die Gegensätze nicht besser beschreiben: Hier ein einfaches Dorfgasthaus in Fuhrn, dort ein Fünf-Sterne-Luxus-Tempel.

Wegbeschreibung:

Diese schillernde Tour ist gut zu beschreiben, welch ein Glück:

Sie starten vom Wanderparkplatz am Fuhrner Ortausgang (Glascontainer) und folgen dem gelben Hirschbergwegschild zum **Aussichtsturm Hirschberg** ❶. (Zum Zeitpunkt der Drucklegung nur als Betonfundament vorhanden!) Danach geht es auf dem Höhenrücken des Pfahls weiter nach Westen und mittels Single-Trail-Abstieg am Steinbruch hinunter. Am „hinteren" Ende des Steinbruchs informiert ein „Natur-Navi" mit QR-Code über den Pfahl. Ab hier weiter in den Wald. An der Gabelung kurz später im Wald biegen Sie rechts ab und folgen den wechselnden Schildern von Hirschbergweg, Goldsteigzubringer und Schwandorfer Panoramaweg. (Achtung, die Wege schlagen zwei „Haken", einen nach links und einen nach rechts.) Nach Überquerung der Staatsstraße landen Sie in Hofenstetten ❷. Dort gehen die Wanderwege nach Passage des links liegenden Weihers nach links weiter, also vor der **Kirche St. Sebastian,** und wenige Meter weiter – nach den Wanderinfotafeln – nach rechts über die kleine Brücke. Folgen Sie den Schildern bis zur **Wallfahrtskirche Büchlberg** ❸ und genießen Sie unterwegs den Blick über die Bodenwöhrer Senke. (Irgendwann wird die Wanderroute durch das Büchlbergwegschild verstärkt.)

Abstieg von der Wallfahrtskirche. Sie verlassen nun die markierten Wege und steigen nach rechts nach Kemnath auf. Nachdem Sie die **Ulrichskirche** ❹ besichtigt haben (meist offen), gehen Sie

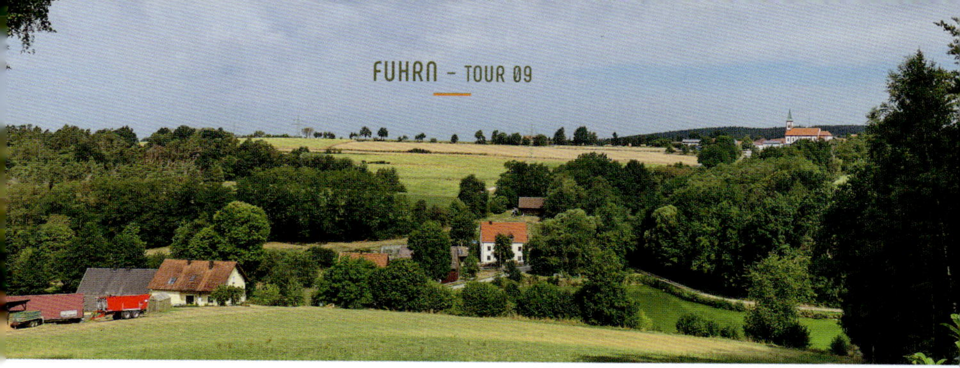

vor der Kirche nach rechts und folgen den Schildern zum Golfplatz. Gute 400 Meter nach der Abzweigung erreichen Sie den Geräteschuppen der Anlage. Dahinter geht es parallel zur Fahrstraße noch knapp 200 Meter weiter. Dann biegen Sie auf den Schotterweg nach rechts ein, der über den Golfplatz führt. (Versuchen Sie bitte nicht, fliegende Golfbälle mit dem Kopf oder anderen Körperteilen zu bremsen!)
Ist alles gut gegangen, erreichen Sie nach 650 Metern die alte Liftanlage im Wald und kurz dahinter das Premiumloch der Anlage, nämlich das sich 50 Meter in die Tiefe stürzende Grün. Vielleicht haben Sie ja jetzt Lust auf Golfen oder Golfer*innen gekriegt? Falls der Golfdrang noch etwas warten kann, gehen Sie von Abschlag 9 geradeaus weiter und folgen einem herrlich ruhigen Waldweg. Nach leichtem Abstieg und Linkskurve (ca. 300 Meter nach Abschlag 9) wird's etwas „tricky". Abzweigung nach links ignorieren. Nach ca. 70 Metern weiter auf 10 Uhr 30, also leicht links, zunächst ebenerdig weiter.
Sind Sie alles richtig gegangen, erreichen Sie wenig später eine Lichtung und passieren diese am rechten Rand (unter den Augen des Revierförsters), um nach ca. 100 Metern wieder Wald zu betreten. Nach knapp 300 Metern sind Sie bei einem Schuppen angelangt, von dem weg Granitpflasterstein nach unten führt. Gleich am Ende dieser Pflastersteine biegt unser Wanderweg nach links in den Wald ab. (Ignorieren Sie die Buche, die sich Ihnen in den Weg zu stellen versucht!) 130 Meter Abstieg, und Sie erreichen Anwesen Hammerberg 6.

Gleich am Ende dieses Grundstücks biegen Sie nach rechts ab und am Ende des Hauses (also vor dem kleinen Swimmingpool im Grundstück) biegen sie nach halblinks in den Wald ab. Der Weg wird kurz darauf besser. Hier wandert es sich herrlich sandig! Nach 300 Metern erreichen Sie die Straße, der Sie nach rechts folgen. Es geht am Haus Raummühle vorbei. Aufstieg auf Asphalt, später Schotter am Waldrand entlang.
Danach folgen Sie unauffällig dem Waldrand. 50 Meter vom Scheitelpunkt der Linkskurve entfernt zweigt der Aufstieg zum **Burgstall Ramberg** nach rechts ab. Geschwungener Weg hinauf im Wald. An der T-Kreuzung erreichen Sie einen „Lassopunkt". Hier geht es nach Burgbesichtigung nach links weiter, Richtung Fuhrn. Jetzt aber zunächst nach rechts. Folgen Sie dem Weg, und Sie finden wie von selbst zum Burgstall 5. Umrunden Sie ruhig die alte Anlage durch den Burggraben!

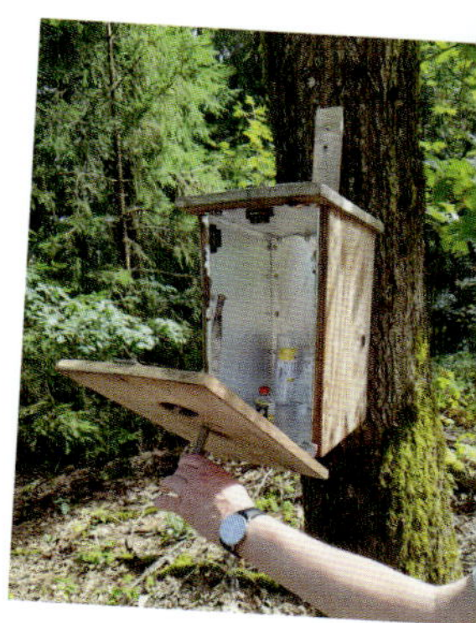

Ob hier ein Schluckspecht wohnt? Foto: Eva Mühlbauer

Danach von besagtem Lassopunkt geradeaus weiter und „immer der Nase nach" (aber nicht rechts bergab) nach Fuhrn und an der **Kirche St. Peter und Paul** 6 vorbei geradeaus zum Wanderparkplatz!

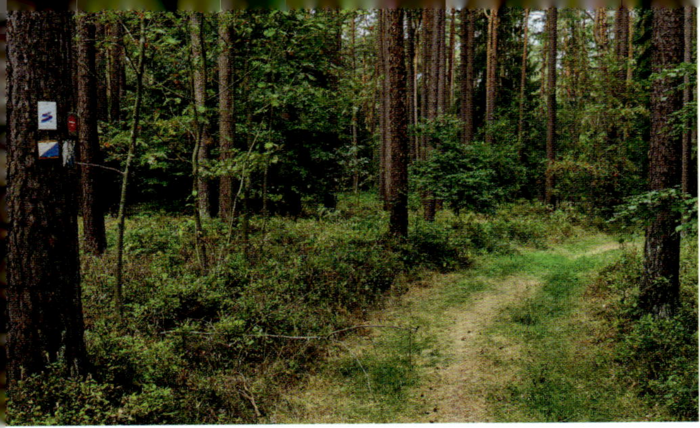

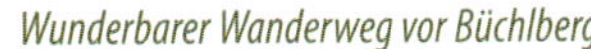

Wunderbarer Wanderweg vor Büchlberg

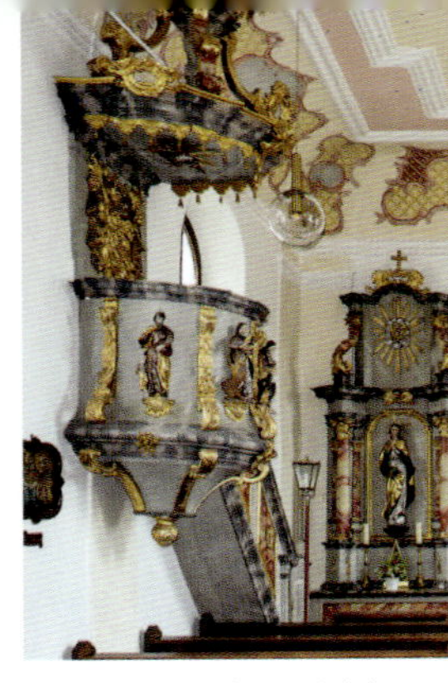

Die Kirche von Fuhrn im Stil des

Sehenswürdigkeiten:

Pfahl/Aussichtsturm „Hirschberg“:
Siehe Tour 8 (Taxöldern).

Wallfahrtskirche Schmerzhafte Mutter Gottes und Hl. Johannes Nepomuk ❸: Dieses versteckte Kirchlein wurde 1767 fertiggestellt. Anlass für den Bau war laut Infotafel im Ort die Tatsache, dass ein Bauer einhundert Jahre vorher bei einem Baum ein Hinterglasbild gefunden hatte, das unter anderem die Hinrichtung des Heiligen Nepomuk darstellte. (Letzterer wurde in der Moldau ertränkt.) Obwohl man das Bild in die Pfarrkirche brachte, kehrte es – it's a kind of magic – zum Fundort zurück. Soweit die Sage.

Barbara Möckershoff-Goy schreibt in ihrem Aufsatz „Die Wallfahrt auf den Büchlberg bei Kemnath/Fuhrn“: „Wohl selten wird man die Anfänge eines solchen Kultes (Wallfahrt) so klar und von allen Seiten beleuchtet verfolgen können …“ (Möckershoff-Goy, S. 310[7]). Woher diese Diskre-

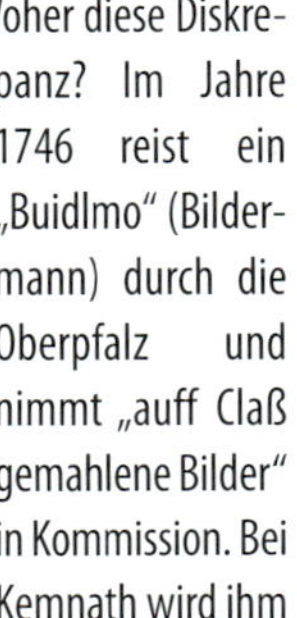

panz? Im Jahre 1746 reist ein „Buidlmo“ (Bildermann) durch die Oberpfalz und nimmt „auff Claß gemahlene Bilder“ in Kommission. Bei Kemnath wird ihm am 3. April so ein Hinterglasbild gestohlen, – das spätere Votivbild – und er beschwert sich schriftlich beim Ordinariat in Regensburg. Weiter schreibt er, dass das Bild „auff ein kleines Bäumblein getragen worden“ sei. Als er das Bild wieder an sich nehmen will, protestiert die Bevölkerung mit ziemlich handfesten Argumenten, die Wallfahrt hatte nämlich schon eingesetzt. Die Ereignisse der folgenden Monate sind minutiös in Briefen festgehalten. Dabei wird das Bild als „recht kunstlos“ bezeichnet und stellt eine kuriose Mischung aus *Maria-Hilf* (rechts oben) und *Nepomuk-Stirb* (links unten) dar. Ein Streit unter den Pfarrern der Region bricht aus. Einer fürchtet um seine eigene „weld-berühmbte“ Brünnl-Wallfahrt und verdächtigt die Lutheraner, das Bild an die Tanne gestellt zu haben. Es hilft nichts. Die Wallfahrt kommt trotzdem – oder deswegen – in Schwung, denn auch Wunderheilungen werden inzwischen berichtet. Allerdings wurde dann auch die Frage (schriftlich) diskutiert, wer denn für die „Beneficia“ verantwortlich sei. Maria oder Nepomuk? Um eine lange Geschichte kurz zu machen: In den Folgejahren werden Grundstücke erworben, Bäume gefällt, Ziegelsteine gekauft und Bildchen gedruckt – alles fein säuberlich auf Heller und Pfennig dokumentiert. 1748 bestätigt der amtierende Forstmeister (natürlich schriftlich), dass der Bau einer Kirche die Tiere des Waldes nicht beeinträchtigen würde. 1750 wird mit dem Bau der Kirche begonnen, 1753 (schriftlich) der

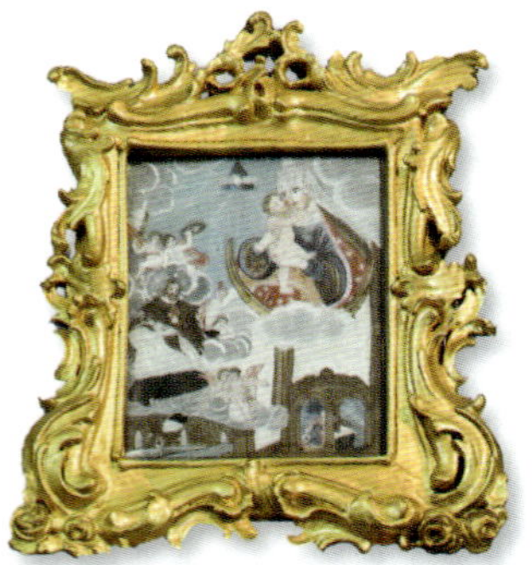

Der Ursprung der Wallfahrt: Das Gnadenbild mit dem Hl. Nepomuk

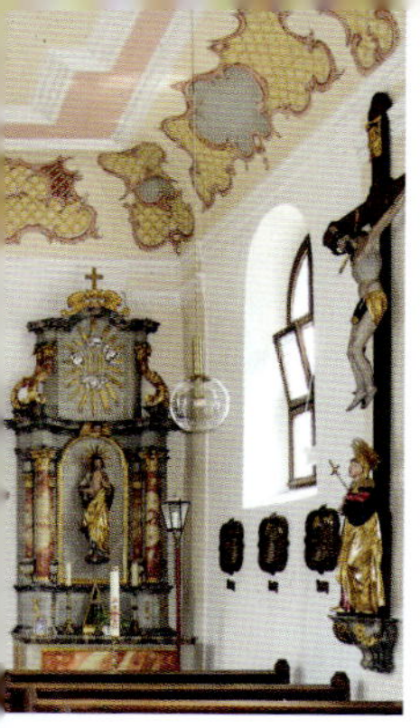

Rokoko

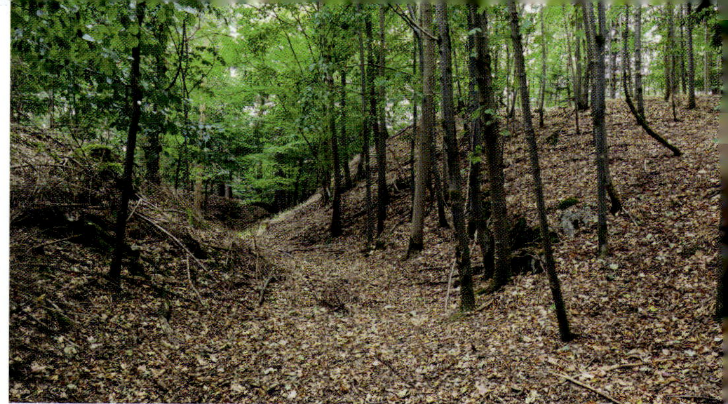

Burgstall Ramberg – viel ist nicht mehr zu sehen.

erste Einbruch vermeldet (Opfermünzen verschwinden). 1767 ist die Kirche endlich vollendet. Die Tanne musste Anfang des 20. Jahrhunderts gefällt werden, die Wallfahrt ist inzwischen eingeschlafen. Heute ist die Kirche noch bei Maiandachten zugänglich oder an Mariä Himmelfahrt (15. August).

Pfarrkirche St. Ulrich, Kemnath 4: Im Juli 1859 vernichtete der Rote Hahn fast das ganze Dorf Kemnath und damit auch die alte Kirche. Auf der Infotafel vor der Kirche ist zu lesen, dass eine Magd das siedende Schmalz, das sie zum *Käichlbocha* (Küchle backen) benutzt hatte, auf den Misthaufen geworfen haben soll, der sich dann entzündete (was rein physikalisch unmöglich ist!). Die Bauernfamilien waren derweil auf Wallfahrt zum Mariahilfberg in Amberg.
1867 wurde die neue, neoromanisch designte Kirche eingeweiht und durfte den im Mittelalter so beliebten Kirchenpatron Ulrich beibehalten. 2011 wurde das schöne Gotteshaus renoviert und erstrahlt seitdem in neuem, altem Glanz.

Golf- und Landclub Oberpfälzer Wald e.V.: Die 18 Bahnen umfassende Anlage wirbt mit der spektakulären Lage in der Talmulde eines Landschaftsschutzgebietes. Höhepunkt ist Loch 9 mit einem Höhenunterschied von 50 Metern. Insgesamt gilt die Anlage wegen des starken Reliefs als recht anspruchsvoll. Das Restaurant ist öffentlich und lädt auch Wanderer und Radfahrer ein! (www.golf-oberpfalz.de)

Burgstall Ramberg 5: So wenig, wie man von der Burg vor Ort noch findet, so wenig geben auch die Geschichtsbücher her: Ende des 13. Jahrhunderts wird ein Heinrich Vurdenar als Besitzer genannt. Zur gleichen Zeit wird im Grundbuch (man nannte das früher „Urbar") ein Castrum Randenberch genannt. Zwischen 1344 und 1444 ist die Familie Zenger im Besitz (oder Teilbesitz).
Heute findet man von dieser abgegangenen Gipfelburg nur noch einen Ringwall und den Ringgraben. Letzteren kann man dafür vollständig durchlaufen. Auf dem Plateau (ca. 25 mal 46 Meter), auf dem früher die Burg stand, finden sich noch einige Unebenheiten im Relief, aber keine Bebauungsspuren mehr.

Kirche St. Peter und Paul, Fuhrn 6: Die stimmig ausgestattete Kirche überrascht durch den kleinen Innenraum. Von außen wirkt das im Kern romanische Gotteshaus jedenfalls größer. (Den Kern bildet eine gotische Anlage (13. Jh.), die ihrerseits schon auf einer romanischen Kirche aufbaut.)
Die Ausstattung stammt aus dem 18. Jh., also aus dem Rokoko. Im Zentrum stehen Petrus und Paulus im Hochaltarbild. Bemerkenswert sind noch die beiden Kirchenglocken, die aus den Jahren 1418 bzw. 1497 stammen!

Burgstall Warberg

Let's Knock this bastard off!

TOUR 10

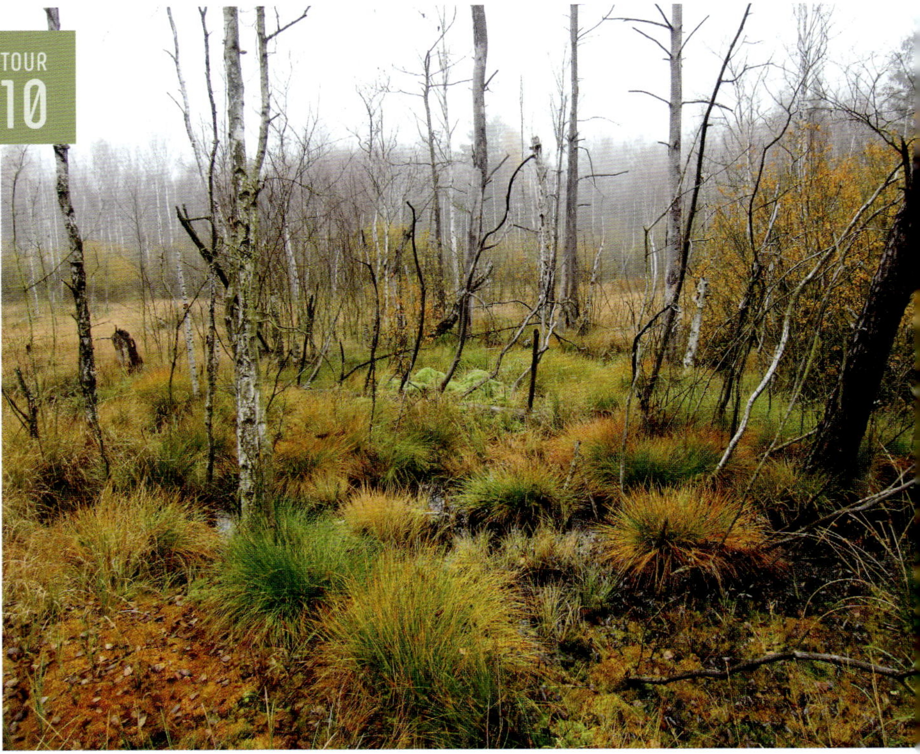

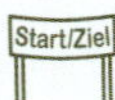

Parkplatz Berggasthof Warberg
Navi: 92431 Neunburg v. W., Warberg 8

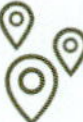

Burgstall Warberg – Kulzer/Prackendorfer Moor – Steinbruch – Kapelle Schönbuchen – Kupferplatte – Rastkapelle

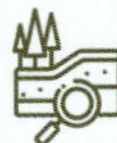

Die Tour, die jeden denkbaren Untergrund bietet. Nur Asphalt und Beton sind so gut wie nicht dabei.

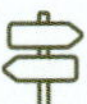

Schönbuchenweg, Warbergweg, roter Pfeil, grün-weiß, Goldsteigzubringer, Goldsteig

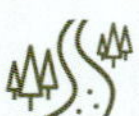

Hammertour. Intensiver kann man die Oberpfalz in ihrer Vielfalt kaum erleben.

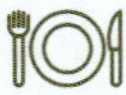

Berggasthof Warberg
Familie König
Warberg 8, 92432 Neunburg v. W

Krämerhof Kulz
Neunburger Str. 1, 92554 Kulz/Thanstein, www.kraemerhof.de

Foto: Kulzer Moos – am besten im Herbst!

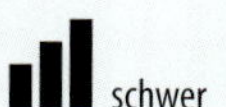
schwer

15,1 km

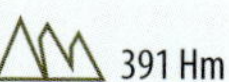
391 Hm

5:00 h

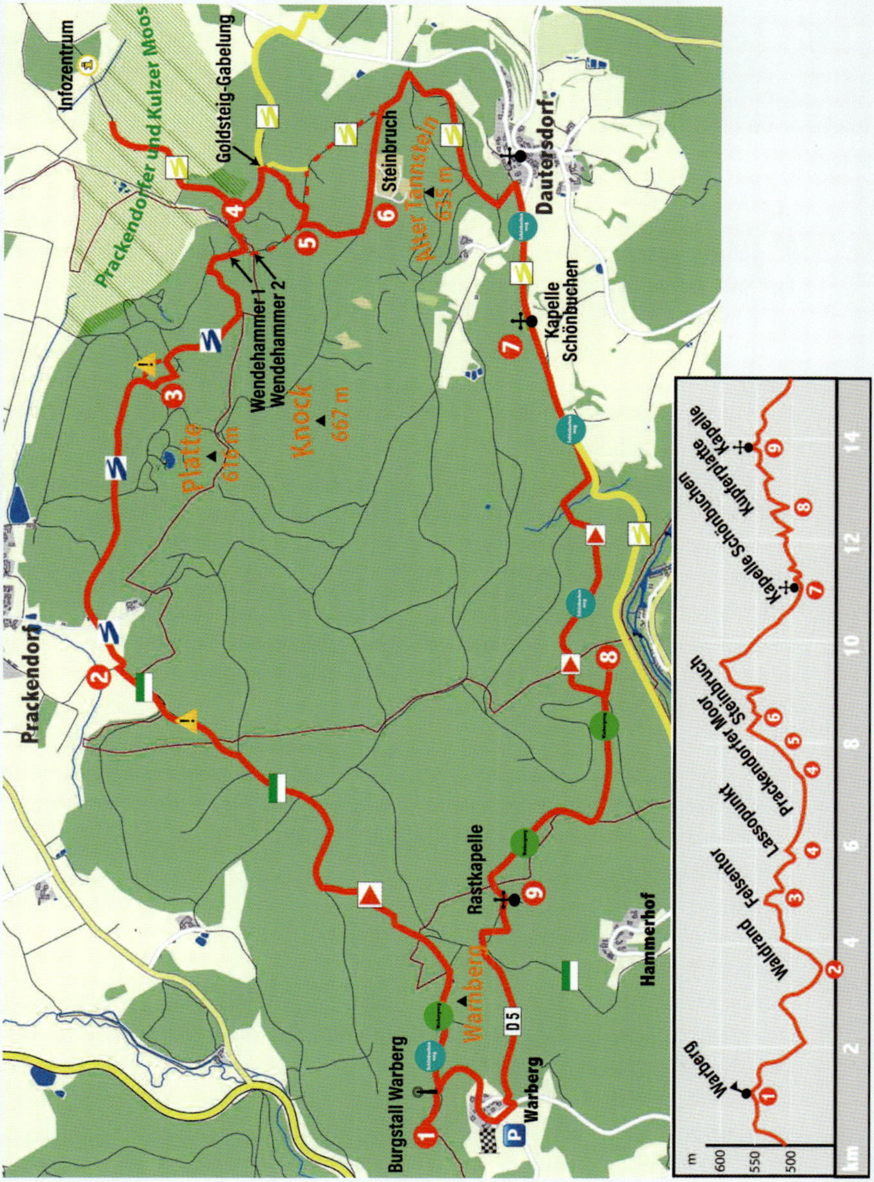

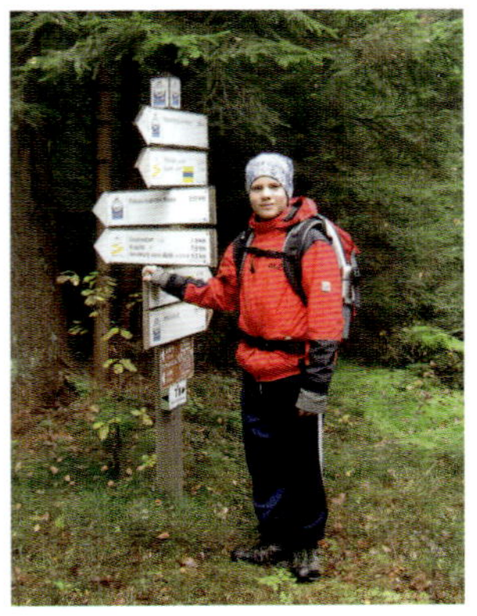

Goldsteig 2011

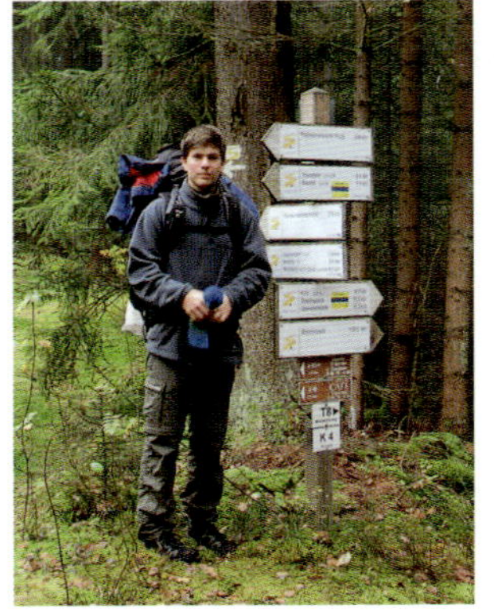

Goldsteig 2014

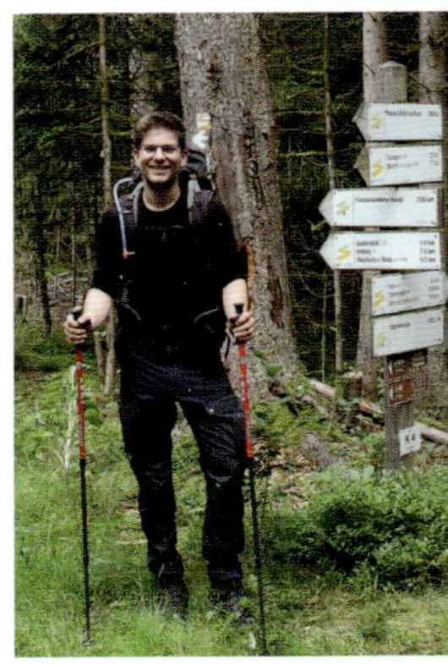

Goldsteig 2021

Das „Knock-Gebirge" hatte mich schon des Öfteren angezogen. 2011 wanderte ich hier mit meinem Sohn den Goldsteig – ein nebliger Novembertag. Herrlich! Herbst und Nebel – die optimale Stimmung für das Prackendorfer Moor.

Als ich Jahre später wiederkam, wollte ich sowohl Kupferplatte als auch Rastkapelle erkunden. Damals war ich schlecht vorbereitet. Die Kupferplatte fand ich nicht und von der Rastkapelle war ich herbe enttäuscht. Kein kleiner Kiosk, kein Thai-Massagesalon für meine zerrenden Waden. Recherche betreibend fand ich dann heraus, dass mit der „Rast" unser Herr Jesus Christus gemeint ist, der sitzend als Klagegeste einen Arm auf den Oberschenkel gestützt hat. Beschämt wanderte ich weiter.

Wieder einige Zeit später – 2019 – wollte ich den Knock (den Berg in der Mitte der Wanderung) herausfordern. (Sir Edmund Hillarys epische Worte nach der Rückkehr ins Basislager vom Mount Everest waren ja seinerzeit gewesen: „We knocked the bastard off!") Wieder schlecht vorbereitet, mit einem windigen Landkarten-Screenshot auf Papier rettete mich eine große, zufällige Mega-Lakritzstange in meinem Rucksack vor dem sicheren Hungertod. Mein legendärer Orientierungssinn bewahrte mich davor, in der einsetzenden Dunkelheit in die Irre zu laufen. Immerhin entdeckte ich den Steinbruch! (Ich wusste ja damals noch nicht, dass ich einmal Autor werden würde. Deshalb ließ ich mich bei meinen Wanderungen immer gerne überraschen, anstatt vorher zu recherchieren.)

Erneut mit meinem Sohn unterwegs, wollten wir 2021 einen westlichen Zugang zum Prackendorfer Moor legen. Vergeblich. Es gibt keinen Weg, außer den beschilderten Goldsteig.

Mit all diesen Erfahrungen ausgerüstet erstellte ich dann die hier vorgestellte Tour.

Im Sommer 2022 wandelten meine Testwanderer auf meinen Ergüssen – doch noch nicht alles funktionierte. Im Herbst desselben Jahres erfolgte dann deshalb der Feinschliff durch meine Wenigkeit, wobei jede meiner Tätigkeiten von meiner Frau freundlich-kritisch hinterfragt wurde. Jetzt verstehen Sie, warum es mich so amüsiert, wenn mich interessierte Zeitgenossen fragen, ob ich jede Tour in meinen Büchern auch tatsächlich selbst einmal gegangen bin! Ja, bin ich!

Wegbeschreibung:

Diese herausfordernde Tour startet vom **Parkplatz beim Berggasthof König.** Zunächst folgen Sie noch kurz der Straße weiter nach oben. Beim höchstgelegenen Haus schmiegen sich Warbergweg und Schönbuchenweg rechts an den Zaun an. Es sind nur noch wenige Höhenme-

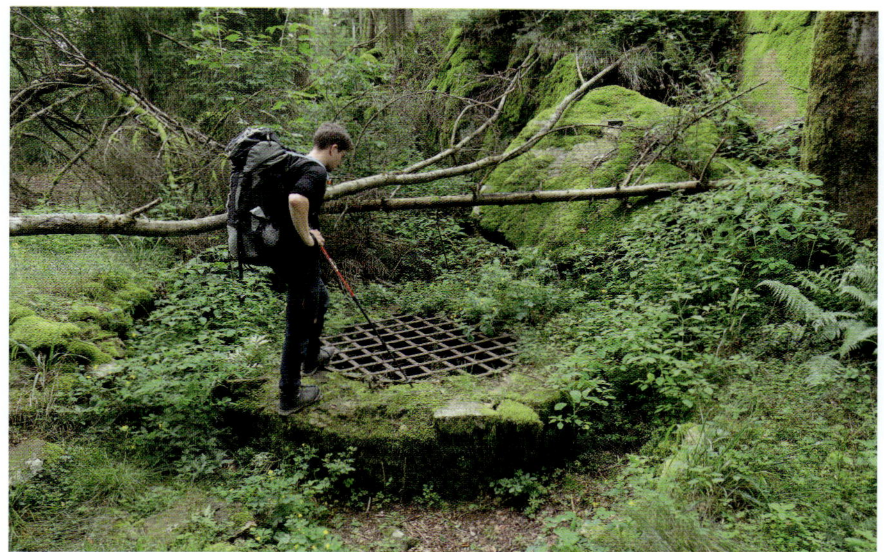

Warberg. Das war mal Burg. Den Schichtwasserbrunnen im Halsgraben findet man noch ganz gut. Wasser fassen ist aber schwierig.

ter Waldweg in einer großen Linkskurve hinauf zum Sender. (Unterwegs ein Dreifach-Hohlwegsystem zur Rechten!) Beim Sender angekommen, nehmen Sie den Abstecher zum **Burgstall Warberg** 1. Dort eigenständige Erkundung des Geländes!

Zurück beim Sender setzen Sie den Weg geradeaus fort. Nach einem halben Kilometer kommt von 5 Uhr ein zum Teil mit Bauschutt aufgefüllter Weg heraufgeschlichen und bildet dann mit anderen Wegen eine multiple Kreuzung. Sie nehmen den unmarkierten Weg auf 11 Uhr, also leicht links. Nach einem etwas längerem kurzen Stück erreichen Sie den roten Pfeil, der auf der linken Spur eines alten Doppel-Hohlwegs läuft. Hier einfach weiter bergab. Folgen Sie dann dem schnuckeligen Single-Trail.

Kurz darauf Forststraße nach rechts. Immer der Nase nach auf Grün-Weiß, also die nächste große Forststraße nach links hinunter ignorieren, ebenso die zweite. Schon deutlich auf der Höhe Richtung Knock setzt die Forststraße zur Rechtskurve an, aber der Grün-Weiß-Weg (verblassende Markierung!) verlässt hier den Schotterweg nach links. Nach 100 Metern überqueren Sie eine kleine Kreuzung und setzen den Weg geradeaus auf dem Single-Trail fort. Dann Obacht: Der Weg steigt ab und macht dann eine Rechtskurve – durch zwei Bäume mit hindurch. Sofort danach zweigt nach scharf links ab, aber die Schilder sind zunächst genauso schlecht zu erkennen wie der Weg selbst. (Viel lieber würde man wellig über das Rinnsal weiterwandern.)

Dann Waldrand 2. Die Augen gehen nach **Prackendorf** hinauf, die Füße zum Goldsteig-Zubringer nach rechts. Ihr Auftrag besteht nun darin, dem Zubringerweg zum Goldsteig zu folgen (knapp 3 km). Das ist zunächst ganz einfach: In den Wald hinein. Nach gut einem Kilometer im Wald macht der Weg einen kurzen, steilen

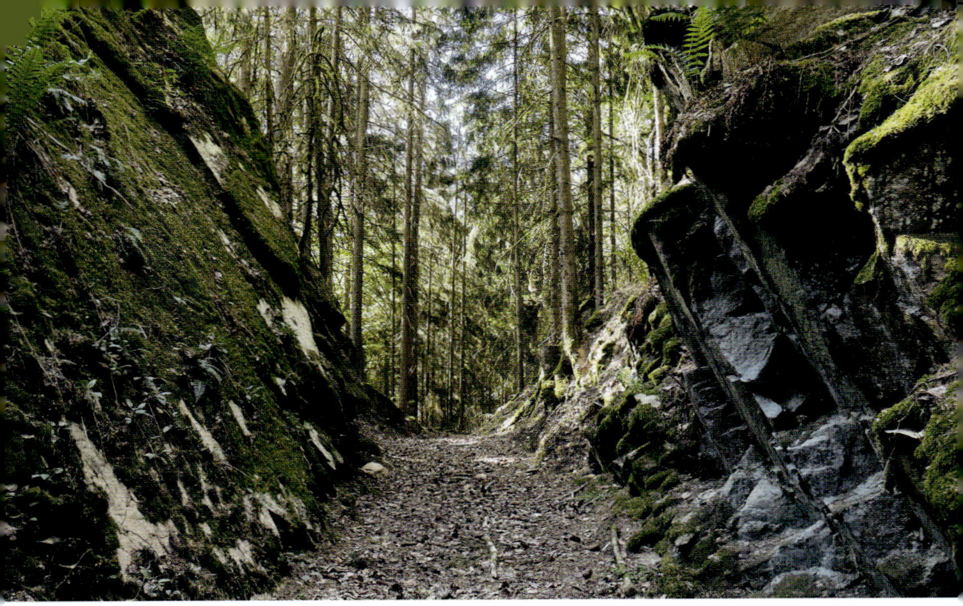

Durch diese hohle Gasse . . .

Anstieg. Danach beschreibt der S eine Schlaufe durch ein Felsmassiv zur Rechten 3. Diesen Schlenker können Sie gehen, Sie können aber auch auf dem Hauptweg geradeaus bleiben. Der Zubringer führt später nach halblinks über Granitknubbelwaldboden, dann auf Abzweigung nach links zur Forststraße hinunter. (Zahlreiche S-Schilder sind zuverlässig an die Bäume gemalt!)

Sie biegen nach rechts auf die breitere Forststraße ein, bis diese wenig später in einem ersten Wendehammer endet. Der Wanderweg schlängelt sich unbeirrt sehr idyllisch nach oben weiter. Doch schon nach 100 Metern erreichen Sie einen zweiten Wendehammer, der von östlicher Richtung heranführt. Hier verlassen Sie den S. Kurz vor Betreten dieser Wendehammer-Freifläche biegen Sie nach scharf links ab und folgen den sterbli-

Kulzer Moos – am besten im Herbst!

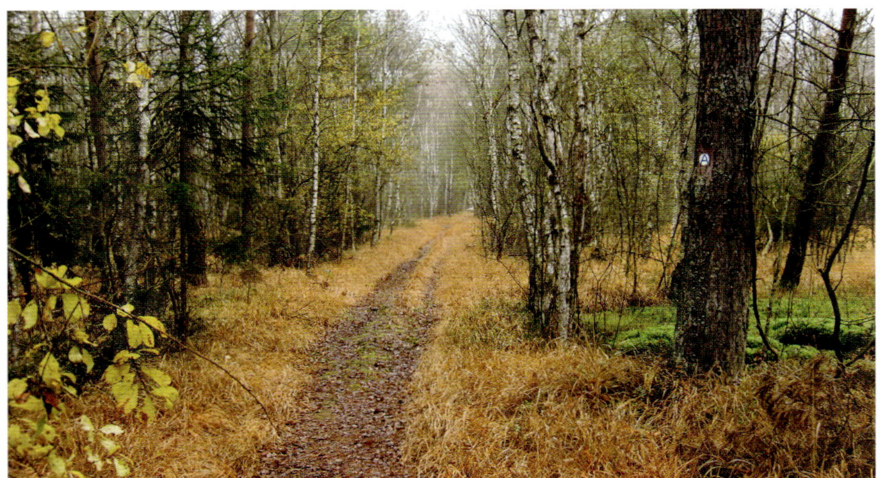

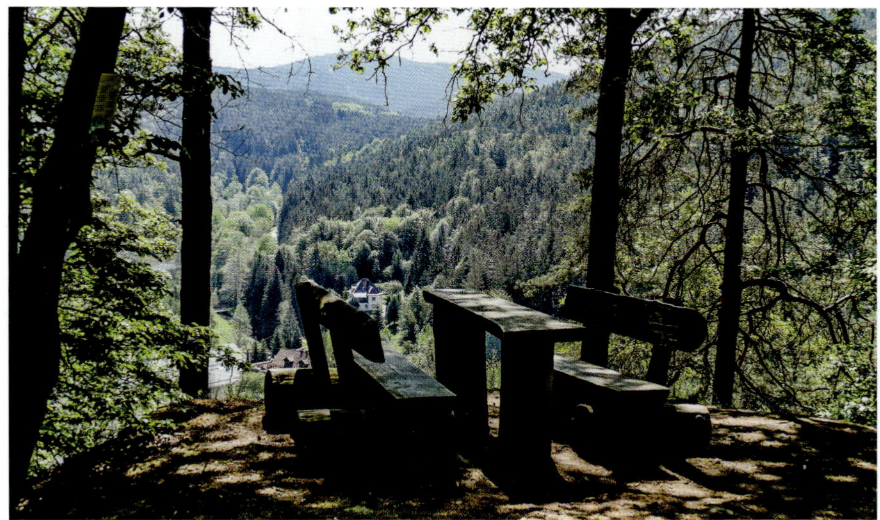

Ausblick von der Kupferplatte

chen Überresten eines Waldwegs im leichten Rechtsbogen wellig weiter, bis Sie 218 Meter später endlich auf den Goldsteig stoßen. Hier „Lassopunkt" 4.

Wenn Sie dem Goldsteig nach links folgen, können Sie ins **Prackendorfer und Kulzer Moos** vordringen. Verlassen Sie nicht die Stege, sonst war's das mit Ihnen! Erkundung nach Lust und Laune. Danach zurück zum Lassopunkt (s. o.) und weiter auf Goldsteig bis zur **Gabelung Goldsteig Nord-Süd-Route.** Schlagen Sie die Route nach Passau – südliche Route – ein. Aber statt der 235 Kilometer gehen Sie nur 15 Meter. Dann sehen Sie einen Weg nach 3 Uhr entschwinden. Dieser ist es nicht! Bei genauerer Inspektion öffnet sich noch ein Weg auf 1 Uhr. Der wäre jetzt super!

Nach weiteren gut 250 Metern ein Forstweg. Auf diesem kurz nach rechts und beim Hochsitz wieder links 5. Hier gehen nur Rehe, Wildschweine und überrumpelte Käufer dieses Wanderbuchs. Ach, und Sie müssen sich ein wenig durchs Gehölz schlagen. Aber der Weg funktioniert! Abermals Forststraße. Diesmal nach links. Kurz darauf erreichen Sie den **Steinbruch** 6, aus dem die Monolithen des Kulzer Stonehenge-Denkmals sind. (Sollte im Steinbruch weithin hörbar gearbeitet werden, müssen Sie ggf. über den Goldsteig ausweichen. Siehe Karte!) Weiter auf der Forststraße bis zur T-Kreuzung. Ab hier nach rechts auf den Goldsteig. Diesem folgen Sie – die Idylle des Jägersteigs genießend – um den **Alten Thanstein** herum. Auch den Ort **Dautersdorf** lassen wir geschickt aus.

Weiter auf Goldsteig bis zur **Kapelle Schönbuchen** 7. Von dieser geht es 600 Meter am Waldrand entlang. Danach verschwindet „unser" Schönbuchenweg nach leicht rechts in den Wald, während der Goldsteig nach Neunburg v. W. läuft. Hier auch ! An der Kreuzung mehrerer Wege finden Sie den Stichweg nach links zum Aussichtspunkt **Kupferplatte** 8. Ein Genuss! Danach geht's ab Kreuzung weiter auf dem Warbergweg . Gute Gespräche mit netten Wanderfreunden verkürzen mental die Forststraße.

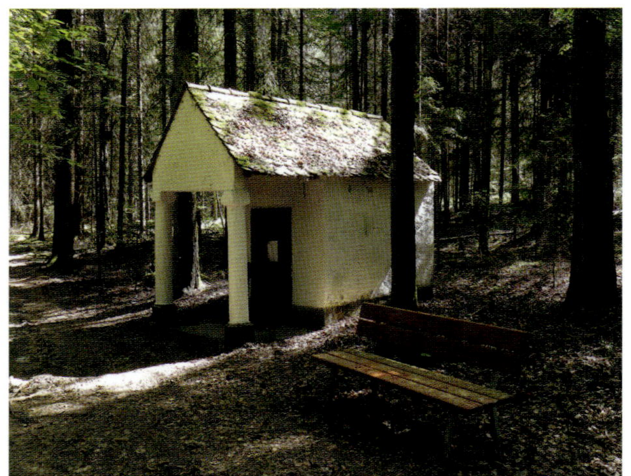

Rastkapelle – wenn Sie den Weg nicht finden, bitte nicht gleich ausrasten!

Nach einer gefühlten Ewigkeit auf dem Warberg- bzw. Schönbuchenweg kommt die Abzweigung nach links zur **Rastkapelle.** Ab der Kapelle wird's nochmal spannend: Von der Kapelle aus nicht mit den Schildern weiter, sondern auf den sich abgabelnden, unmarkierten Weg nach halbrechts! Nach knapp 100 Metern scharf rechts (altes Schild D5 am Baum). Erneut knapp 100 Meter, erneut altes Schild am Baum. Links. Folgen Sie diesem wunderbaren Weg „immer der Nase nach". Bei einer Gabelung halbrechts, ebenerdig weiter. Kurz auf Asphalt hinunter, und Sie sind auf der Zufahrtstraße nach Warberg, die Sie nach rechts einschlagen. Sie haben Ihr Ziel erreicht.
Einkehr!

Burgstall Warberg ❶: Wortmäßig ein ziemliches Durcheinander. Heute heißt die Burg *Warberg,* nannte sich aber früher *Wartberg.* Der nahe gelegene Ortsteil von Neunburg heißt zwar *Warberg,* aber der 567 Meter hohe Träger der Burgruine ist der *Warnberg* oder *Warenberg.* Das Wort Warte lässt sich jedoch nicht leugnen und weist auf die das Gelände überragende Funktion der Burg hin.
Im Jahr 1138 wird die Burg erstmals erwähnt. Man liest aber mehr über die Personen, die die Burg hin- und herschenkten, wie z. B. eine Gräfin Adelheid von Warberg, die die Burg dem Kloster Ensdorf schenkte. Zweimal war die Dame verheiratet, trotzdem starb sie vermutlich kinderlos. (Allerdings ist bemerkenswert, dass sie es in die Geschichtsbücher schaffte, was auf ihre hohe Stellung hinweist.) Mit der Schenkung ging die Burg an die Sulzbacher. Dann wurde die Burg ein Brautgeschenk, danach weitervererbt. Dann zofften sich die Grafen von Ortenburg mit den Grafen von Bogen, Passau, Böhmen und Österreich (1192 bis 1199), und schon war die Burg zum ersten Mal kaputt, weil teilweise abgebrannt.
Dann kamen vermutlich vielleicht möglicherweise die Böhmen unter Ottokar dem Zweiten, und so war Warberg schon im Jahr 1283 ein desolater Trümmerhaufen. Das ist im Prinzip ein Glück für die heutige Geschichtsforschung, denn seitdem liegen auf dem Warberg die Überreste einer einstmals bedeutenden Burg – bestens konserviert. Man könnte mehr über sie erfahren als über andere Burgen, die ständig weitergenutzt und -verändert wurden, wie z. B. Leuchtenberg.
Um 1992 legte das Bayerische Landesamt für Denkmalpflege einige Mauerverläufe wieder frei. Noch viel mehr müsste oder könnte man in die Tiefe graben und alte Schichten freilegen. Funde können im **Schwarzachtaler Heimatmuseum** besichtigt werden. (www.museum-neunburg.de)
Wenn Sie über das Gelände streifen, versäumen Sie nicht, die beiden „Kegel" auf dem Burggelände zu besteigen. Es sind gewissermaßen die Einsturzkrater der einstigen, massiven Burgtürme. Im Norden der Anlage erkennt man noch die Burgmauer.

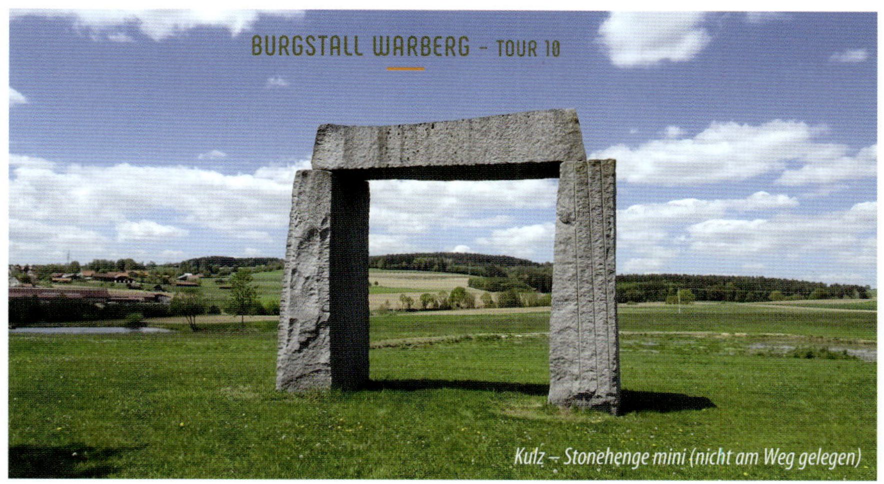

Kulz – Stonehenge mini (nicht am Weg gelegen)

Prackendorfer und Kulzer Moos: Wenn Sie auf dem modernen Lehrpfad wandeln, dann halten Sie kurz inne: Auf diesem Weg transportierte man mittels Ochsenkarren den frisch gestochenen Torf ab. Das begann schon vor über 200 Jahren. Während der „Heydays" des Torfabbaus sollen hier 100 bis 200 Menschen gearbeitet haben. Der Torf wurde als Brennstoff verbrannt. Wie schade. Auch in einer Ziegelei, wo man Ziegel damit brannte. Seit 1965 ist sämtliche Nutzung des Torfs Geschichte. Gott-sei-Dank. Der Moorlehrpfad informiert über die Geschichte des Torfstichs. Besonders empfehlenswert ist ein Besuch des Moors in den Herbstmonaten oder in nebelverhangenen Vollmondnächten.
Auch als kleiner Familienausflug geeignet. 4-km-Rundweg startet vom Informationszentrum.

Oberpfalz goes Stonehenge 6: Östlich von Kulz steht das Oberpfälzer Stonehenge. Im Rahmen eines Dokumentarfilms des BR (Stonehenge und die Megalithkultur) wurden hier drei je über 30 Tonnen schwere Granitblöcke aufgestellt, die aus den Steinbrüchen vom Tannstein stammen. Die als „Stoapfalz" bekannte Oberpfalz bot sich ja dafür an. Natürlich wäre es interessant gewesen, die Steine auch per Muskelkraft aus dem Bergwerk zu klopfen und auch ohne Dieselunterstützung zum Aufstellungsort zu bringen. Aber die Leistung des Aufstellens der Steine soll hier nicht geschmälert werden.
„Stonehenge in Kulz 1994" (https://www.youtube.com/watch?v=YIqIEQ-xsFU)

Kapelle Schönbuchen 7: In allen Quellen ist zu lesen, dass ein böhmischer Hafnergeselle Schutz vor einem Unwetter fand. „Was ist überhaupt ein Hafner?", fragen wir uns. Es ist ein Töpfer oder Ofenbauer. So macht es auch Sinn, dass er aus Dankbarkeit über seine Verschonung vor einem Blitztod eine tönerne Madonna an der dort befindlichen Buche anbrachte, die er nach dem Vorbild der Altöttinger Madonna modellierte. (Er wusste wohl: „Eichen sollst du weichen, ..."). Um diese Madonna herum wurde die kleine Kapelle gebaut, die bald immer mehr Pilger und Wallfahrer anzog. Tatsächlich reicht die Kapelle ins 17. Jahrhundert zurück. Wesentlich sicherer sind sich alle Quellen über das Datum, an dem die Buche – in Folge eines Sturms – zusammenbrach: 26. Juli 1921. Die Madonna überlebte unbeschadet, die Kapelle wurde neu aufgebaut. Auch heute noch finden sich hier regelmäßig Wanderer und Pilger ein. Ein wirklich schöner Ort zum Verweilen!

Schwarzach

Wo nur der Zug längst abgefahren ist.

TOUR 11

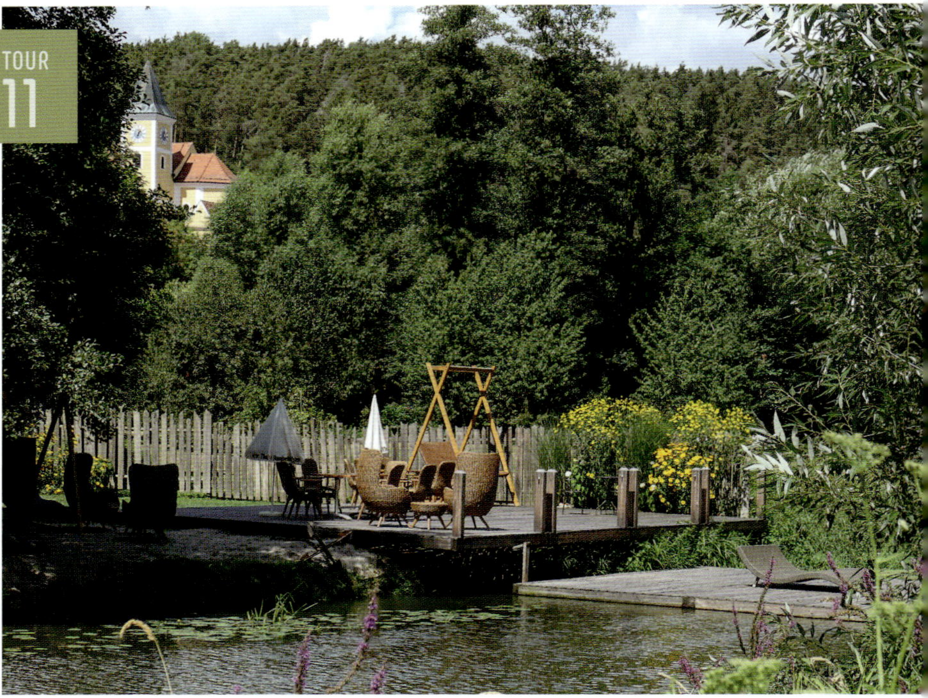

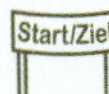

Auf dem Parkplatz beim Backofen/
Feuerwehrhaus
Navi: 92548 Schwarzach bei Nabburg,
Unterauerbacher Straße 2

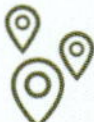

Schwarzach – Willhof – Altendorf

Geschotterte, ebene Bahntrasse und später Asphalt im ersten Teil; der zweite Teil besticht durch herrliche Waldwege

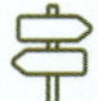

Main-Donauweg, Sautreiberweg, Jakobsweg

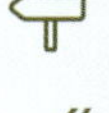

Machen Sie's wie einst das Bockerl: Zuckeln Sie sich gemütlich durch diese wunderbare Hügellandschaft.

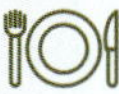

Café und Ferienwohnungen am
Müllner-Hof
Am Eisenhammer 3
92548 Schwarzach b. Nabburg
Tel. 09675 914491
www.muellner-hof.de

Gasthaus Sorgenfrei
Neunburger Str. 10, 92540 Altendorf
Tel. 09657 389
www.gasthaussorgenfrei.de

Gasthof Schiesl
Neunburger Str. 9, 92540 Altendorf
Tel. 09675 215
www.gasthof-schiesl.de

 Foto: Entspannen lässt es sich im Tal der Schwarzach

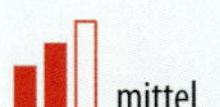 mittel

 12,8 km

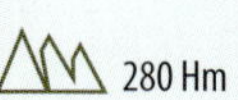 280 Hm

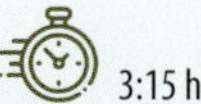 3:15 h

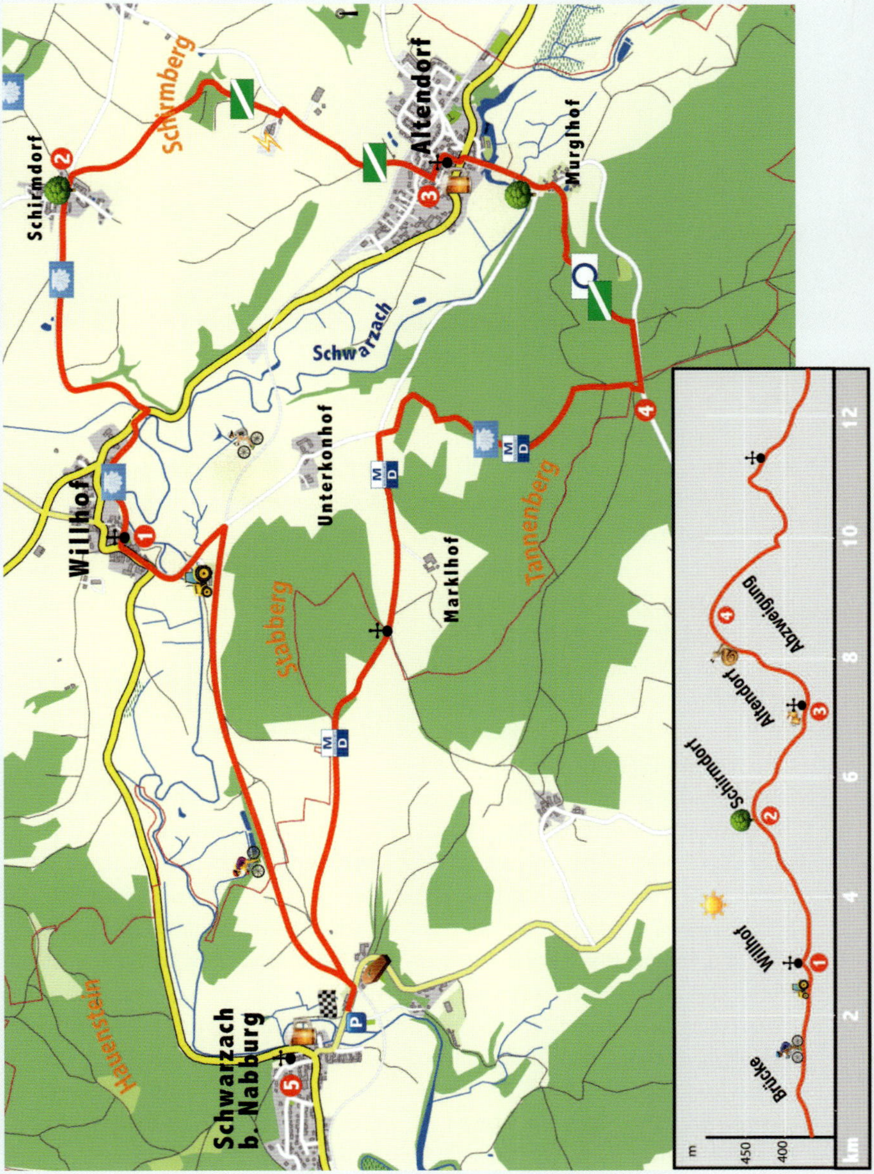

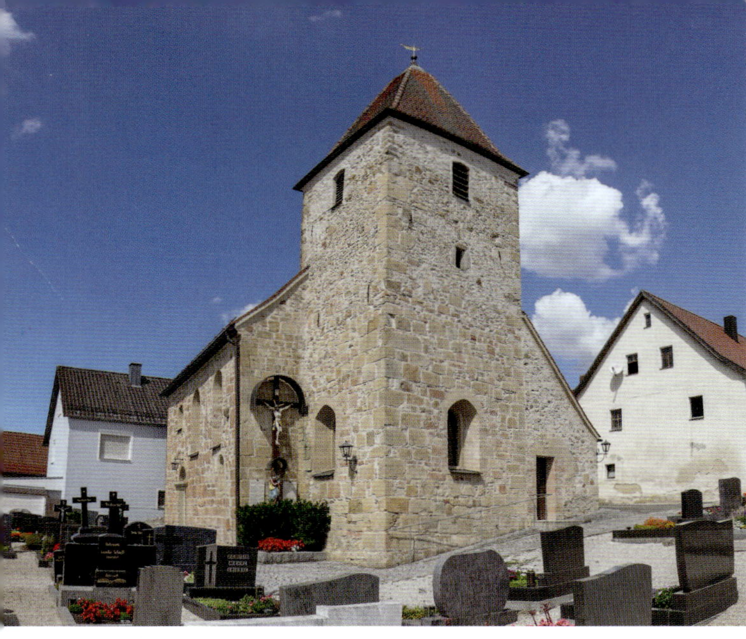

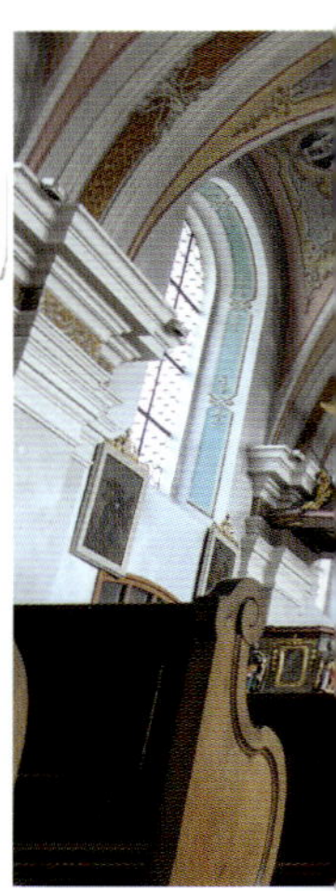

Kirche Willhof

Rund 95 Kilometer ist die Schwarzach lang und durchquert die Oberpfalz von der Europäischen Hauptwasserscheide auf dem Böhmerwald, um 41 Kilometer später bei Schwarzenfeld in die Naab zu münden. Schauen Sie sich den Lauf des Flusses Schwarzach mal im Bayernviewer an. Der Phlebologe Ihres Vertrauens würde jubeln bei so viel schönen Krampfadern. [Mein Sohn hatte mir erzählt, dass wegen der Mäander Flüsse um den Faktor π (3,1415) länger wären, zöge man sie gerade. Hier haut es nicht so richtig hin (oder man hat auch die Schwarzach schon begradigt)]. Wie dem auch sei, das äußerst pittoreske Tal der Schwarzach bot sich an für eine Eisenbahnstrecke. Diese wurde 1904 eröffnet (1913 erweitert) und bediente die Verbindung Nabburg – Oberviechtach – Schönsee bis 1976 im Personenverkehr und im Güterverkehr bis 1984. Dann fiel die Strecke der Automobillobby zum Opfer und wurde später als Bayerisch-Böhmischer Freundschafts(Fahrrad)weg von der Tourismuslobby eröffnet. Statt der 46 Kilometer Bahnstrecke kann man jetzt auf 97 Kilometern gleich bis **Horšovský Týn** (Bischofteinitz, sehr sehenswerte Schlossanlage!) radeln. Heute hätte man diese Strecke sicher wieder gerne als Bahnstrecke zurück. Wenn Sie auf dieser netten Rundwanderung gleich zu Beginn die 2,2 Kilometer des Radwegs gehen, können Sie sich wahlweise als Zug oder als Rad fühlen. (Tipp: Gehen Sie als Zug, dann können Sie mal wieder ordentlich Dampf ablassen!)

Wegbeschreibung:

Los geht's vom Backofen. Sie entfernen sich vom Ort auf der Hauptstraße. Nach dem letzten Hof treffen Sie auf den querenden Freundschaftsradweg. Diesen schlagen Sie nach links ein. (Leicht versetzt nach rechts mündet ein Feldweg ein. Hier kommen Sie im Normalfall wieder zurück.) Folgen Sie dem Radweg in östliche Richtung. Er ist auch für Fußgänger freigegeben: Leichter Anstieg bis zur Brücke, dann gefällig abwärts bis zum Stabhof linker Hand. (Dieser Hof besitzt eine museale Ausstattung an landwirtschaftlichen Geräten.) Kurz danach Rastpunkt

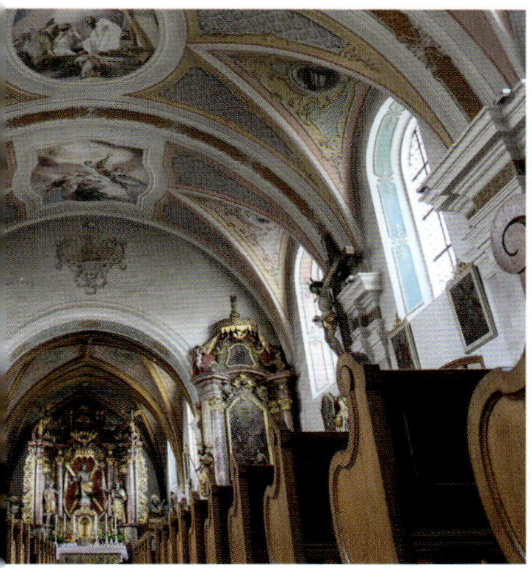

Kirche Altendorf, ganz klar eine Stichkappentonne

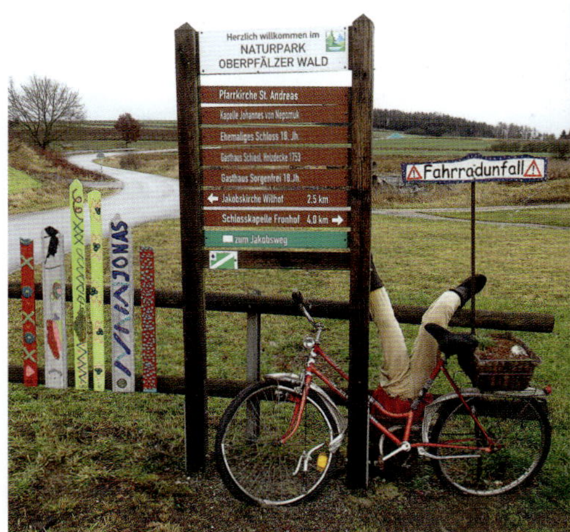

Wie konnte das passieren?

und Kreuzung. Hier geht's auf der Straße nach links, über die Schwarzach und nach Willhof hinein und hinauf.

Im Ort nehmen Sie die erste Straße nach rechts (Baustoffhandel mit Zigarettenautomat am Eck). Danach sofort wieder rechts, und Sie sind bei der alten **Jakobskirche** gelandet 1. Wenn Sie diese Straße dann kurz weitergehen, treffen Sie auf einen Abstieg ins Grüne – mehrfach gekennzeichnet mit der Jakobsmuschel. Hier lang! Es geht zur Schwarzach hinunter. 500 Meter bis zur Hauptstraße. Auf dieser kurz nach rechts, um dann der Straße nach Trossau und Schirmdorf zu folgen. Jakobsweg auf Asphalt – oder im Bankett. Dem Straßenverlauf nach Schirmdorf hinauf folgen. (Die zweite Hälfte der Wanderung wird für diesen langweiligen Belag entschädigen!)

In Schirmdorf 2 steht ein mächtiges Naturdenkmal in Form einer Linde – gepflanzt 1904. Kurz danach – beim Brunnenschacht – zweigt unser Weg nach halbrechts ab. Folgen Sie diesem Weg. Nach dem Anwesen treffen Sie oben auf die Schilder des Sautreiberwegs. Diesen folgen Sie nach Altendorf. Dort angekommen schlagen Sie die Alte Schulstraße nach links ein und erblicken gegenüber dem Rathaus das **ehemalige Schloss,** dessen Rückseite noch auf Sanierung wartet. Danach weiter zur **Pfarrkirche St. Andreas** 3. Nach Kirchenbesuch überqueren Sie die Hauptstraße, treffen auf die Kolonialwarenfassade des **Gasthauses Sorgenfrei** und folgen leicht nach links versetzt der Unterauerbacher Straße aus dem Ort hinaus. Überquerung der Schwarzach. (Am Eingang von Murglhof steht rechts eine mächtige Eiche.) Sie folgen dem Weg an den Häusern hinauf und setzen die Wanderung bei den Wanderschildern Sautreiberweg und blauer Kringel ○ fort. Nach knapp 300 Metern verschwinden beide Wege nach halblinks in einen uralten Hohlweg, der auch im heißesten Sommer durch prickelnde Vegetation begeistert.

Der Rest ist schnell erzählt: Am Ende dieses wunderbaren Wegs treffen Sie auf die Fahrstraße. Dieser folgen Sie nach rechts und schlagen nach Überschreitung des Scheitelpunkts den Weg nach scharf rechts ein 4. Nun folgen Sie den zuverlässigen Schildern des Main-Donau-Wegs M D zurück nach Schwarzach: Abzweigung auf Single-

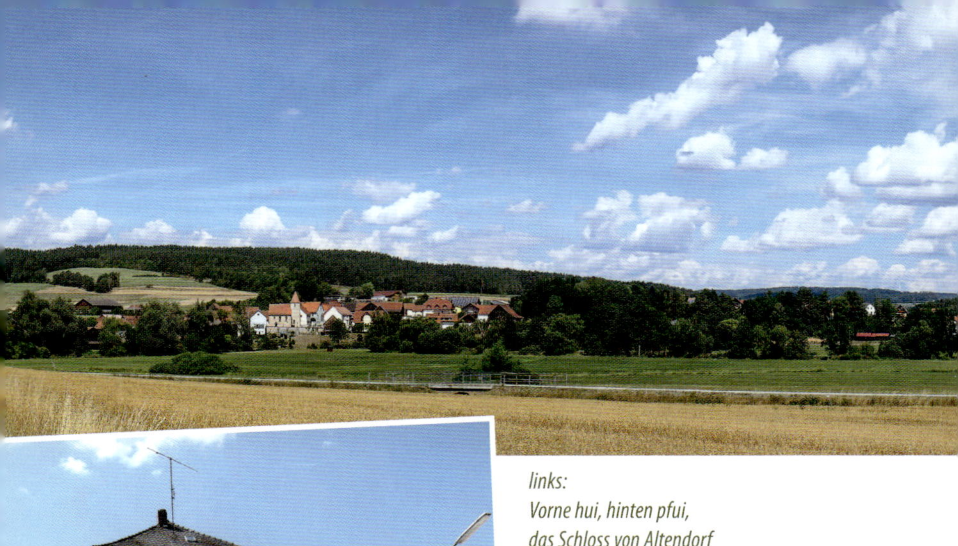

links:
Vorne hui, hinten pfui, das Schloss von Altendorf

Trail nach 80 Metern nicht übersehen! Nach Abstieg und bei Erreichen der wenig befahrenen Straße biegen Sie nach links ab Richtung Marklhof, gehen dann aber geradeaus weiter. Kapelle auf dem Scheitelpunkt.

Sehens- und Wissenswertes:

Willhof ❶: Für die Zeitreise der Jakobskirche Willhof geht die Fahrt weit zurück, nämlich ins 12. Jahrhundert. Damit ist sie eine romanische Kirche, zunächst mit typischem Tonnengewölbe. Als die Kirche vor 500 Jahren baufällig wurde, begann man mit diversen Veränderungen: Der Turm wurde aufgemauert, eine Sakristei wurde hinzugefügt, man brach größere Fenster ins Mauerwerk und versah die Kirche mit einer flachen Holzdecke. In der 2. Hälfte des 20. Jahrhunderts veränderte man die Empore und entfernte Seitenaltäre und Kanzel. 1996 hielt eine neue Orgel pompös Einzug.
Auf dem Altarbild erkennt man Jakobus den Älteren. Immerhin liegt Willhof am Fränkischen Jakobsweg!

Schloss Altendorf ❸: Auf dem Gelände des alten Schlosses stand bereits eine mittelalterliche Burg. Die Grafen von Altendorf lebten dort. Nach vielen Besitzerwechseln und dem Dreißigjährigen Krieg war das Gebäude endgültig verwüstet. Auf Veranlassung von Franz Sigmund von Schellenberg wurde hier ein neues Schloss als dreigeschossiger Langflügelbau erbaut und 1700 fertiggestellt. Der Herr starb 1728 kinderlos, und schon wieder wechselte das Anwesen ständig die Besitzer. 1821 ging die niedere Gerichtsbarkeit an das Landgericht Nabburg über, womit das Schloss auch seine Funktion verloren hatte. Jetzt dornröst es vor sich hin.

Pfarrkirche St. Andreas Altendorf ❸: Wissen Sie, was eine Stichkappentonne ist? In der Decke der Kirche von Schwarzhofen finden Sie die Antwort! Außerdem finden Sie dort einen eingezogenen Rechteckchor und ein profiliertes Traufgesims, sprich: eine horizontale Verzierung. Die

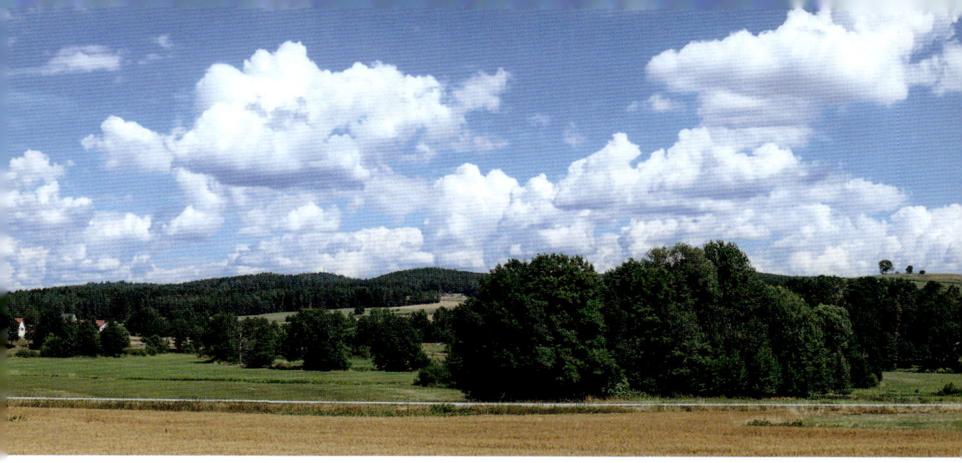

Panoramablick ins Schwarzachtal, links Willhof

Kirche ist im Kern gotisch (also 14./15. Jahrhundert) und wurde 1724 um ein barockes Langhaus erweitert. Auf dem Altarbild ist der Heilige Andreas dargestellt. Man erkennt ihn am Andreaskreuz. Ach.

Kirche St. Ulrich (Schwarzach) 5: Diese Kirche liegt nicht direkt am Wanderweg, ist aber sehenswert: Imposant auf einer Anhöhe über der Schwarzach gelegen, reicht diese Wehrkirchenanlage ins Mittelalter zurück. Umbau nach 1725. Turm von 1778 und Restaurierung 1988. In starkem Kontrast zum romanischen Kern steht die barocke Innenausstattung mit geschnitzten Figuren und einer Kanzel von 1725, die mit Bandelwerkschnitzerei verziert wurde. Die Großeltern des Komponisten Max Reger lebten hier und wurden auch hier bestattet.

Gleich neben der Kirche befindet sich die **Laurentiuskapelle,** in deren Untergeschoss die Brünnl-Quelle plätschert. Nach der wundersamen Heilung des blinden Georg Rottmayr entstand hier nach 1726 eine bedeutende Wallfahrt.

(Laurentius ist Schutzpatron von Berufen, die mit offenem Feuer zu tun haben, also Bäcker, Brauer, Köche. Auch bei Hexenschuss oder Ischiasleiden wird er angerufen. Laurentius selbst wurde mehrfach gefoltert und auf einem glühenden Eisenrost hingerichtet.)

Bahnlinie Nabburg-Oberviechtach-Schönsee: Diese alte Bahnstrecke tangiert einige „meiner" Touren: Noch immer fährt DB Cargo auf der Strecke Nabburg-Stulln (Fluorchemie) (Wanderung 14), aber schon ab der bemerkenswerten Brückenkombination über Naab und BAB 93 endet heute die zugige Herrlichkeit. Hier wurde früher auch der Fluorit aus dem Wölsendorfer Revier abtransportiert (Wanderung 13). In Oberviechtach steht eine Lok, ähnlich der, wie sie ihrerzeit auf dieser Strecke fuhr (Tour 9 im Buch „Burgenwanderungen im Herzen der Oberpfalz"). Schließlich sieht man noch das instandgesetzte Viadukt im engen Tal der Ascha, kurz vor Schönsee (Tour 18).

Der Name ist Programm im Gasthaus Sorgenfrei.

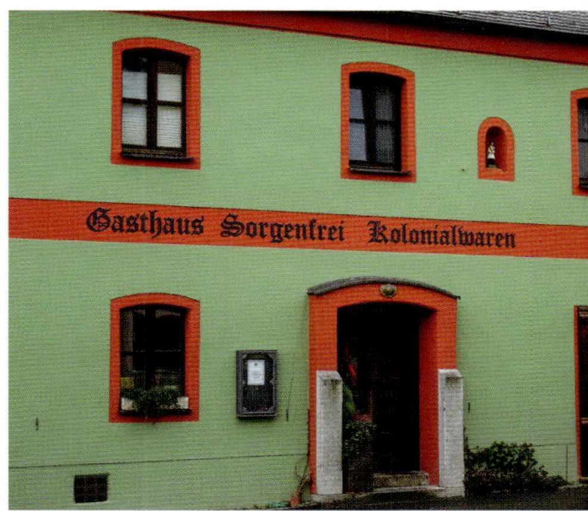

Guteneck

Eine besonders erquickliche Wanderung, ein richtiges Oberpfalz-Highlight!

TOUR 12

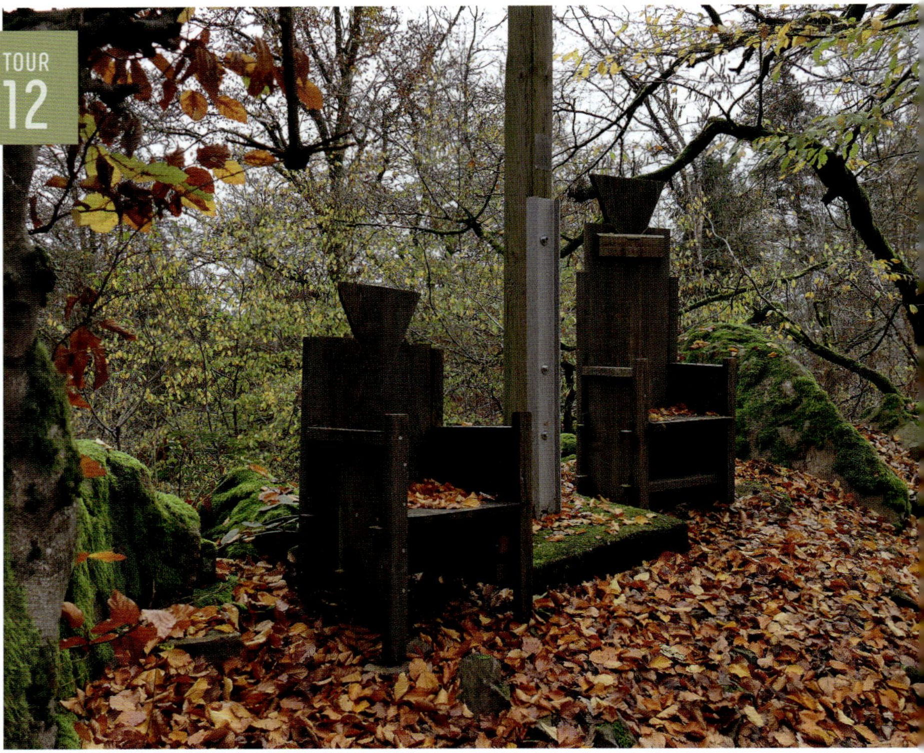

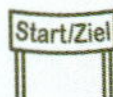

Megaparkplatz am Ortseingang
Navi: 92543 Guteneck, Nabburger Straße 6 (Haus gegenüber Parkplatz)

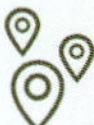

Guteneck – Felsmühle – Herrenberg – Schirmdorf – Luigendorf

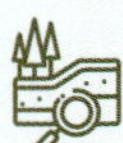

Wunderweicher Wald im ersten Teil, altehrwürdige Feld- und Wiesenwege im zweiten, alles verbunden durch kurze Asphaltstrecken

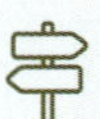

Karl-Krampol-Weg und Jakobsweg und andere – spielen aber alle keine große Rolle

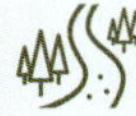

Schloss Guteneck und sein Weihnachtsmarkt sind überregional bekannt. Dass man hier auch angenehm wandern kann, ist ein Geheimtipp.

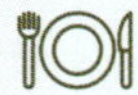

Gasthaus Vetterl
Hofmarkstr. 3, 92543 Guteneck
Tel. 09675 9140750
www.gh-vetterl.de

Foto: Obwohl es Herrenberg heißt, darf auf seinem Gipfel auch die Herrin sitzen.

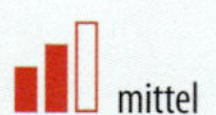

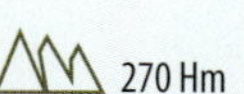

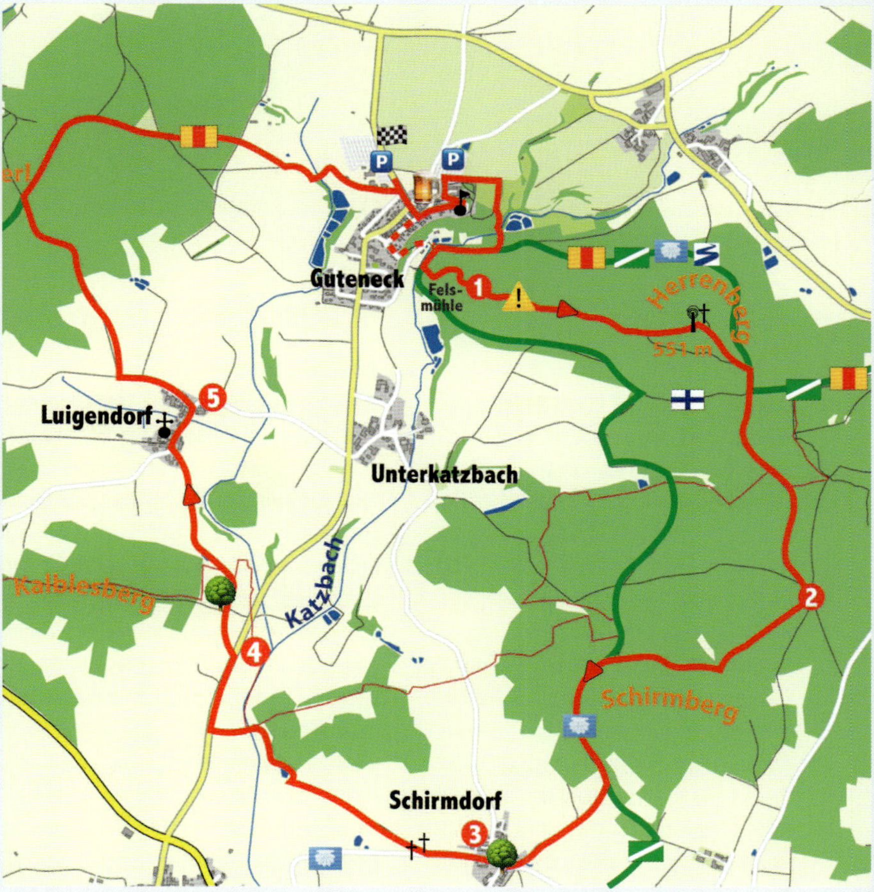

Guteneck
Felsmühle
Herrenberg
551 m
Luigendorf
Unterkatzbach
Katzbach
Kalbiesberg
Schirmberg
Schirmdorf

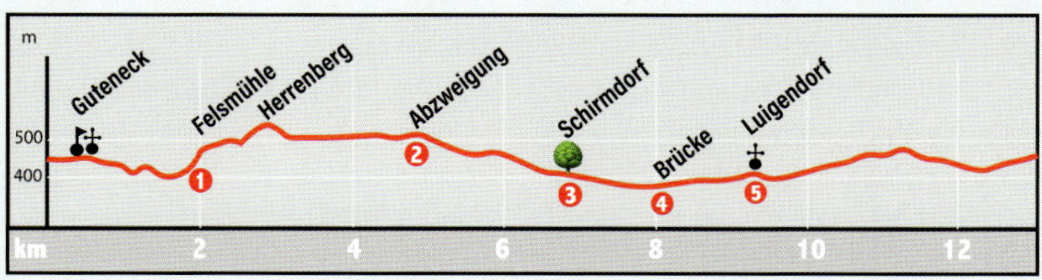

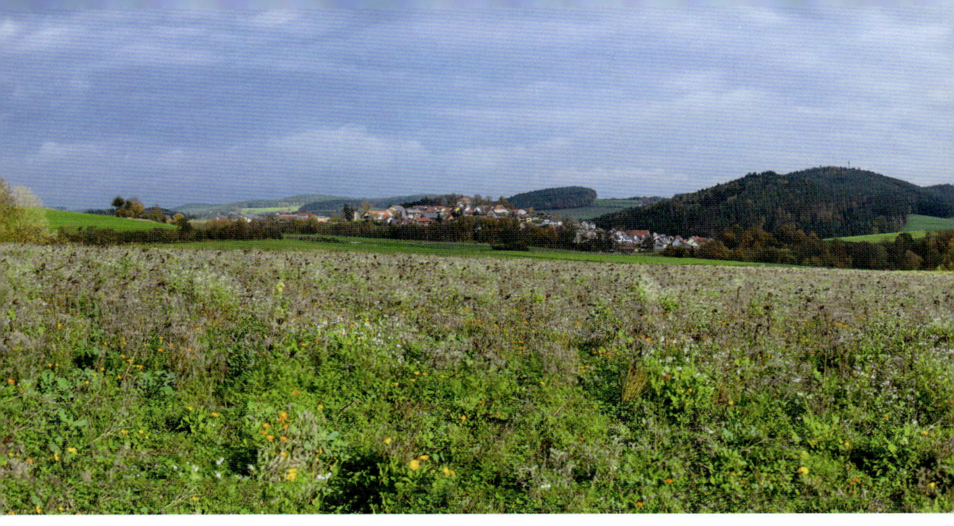

Panoramablick nach Guteneck und zum Herrenberg

Am Morgen eines 23. Augusts setzte mich meine Frau in Schwarzach aus. (Zufällig namensgleich mit dem wunderbaren Fluss im Landkreis Schwandorf, in diesem Fall aber der letzte Ort vor Tschechien, gleich hinter Stadlern (siehe Tour 20.) Aber ich wusste, dass mich die Bahn von Nabburg aus nach Hause bringen würde und dass der gefällige Karl-Krampol-Weg zuverlässig dorthin führt. Also startete ich guten Mutes. Doch fast hätte ich es nicht geschafft. Am Fuß von Schloss Guteneck – es ging Richtung Dämmerung – tauchte ich plötzlich neben einem Wildschwein im Wald auf. Herzanfall! Glücklicherweise entging ich im weiteren Verlauf dem Anfall durch diese Sau, war sie doch aus unbelebtem Plastik und nur ein Zielobjekt des hiesigen Bogenschützenvereins. (Weiter unten im Gelände warnt man auch, aber ich war ja völlig ahnungslos aus Richtung Tschechien gekommen.)
Ähnlich wie bei Tour 9 (Fuhrn) und seinem Golfplatz geht hier der zweite, steile Teil über das Gelände eines Sportvereins. Also seien Sie vorsichtig und auffällig gekleidet, damit man Sie nicht mit einem Moschusochsen verwechselt. Es soll ja keine Akupunktour im Stil des Heiligen Sebastians werden! Der Rest des Wegs ist angenehm hügelig und für Augen und Füße sehr wohltuend.

Wegbeschreibung:

Vom Parkplatz am Ortseingang betreten Sie den Ort via Nabburger Straße. Die Hauptstraße überquerend geht ein kleiner Weg hinauf zur Hofmarkstraße. Hier links Richtung Gasthaus Vetterl. Vorm Gasthaus geht der Zubringer nach rechts zum Schloss weiter. Sobald Sie das **Schloss Guteneck** besichtigt haben, gehen Sie auf dem „Schlossberg" zurück, aber nur ein kurzes Stück, dann rechts am Schlossladen vorbei bis hinunter zum Großparkplatz. Vor Erreichen desselbigen biegen Sie auf den Ringweg um die Burg ab, verlassen diesen aber, indem Sie einfach weitergehen, aber NICHT der Rechtskurve folgen (links am Pavillon vorbei).
An der Hecke weiter unten geht es nun nach rechts an den Wegespuren entlang. Mit Erreichen des Waldes betreten Sie das Gelände des Bogenschützenvereins! Sie nehmen die linke Alternative zum Katzbach hinunter und setzen mittels diverser Brücken und Stege auf die andere Uferseite über. Dem Weg folgen Sie dann nach rechts. Knapp 200 Meter später fädeln Sie nach rechts auf einen breiteren, wanderwegschwangeren Weg ein ( ) und folgen diesem bis zur Abzweigung der Wanderwege nach rechts über den

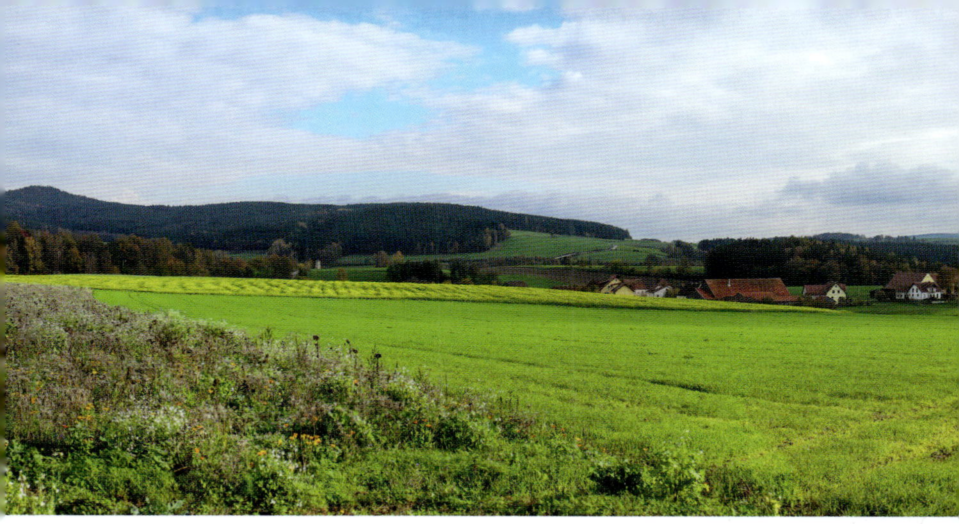

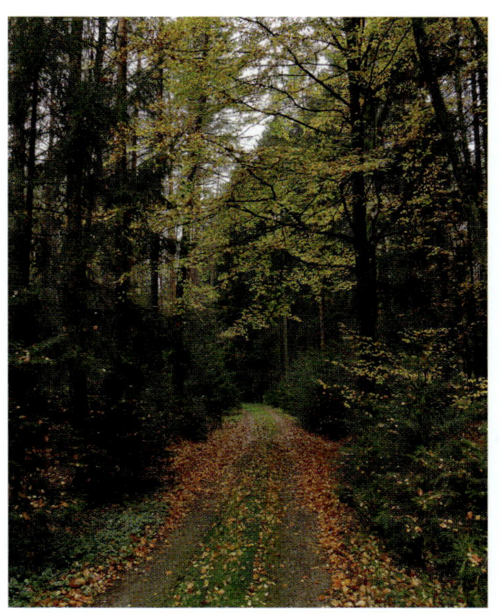

Katzbach. Sie folgen NICHT den Wanderschildern, sondern wählen an dieser Stelle die etwas wilde Abzweigung nach links, den Berg hinauf. Nach nicht einmal 10 Metern halbrechts halten, an der nächsten Gabelung wieder links und steil bergauf. Schon bald sehen Sie über sich die Felsen der **„Felsmühle".** Diese wird derzeit von Dallschafen bewohnt. An der linken Seite der Felsgruppe vorbei erreichen Sie trampelpfadig die bergzugewandte Seite des Felsens ❶.

Von dort aus leitet Sie ein Weg nach links auf dem Kamm des Herrenbergs bis zum Gipfel hinauf (1 km). (Sie verlassen hier das Parcoursgelände. Trotzdem Vorsicht vor Querschlägern!) Oben angekommen können Sie den Thron besteigen und sich wie ein Imperator fühlen. Wenn Sie wieder

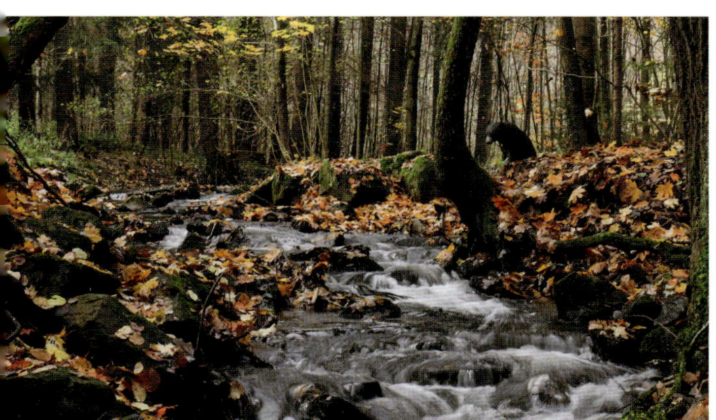

oben:
Herbstlich unterwegs

links:
Bär am Bach – das könnte auch Kanada sein!

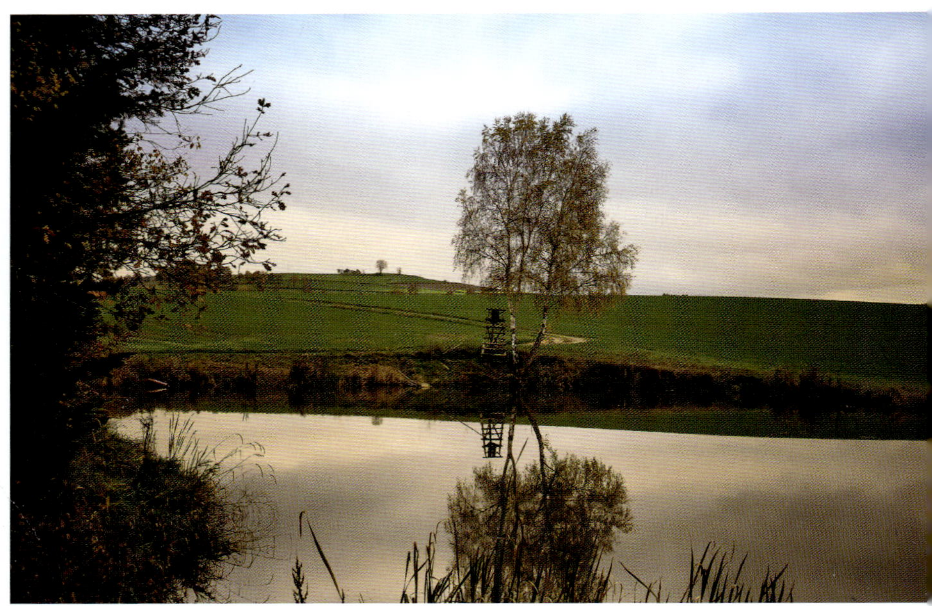

Beim Teich

geerdet sind, geht es zwischen Sendemast und Gipfel weiter. Leicht bergab. 300 Meter später schwenken Sie auf einen breiteren Forstweg nach rechts ab. Die Wanderschildfülle versiegt an der nächsten Kreuzung schon wieder. Jakobsweg , Karl-Krampol-Weg und Sautreiberweg gehen nach links bergauf; das blaue Georgskreuz geht nach rechts bergab . Ihnen egal. Sie gehen einfach geradeaus weiter.

Auf einer Strecke von fast einem Kilometer bleiben Sie auf dem Hauptweg. Dann stoßen Sie auf einen Forstweg, der von rechts unten heraufkommt. Sie gehen nach links, nach ca. 100 Metern stehen Sie an einer 4-fach-Kreuzung. Sie nehmen den „rechtesten“ 2 Weg. Letzterem folgen Sie und wiederholen eine Abzweigung im selben Winkel nach rechts 100 Meter später. Herrlicher Waldweg bringt Sie fast ebenerdig nach 400 Metern an einen lieblichen Forstweg. Hier biegen Sie nach scharf rechts ab. (Kontrolle: Nach der folgenden Linkskurve *könnten* Sie nach rechts eine Lichtung betreten.)

450 Meter später erreichen Sie den Jakobsweg , der von rechts kommt (auch). Links halten und der weißen Muschel nach Schirmdorf hinunter folgen. (Achtung: Abzweigung am Waldrand auf eingetieften Feldweg nach rechts!) In Schirmdorf kurze Rast an der **Linde** 3. Danach weiter auf Asphalt Richtung **Willhof** (bergab). 200 Meter nach dem letzten Haus würden Sie links auf das St.-Martin-Marterl treffen, würden Sie nicht wenige Meter vorher nach halbrechts abbiegen (Kontrolle: hier Marterl von 1962) und hier der linken Feldwegalternative folgen. Weiter unten umgehen Sie einen Teich und folgen am Waldrand dem Weg zum **Katzbach** hinunter. Diesen überqueren Sie auf einer Geländer-reduzierten Brücke und erreichen nach kurzem Anstieg die Hauptstraße.

Auf diese biegen Sie nach rechts ab und folgen ihr 300 Meter. Den dritten Feldweg – nach halblinks hinaufführend – nehmen Sie 4. An der kurz darauffolgenden Eiche rechts vorbei. Der Weg bringt Sie – einen Teich am Waldeck tangierend – nach **Luigendorf.** Im Ort an der Kapelle rechts vorbei, und vor dem letzten Gebäude auf der linken Seite (Nutzgebäude) biegen Sie nach links ab 5. Asphalt. Nach 350 Metern müsste ein -Schild

auftauchen. Hier biegen Sie nach rechts Richtung Wald ab. Bevor Sie diesen erreichen, können Sie den Blick auf **Guteneck** und den **Herrenberg** genießen.
Der Weg beschreibt nun fast einen großen 180°-Bogen, trifft unterwegs wieder auf den Karl-Krampol-Weg und seinen Trittbrettfahrer, den -Zubringer. Achtung: An einer Stelle im Wald zweigen die Wanderwege nach halbrechts ab und werden wieder etwas fußfreundlicher. Am Waldrand angekommen erblicken Sie schon Guteneck auf 12 Uhr – soll heißen: geradeaus. Folgen Sie einfach dem Weg in den Ort. Das war doch wirklich eine erquickliche Tour, oder?

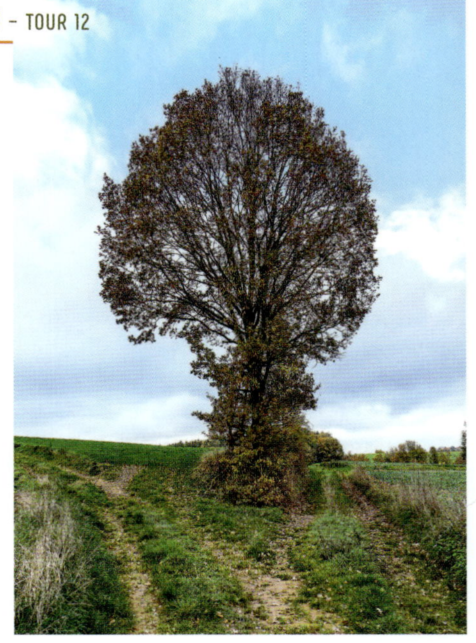

An der Eiche rechts

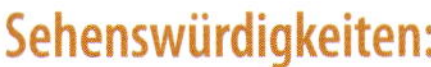

Sehenswürdigkeiten:

Schloss Guteneck: Die Kombination aus *Schloss* und *Guteneck* beinhaltet ein Paradoxon. Während *Guteneck* nach einer finsteren, mittelalterlichen Burg klingt, geht bei Schloss ein rosaroter Film im Kopfkino los. Die Erklärung ist überschaubar: An dieser Stelle stand eine mittelalterliche, namensgebende Burg. Sie wurde im 12. Jahrhundert erbaut und auch urkundlich erwähnt. 1822 brannte die Burg ab – solidarisch zusammen mit dem ganzen Dorf. Danach begann der Wiederaufbau als Schloss, natürlich unter Verwendung der gotischen und barocken Mauerreste. Aus dieser Zeit stammt auch der Arkadenhof, ja eigentlich alles: Kapelle, Brauerei …
1961 kaufte Graf Albrecht Beissel von Gymnich das Schloss, das seit 2001 im Besitz seines Sohnes Burkhard Graf Beissel von Gymnich ist. Neben dem gigantisch romantischen Weihnachtsmarkt kann man Schloss-Ferienwohnungen mieten, einen Lebenspartner (m, w, d) heiraten, mit Geschäftsfreunden tagen und Ritter essen. Sogar Highland Games werden hier abgehalten.
Für die Geschichte vor 1961 ist hier leider kein Platz. Lesen Sie den Eintrag auf Wikipedia. Sie sind hinterher noch verwirrter als vorher! (www.schloss-guteneck.de)

Uranprospektion am Schirmberg ❷: Sollten Sie Uran brauchen, dann suchen Sie nicht am Schirmberg, der nördlich der gleichnamigen Ortschaft liegt. Hier werden Sie kaum fündig werden, und das ist amtlich bestätigt! Um 1980 wurde hier am Waldrand ein Untersuchungsbergwerk betrieben. Heute ist davon nichts mehr zu sehen und im Internet landet man an einer anderen Stelle, nämlich bei Girnitz. Vermutlich wollte man Nachahmer auf die falsche Fährte führen. (https://www.mineralienatlas.de/lexikon/index.php/Deutschland/Bayern/Oberpfalz%2C%20Bezirk/Schwandorf%2C%20Landkreis/Schwarzach%20bei%20Nabburg/Schirmberg %20bei%20Girnitz)

Wölsendorf

Im Sommer den Blaubeerkamm nicht vergessen!

TOUR 13

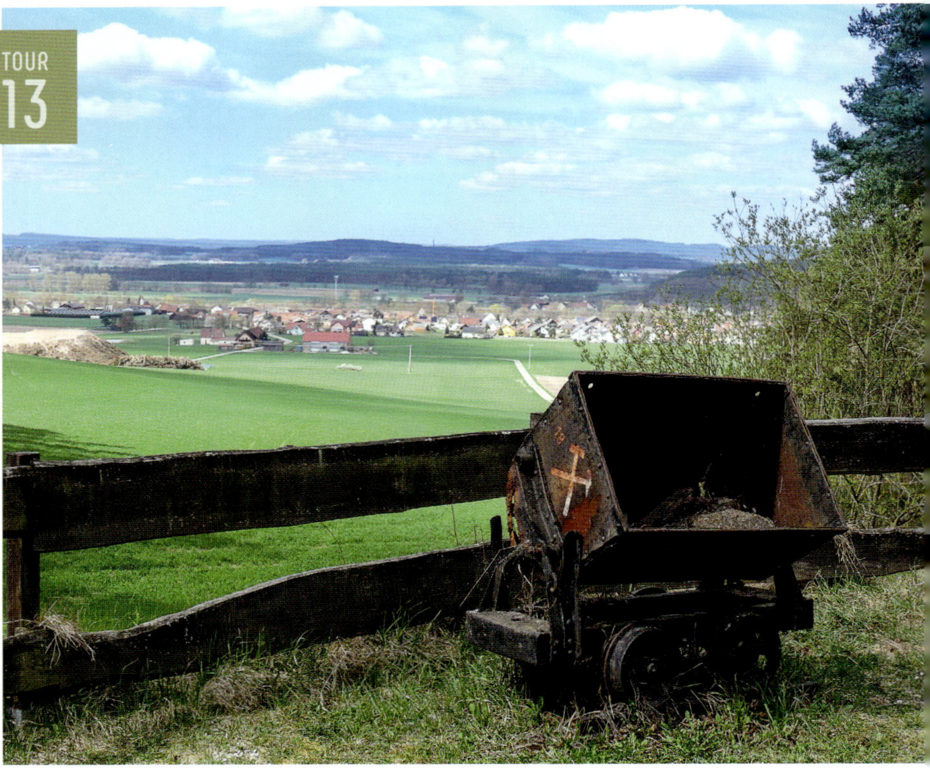

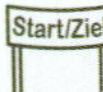

Mehrere offizielle Parkplätze im Ort (Kreuzung Bahnhofstraße/Kirchstraße); ich würde bis zum Startpunkt am nördlichen Ortsausgang fahren; dort im Wohnviertel parken
Navi: 92548 Wölsendorf, Birkenweg 2

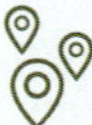

Wölsendorf – Darlesberg – Wolfsberg – Heinrich-Kocher-Stollen

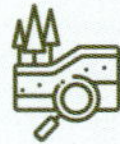

Überwiegend weiche Waldböden im lockeren Kiefernbestand. Herrlich zu gehen. Im Spätsommer ein Blaubeertraum

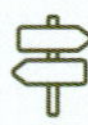

Weiß-rot-weiß 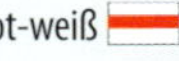

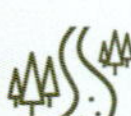

Wellness für die Lunge – und den Geist. Geschichte im Vorbeigehen in herrlicher Landschaft.

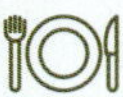

Gasthaus „Zum grünen Kranz"
Alte Dorfstr. 2, 92548 Schwarzach b. Nabburg
Tel. 09435 2290

Pizzeria Mio Naabucco
Badeanger 18, 92521 Schwarzenfeld
Tel. 09435 3073737

Restaurant Miesberg
Klosterstraße 4, 92521 Schwarzenfeld
Tel. 09435 2239
www.restaurant-miesberg.de

Foto: Rien ne va plus!

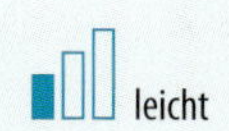
leicht

11 km

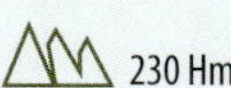
230 Hm

3:00 h

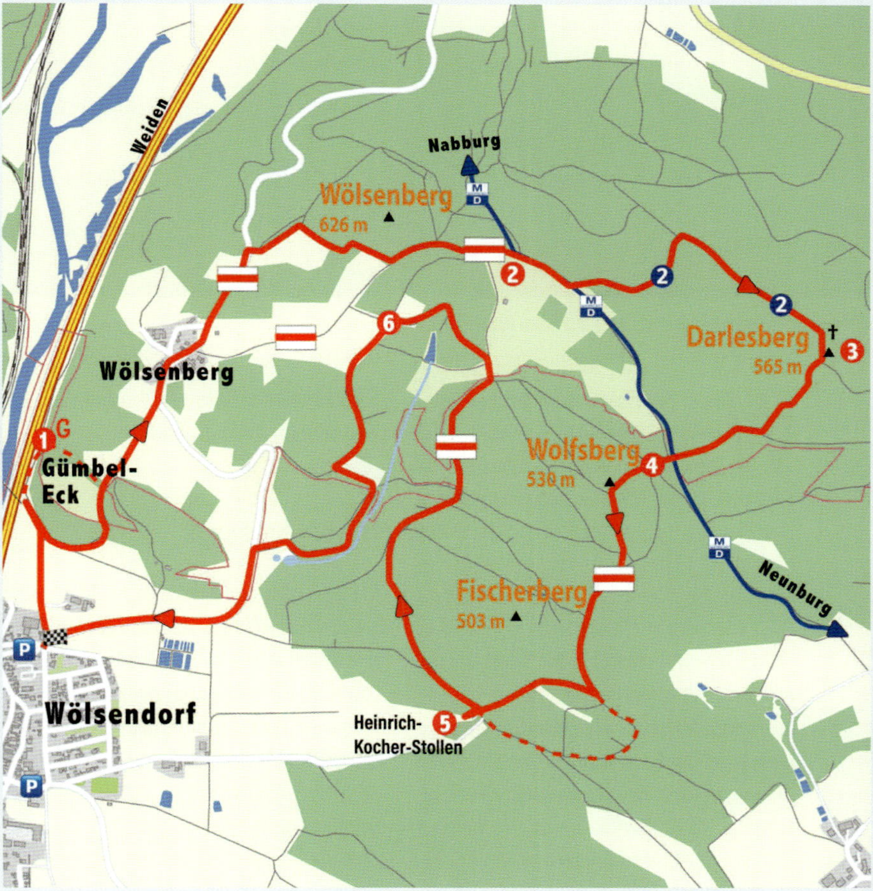

Weiden
Nabburg
Wölsenberg
626 m
Wölsenberg
Darlesberg
565 m
Wolfsberg
530 m
Fischerberg
503 m
Gümbel-Eck
Wölsendorf
Heinrich-Kocher-Stollen
Neunburg

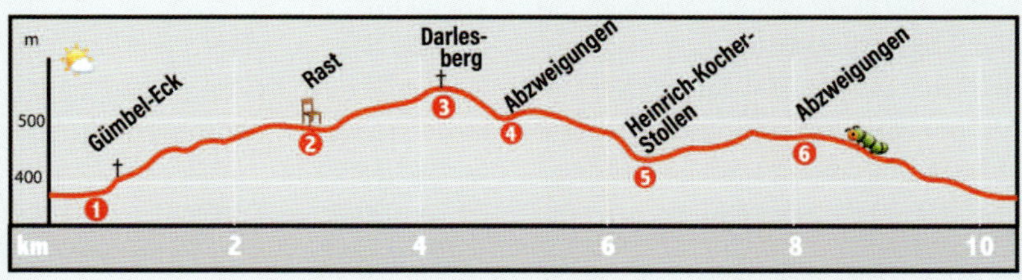

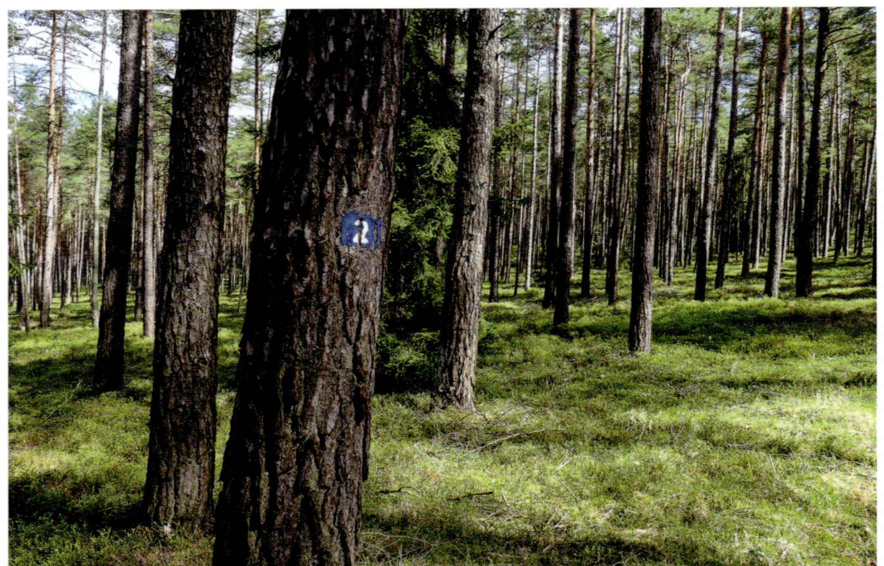

Keine sensationelle Tour, aber der Weg durch den Wald ist ein Traum.

Wer in der Oberpfalz Mineralien sammelt(e), kam oder kommt um den Namen Wölsendorf nicht herum. Einst war diese Gegend zwischen Wölsendorf und Stulln ein bedeutendes Flussspatrevier der Welt, wurde doch in den 1960ern 10 Prozent der Weltförderung hier abgebaut! Flussspat (Calciumfluorid / CaF_2), oder auch nur Fluorit, senkt im Hochofen, beim Schmelzen von Erzen, den Schmelzpunkt erheblich, was enorm Brennstoff einspart.

In der Mitte des letzten Jahrhunderts erlebten die Oberpfälzer Flussspatreviere ihre Blütezeit. Viel ist davon nicht mehr übrig, die Vorkommen sind erschöpft. Seitdem liefern andere Teile der Welt den Fluss (Flussspat): Mexiko, China, Indien.

Auch die optische Industrie verwendet den Flussspat, z. B. für Linsen. Dafür wird der eigentlich farblose Kristall, der schöne und gleichmäßige Würfel, aber auch Oktaeder und sogar Rhombendodekaeder ausbildet, künstlich gezüchtet.

Nach dem Untergang der gefährlichen Arbeit unter Tage brach für viele Menschen die Ernährungsgrundlage weg und zwang den Raum zum Strukturwandel.

Für uns bleibt eine Reise in die Vergangenheit. Der Weg dorthin ist traumhaft schön!

Wegbeschreibung:

Diese feine, kiefernwaldige Rundtour startet am nördlichen Ortsrand von **Wölsendorf.** Nehmen Sie die Straße, die nach Norden – an einem Betrieb vorbei – entlang der Autobahn zum Wald führt. An der gelb-braunen Brunnstube erreichen Sie den Wald. Vor dem Aufstieg würde ich Ihnen aber raten, den Abstecher entlang der alten Bahnlinie zur Bahnbrücke über die A93 zu machen (nach halblinks). Diese Brücke ist selbstverständlich gesperrt. (Mehr zum Thema Eisenbahn in der Region in Tour 11.)

Alternative: Wenn Sie entlang der Autobahn noch 180 Meter weitergehen, geht nach halbrechts ein Weg weg. Merken! Sie gehen zunächst noch knapp 100 Meter weiter und kommen zum Geotop 376A020 „Flussspatgang N Wölsendorf" 1. Nach Inspektion gehen Sie wieder die knapp 100 Meter zurück und folgen dem steil ansteigen-

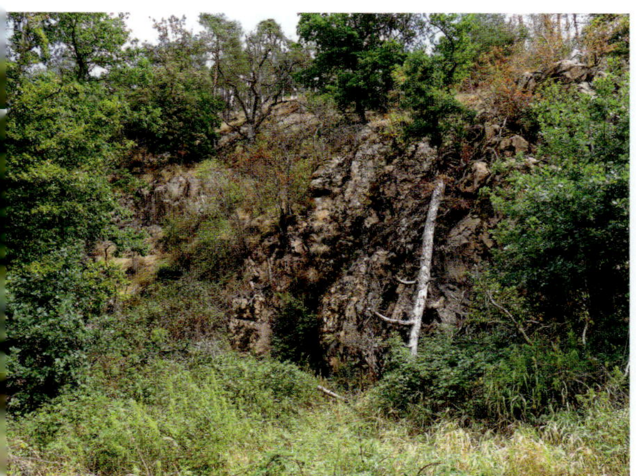

Wo tausende Autos jeden Tag vorbeirasen: das „Gümbel-Eck"

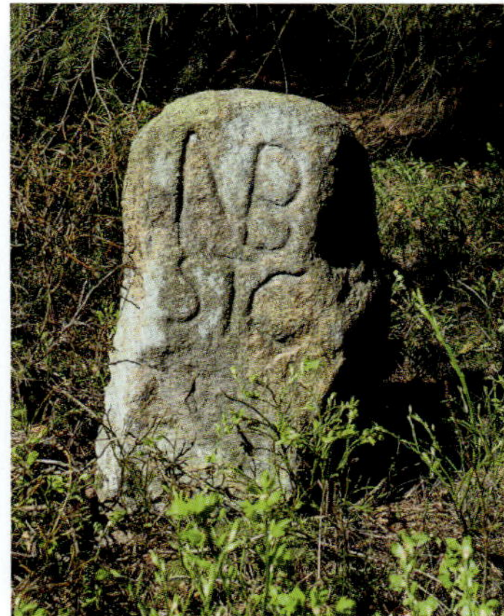

Man sollte seine Grenzen kennen!

den Weg (oder dem, was man als Weg erahnt) und kommen an der Schonung vorbei zum Hauptweg, der von links unten heraufführt. Es geht dann natürlich nach links weiter.

Wenn Sie diesen Exkurs auslassen möchten, folgen Sie an der Brunnstube dem Weg, der von der Autobahn wegführt. Nach gut 100 Metern gabelt sich der Weg, und Sie entscheiden sich für die linke Variante, geschwungen den Berg hinauf!

Nach einem netten Aufstieg erreichen Sie bei Marterl und Sitzbank fast den Ort **Wölsenberg.** Herrlicher Fernblick nach Süden, aber für Rast zu früh, also weiter durch den Ort, der Hauptstraße folgend. Sie haben den Rundweg erreicht. 250 Meter später, bevor die Straße wieder abfällig wird, zweigt dieser Weg nach rechts ab ❷. Folgen Sie ihm einen Kilometer, bis Sie oberhalb einer landwirtschaftlichen Fläche stehen. Von links kommt der Main-Donau-Weg dazu. Rastbank, Hochsitz. Noch gute 150 Meter weiter und nach links öffnet sich eine kleine Fläche. Hier biegen Sie nach links ab und folgen dem Weg bergauf bis zum Gipfel des **Darlesberges** (unterwegs T-Abzweigung nach rechts) ❸.

Hier können Sie jetzt richtig ausrasten, wenngleich die Aussicht auf Aussicht null ist, es sei denn, jemand hat den Gipfel des Bergs inzwischen entwaldet. Setzen Sie sich auf die Bank beim Gipfelkreuz und starten Sie von dort aus geradeaus gehend den Abstieg. Schotterweg nach Abstieg nach rechts. Kreuzung. Der kommt von rechts, Sie gehen geradeaus. Kurz später: Der verabschiedet sich nach links (Toller Weg übrigens! Geht bis Passau.). Sie gehen geradeaus ❹. Kreuzung wenig später: Sie gehen geradeaus, folgen dem Waldweg zum Wolfsberg hinauf. Oben links halten und Abstieg.

Sie stoßen auf eine Gabelung. Bleiben Sie auf dem rechten Pfad, um wenig später auf dem zu landen. Abstieg nach rechts. Sie können diesem Weg nun bis zum Stollen folgen, wir sind aber eine nette Abkürzung gegangen: Bevor dieser deutlich nach links kurvt, gehen kurz hintereinander zwei Wege nach rechts ab. Nehmen Sie den ersten, scharf rechts. Im Bereich der Lichtung zur Linken war der Heinrich-Kocher-Stollen eingestürzt. Man hat ihn verfüllt und damit versiegelt. Es ist ja immer auch eine Haftungsfrage.

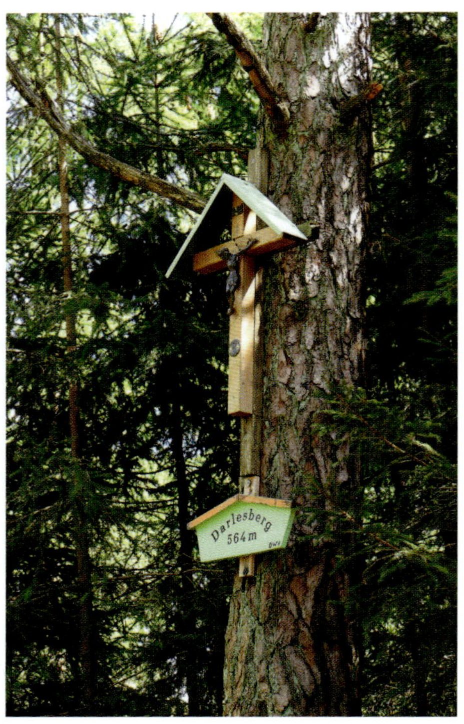

Höhepunkt der Wanderung: Der Darlesberg

Abstieg. Sie landen direkt beim **Heinrich-Kocher-Stollen** ❺**.** Picknick. Jetzt aber ernsthaft super Aussicht: Am Horizont halblinks ragt der Kirchturm von Pittersberg heraus. Halbrechts sieht man den Schornstein des Buchtal-Werks. Picknick zu Ende, alle Infotafeln gelesen, Fotos gemacht. Gut. Weiter auf dem ▬. Es geht nach Nordosten. Am Ende stehen Sie unterhalb am Südende des Feldes, wo vorher der Aufstieg geglückt war. Kleines Anwesen, weiter dem ▬ in den Wald folgen. Der Weg beschreibt eine Linkskehre durch den Wald. Letztendlich, nach kurzem, letztem Anstieg, erreichen Sie eine größere Lichtung ❻. Hier lassen Sie den Wander-Rundweg nach rechts ziehen und gehen geradeaus am Waldrand weiter. Abstieg durch herrlichen Kiefernwald. Leichte Linkskurve, leichte Rechtskurve. Erneut erreichen Sie eine Lichtung.

Folgen Sie dieser bis zum Ende, um dann scharf nach links weiter am Waldrand zu gehen. In der nächsten Ecke der Lichtung nehmen Sie den zweiten Weg nach rechts, schräg hinunter zum Bach. Folgen Sie dem Bachlauf (herrlicher Weg!), bis Sie bei den zwei Miniweihern wieder festen Boden unter den Füßen haben. Kurz zur Straße und dieser nach links zurück nach Wölsendorf folgen. Beim Rückweg sehen Sie noch Stulln und seine Kirche.

Sehenswert:

Eisenbahnbrücke Brensdorf: Dort, wo sich das Naabtal zwischen Wölsenberg und Mühlberg verengt, teilen sich die Naab, die Bahnlinie und die Autobahn das schmale Tal. Das Ganze wurde seit 1903 von der Bahnlinie Nabburg-Wölsendorf-Schönsee ziemlich schräg überbrückt. Dieses Konglomerat verschiedener Brückentechniken besteht unter anderem aus einem dreibogigen Betonbau und einer Stahlgitterkonstruktion. 1976 wurde die Strecke für den Personenverkehr, 1994 für den Güterverkehr stillgelegt (siehe Tour 11). Die Gleise enden am östlichen Brückenkopf.
http://www.oberpfalz-luftbild.de/schwarzach.htm

„Gümbel-Eck“: Geotop 376A020 „Flussspatgang N Wölsendorf“. Im Volksmund heißt es **„Gümbel-Eck.“** In seinem Buch „Geognostische Beschreibung des ostbayerischen Grenzgebirges oder des Bayerischen und Oberpfälzer Waldgebirges“ – erschienen 1868 im Verlag Julius Perthes – beschreibt der Geologe Carl Wilhelm von Gümbel (1823–1898) diesen Felsen. Versteckt von den Felsen (mittel- bis grobkörniger Granit des Variszischen Gebirges – man sieht ihn auch jenseits der Autobahn schön rot leuchten) und neuerdings dem Gestrüpp haben Sammler einen kurzen Stollen in den Ausbiss des Rolandgangs gegra-

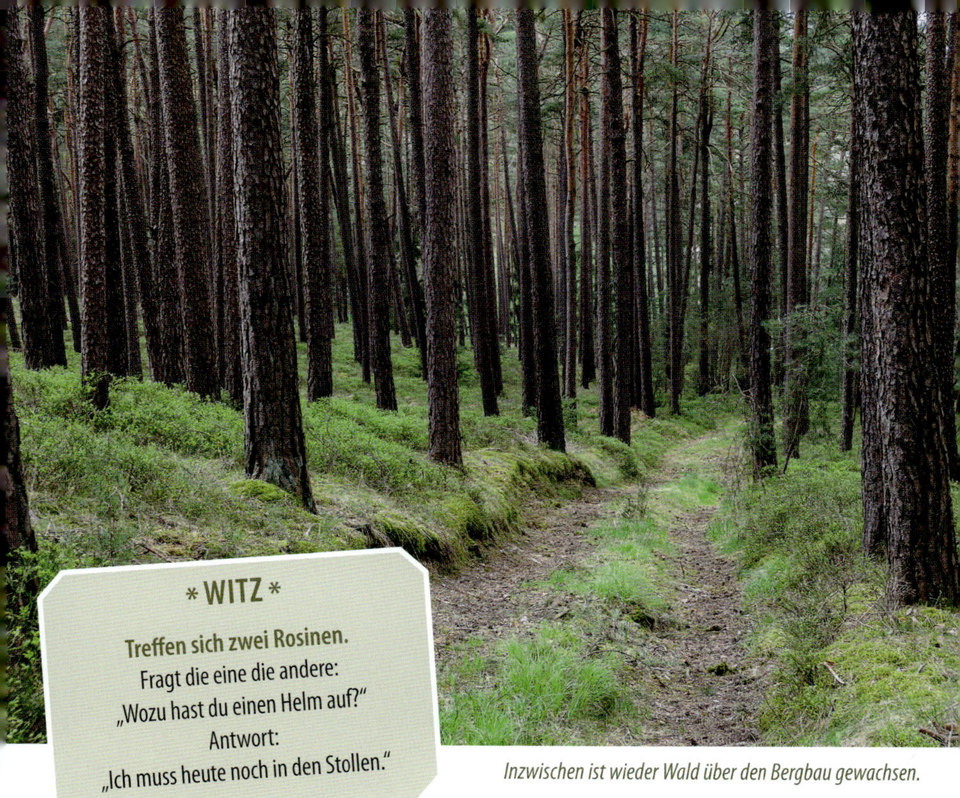

*** WITZ ***

Treffen sich zwei Rosinen.
Fragt die eine die andere:
„Wozu hast du einen Helm auf?"
Antwort:
„Ich muss heute noch in den Stollen."

Inzwischen ist wieder Wald über den Bergbau gewachsen.

ben. Fluorit in den Farben weiß, grün, lila und schwarz sowie Pechblende gab es hier zu finden. 2010 wurde der Zugang vergittert. Wagen Sie sich ruhig vor. 1882 wurde Gümbel übrigens zum Ritter ernannt!
https://www.umweltatlas.bayern.de/mapapps/resources/reports/sb_geotope/generateBericht.pdf?download=geotop_num&additionallayerfieldvalue=376A020 [2022-08-01]

Heinrich-Kocher-Stollen ⑤ bzw. die Geschichte des Bergbaus um Wölsendorf:
Ungefähr 50 Mineralien führende Gänge gibt es im Gebiet um Wölsendorf. Bei 15 von ihnen wurde industrieller Bergbau betrieben. Das Hauptaugenmerk lag dabei zunächst auf Silber und Blei im Mittelalter und auf Flussspat und Schwerspat nach 1900. In Tour 14 (Nabburg) ist die Geschichte genauer dargelegt.

Das kurze Leben des Heinrich-Kocher-Stollens begann am 1. Mai 1937. Die Dicke (Mächtigkeit) des Vorkommens betrug zwischen 80 und 150 Zentimeter, war also vergleichsweise eher schmächtig als mächtig. Der Abbau in den zwei Schächten Marienschacht und Johannesschacht endete deshalb schon wieder 1968 bzw. 1952. Vor der Jahrtausendwende wurde ein 500 Meter tiefer Besucherstollen angelegt. Allerdings kam es auf der Oberfläche immer wieder zu Einbrüchen, weshalb der Besucherstollen 2009 geschlossen wurde.

Wenn Sie dann nach Schwarzenfeld kommen, steigen Sie zum **Passionistenkloster zur Heiligsten Dreifaltigkeit** auf. Die Lourdesgrotte links im Park wurde aus Fluorit aus der Gegend gemauert!

Nabburg

Am Ende ist alles aus.

TOUR 14

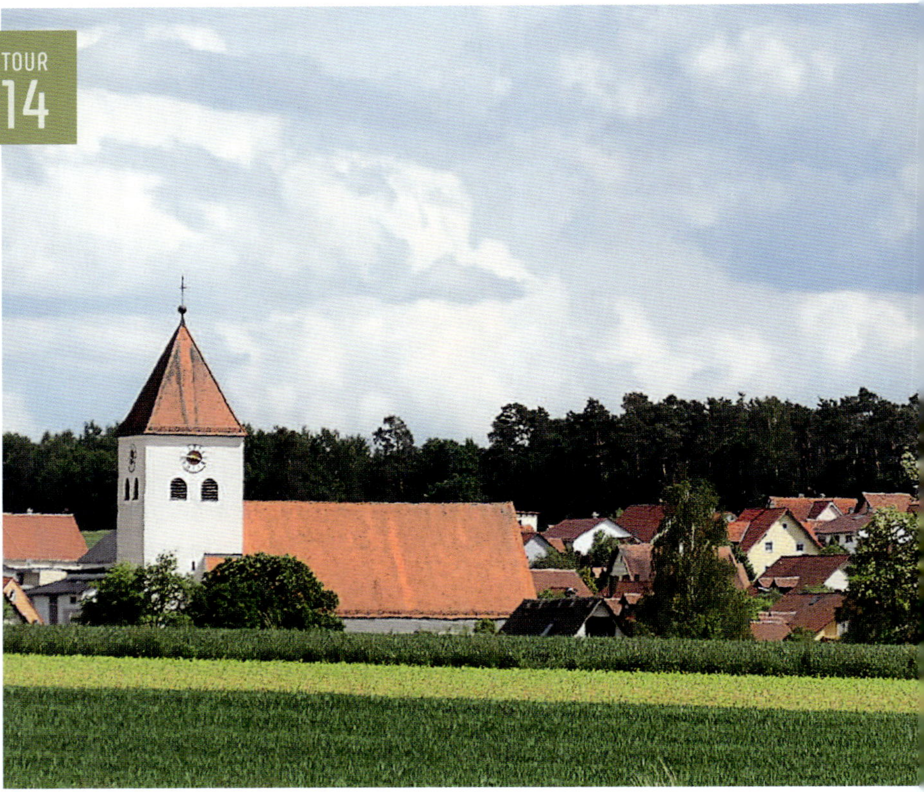

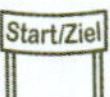

Im Bereich des Bahnhofs
Navi: 92507 Nabburg, Bahnhofstraße 21

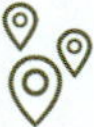

Nabburg – Flussspatrevier Stulln – Stulln – Freiung – Nabburg historische Altstadt

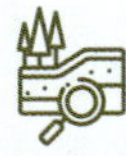

Erfreulich hoher Waldanteil, entsprechend viel Waldboden und viel gute Luft

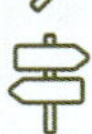

Schlägel und Eisen (verblassend)

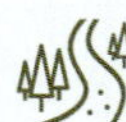

Sehr intensive Tour durch das Kernland des Oberpfälzer Bergbaus. Viel zu sehen, viel zu erleben.

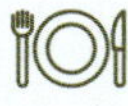

Restaurant Sauerer
Bahnhofstraße 17, 92507 Nabburg
Tel. 09433 306
www.restaurant-sauerer.de/

Gasthof Bodensteiner
Hauptstraße 25, 92551 Stulln
Tel. 09435 501213
www.gasthof-bodensteiner.de

 Foto: Stulln mit Kirche St. Barbara

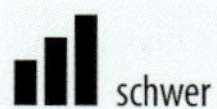

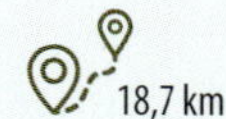

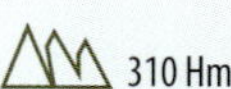

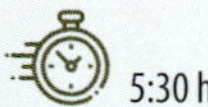

Alternative durch das Stullner Flussspatrevier:

(siehe Karte und GPS-Track)

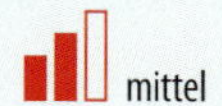

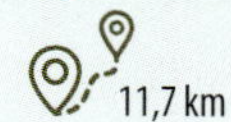

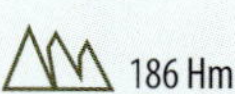

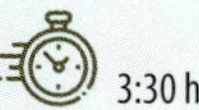

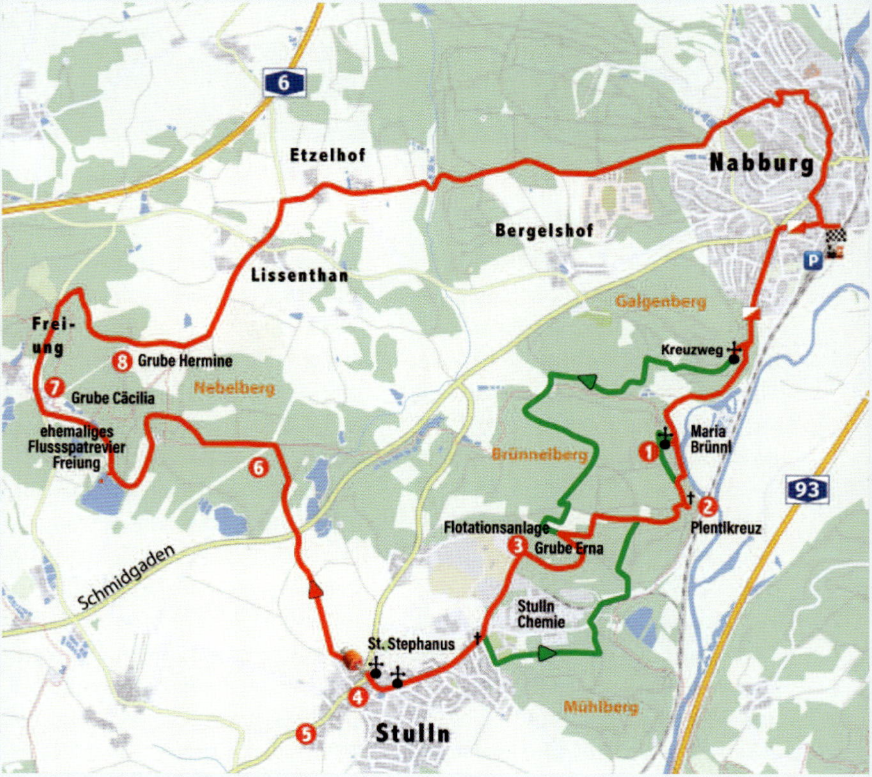

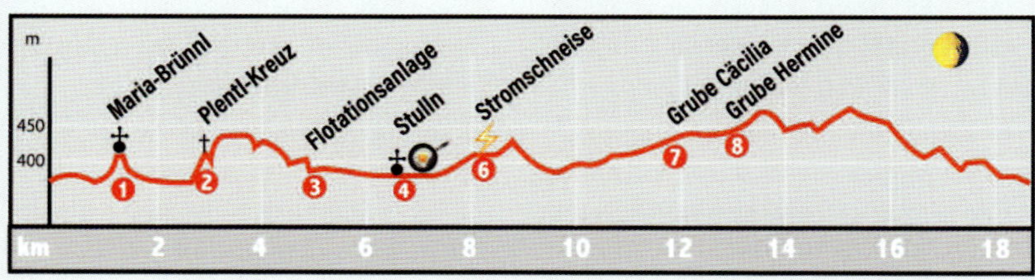

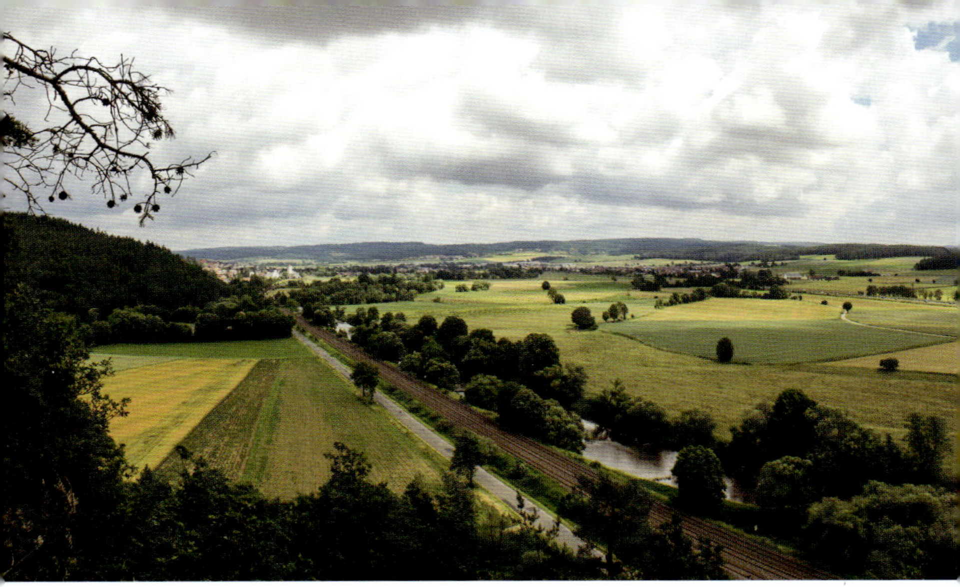

Blick vom Plentl-Kreuz ins Naabtal

Zeitenreise[8]:

- Am Südwestrand des alten Variszischen Grundgebirges reißt vor 280 bis 300 Millionen Jahren auf einer Länge von 150 Kilometern ein Gang auf.
- Über einen Zeitraum von 50 Millionen Jahren verfüllen hydrothermale Wässer einen Spalt, der im Grundgebirge entstanden war. Während der Hauptgang mit Quarz verfüllt, der später als Pfahl herausgewittert wird, handelt es sich im Raum um Stulln und Wölsendorf um Flussspat (CaF2) und Schwerspat (Ba[SO4]).
- In den Jahren zwischen 1460–80 suchten und fanden Venezianer Bergleute bei Altfalter Silber. Bei 0,1 Gramm je Tonne Bleierz war der Abbau allerdings unwirtschaftlich.
- Zwischen 1700 und 1750 wird im Raum Altfalter Bleierz gefördert.
- 1823: Bauer Rosner liefert ein Stück Flussspat nach Regensburg zur Begutachtung. Er hatte es auf seinem Acker gefunden.
- Zwischen 1860 und 1880 werden die ersten förderwürdigen Gänge entdeckt und erschlossen.
- 1936 beginnt der professionelle Bergbau im Bereich der Grube Cäcilia.
- 1943: Fast 200 Arbeiter, Kriegsgefangene und ausländische Zivilarbeiter teufen Cäcilia II auf 150 Meter ab und fördern aus ihr knapp 18 000 Tonnen Flussspat.
- Anfang der 50er betrug die Förderleistung des Reviers 150.000 Tonnen, womit es 10 Prozent des Weltbedarfs deckte. Fast 1000 Menschen arbeiteten über und unter Tage.
- 1954 einzelne Schächte werden bis auf knapp 300 Meter abgeteuft (hinuntergegraben).
- Zwischen 1960 und 1970: Das Nabburger Flussspatrevier erlebt seinen Höhepunkt. Im Jahr 1965 fördern 107 Arbeiter knapp 28 000 Tonnen Flussspat und knapp 350 Tonnen Schwerspat.
- Im Jahr 1975 wird Grube Cäcilia endgültig stillgelegt. Weil es sich um „nassen Bergbau" handelt, dringt Grundwasser ein. Die Schächte werden unzugänglich. Bis heute wurden die Gruben, soweit möglich, auf Veranlassung des Bergamts verfüllt oder mit Beton versiegelt – es geht hier auch um Haftungsfragen.
- 1978: Die Aufbereitungsanlage von Grube Cäcilia wird nach Thailand verkauft.
- Die letzte Grube – Grube Hermine – wird am 27. Mai 1987 geschlossen. Am Heiligen Abend

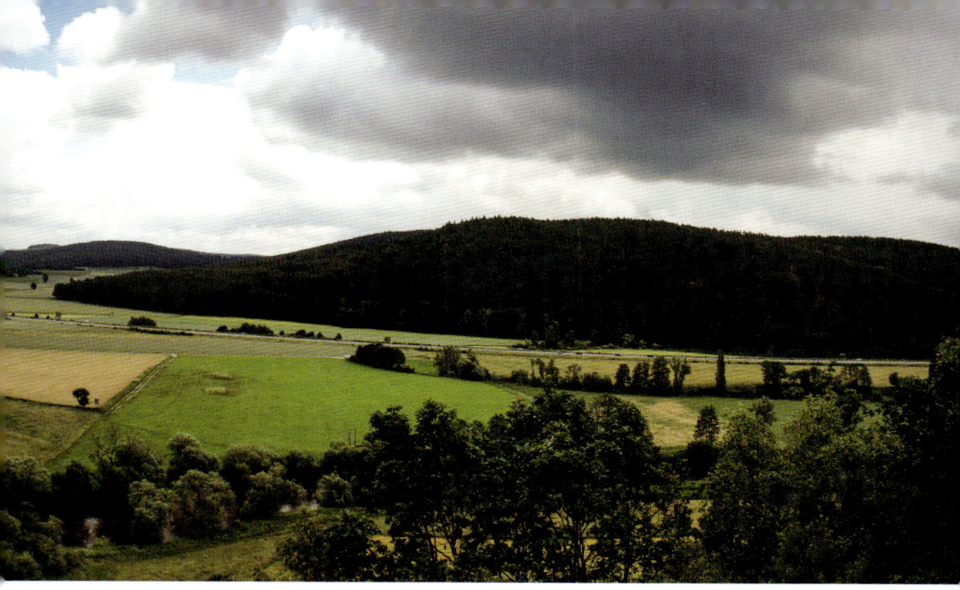

zuvor waren Reporter des Bayerischen Rundfunks auf die tiefste Sohne mitgefahren und übertrugen die „Mettenschicht" als tiefste Live-Sendung Bayerns.

- Irgendwann nach der Jahrtausendwende war der Autor dieses Buches, also ich, sowohl mit der Familie als auch mit einer Schulklasse im Reichhart-Sacht der Grube Cäcilia. Etliche Meter ging es schmal und steil in die mit viel Herzblut hergerichtete Flussspatgrube hinunter. Der Besitzer der Grube, Konrad Reichhart, kämpfte darum, dieses einmalige Bergbaurelikt mit einem Schaubergwerk vor dem Vergessen zu bewahren. Am Ende ging der Kampf verloren, die teuren Wasserpumpen wurden abgestellt, die Grube soff im Grundwasser ab.
- In den Jahren 2022 und 2016 ging die Wandergruppe des BN diese hier vorgestellte Runde. In den sechs Jahren dazwischen hatte sich wenig verändert. Die Flotationsanlage stand noch als Baudenkmal in der Gegend herum, nur die Halde davor war bereits fast rekultiviert und versiegelt. Das Gelände um Grube Cäcilia bei Freiung lag immer noch brach da. In Stulln floriert im Gewerbegebiet die Fluorchemie GmbH neben anderen Gewerben – allerdings ohne Flussspat aus der Region.
- Juni 2022, auf dem Gelände der früheren Grube Hermine: Mit einem Gottesdienst und einer kleinen Feier gedenkt der Bergknappenverein Stulln des 70. Gründungsjubiläums am 22. Juni 1952 und der Schließung der Grube vor 35 Jahren, am 27. Mai 1987. Die Geschichte des Flussspats ist definitiv zu Ende.

Wegbeschreibung:

Diese räumlich und zeitlich etwas ausladendere Tour beginnt am Bahnhof in Nabburg. Auf der Bahnhofstraße geht's am Gasthaus Sauerer (Empfehlung!) vorbei Richtung Ort. Doch schon vor dem Anstieg biegen Sie nach links in den Poststeig ab (Vater Kolping weist den Weg). Wanderwege gibt's auch schon: [Markierung] bzw. [Markierung]. Die Straße verschmälert sich zum Steig und weitet sich wieder vor einer Straßenkreuzung.

Nach der aufgelassenen Tankstelle biegen Sie nach links ab und folgen dann dem Brünnlweg geradeaus. Erst noch durch die Siedlung, dann am

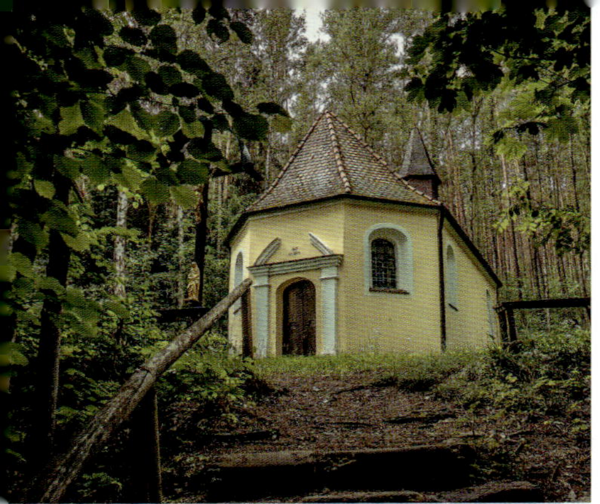

Schön gelegen: Die Brünnl-Kapelle

Stadtbauhof vorbei und alsbald geradeaus in den Wald hinauf. Nach einem ersten Anstieg und 240 Metern geht der Anstieg zum Kalvarienberg via Kreuzweg. Dies ist die Abzweigung für eine kürzere Runde. Andernfalls geht es hier noch geradeaus weiter.

Der Weg folgt noch bis zur **Brünnlkapelle** dem roten Dreieck: ◩. Dann kommt der getreppte Aufstieg zur **Wallfahrtskirche Maria Brünnl Heilige Dreifaltigkeit** ❶. (Im Sommer wegen Eichenprozessionsspinnern ggf. gesperrt!) Sitzbänke bieten eine angenehme Rast für Kontemplation. Danach wieder Abstieg. Wenig später am Weg taucht das **Brünnl-„Bründl"-Kapellerl** auf. Vielleicht tröpferlt das Brünnerl gerade noch ein wenig. Wie dem auch sei, kurz danach geht nach rechts ein Hohlweg im V-Tal weg, der kurz danach auf betonierte Überreste des Bergbaus stößt. Davor biegen Sie nach links auf den Saumpfad, der steil hinaufführt.

200 Meter Aufstieg. Sie stoßen auf einen querenden Waldweg. Wenn Sie wieder leicht nach links absteigen, gelangen Sie zum **Plentlkreuz** ❷ – herrlicher Rast- und Aussichtspunkt (benannt nach seinem Stifter, Julius Plentl, erster Bezirkstierarzt in Nabburg). Zurück zum Endpunkt des Aufstiegs. Jetzt gehen Sie den aktuellen Weg geradeaus weiter, verlassen ihn aber schon nach 70 Metern wieder nach scharf links. Wenig gegangener, hochgrasiger Waldweg im Rechtsbogen, danach geradeaus weiter. Nach einem halben Kilometer öffnet sich eine landwirtschaftliche Nutzfläche, nach erneut 70 Metern (bei Kreuzung) biegen Sie nach links ab und steuern den Wald an. Kurz später im Wald knickt der ebenfalls wenig gegangene Weg 90 Grad nach

Hoch überm Naabtal öffnet sich dem Wanderer ein wunderbarer Blick vom Plentlkreuz

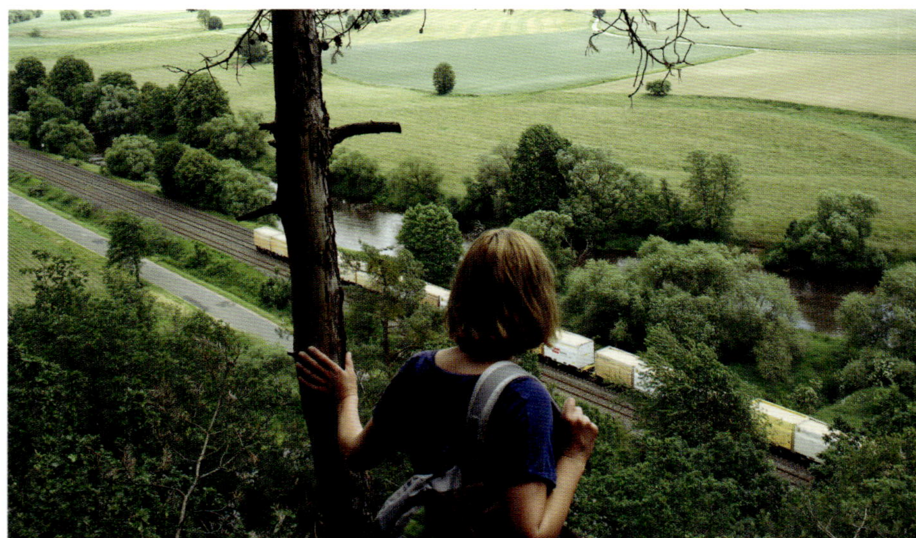

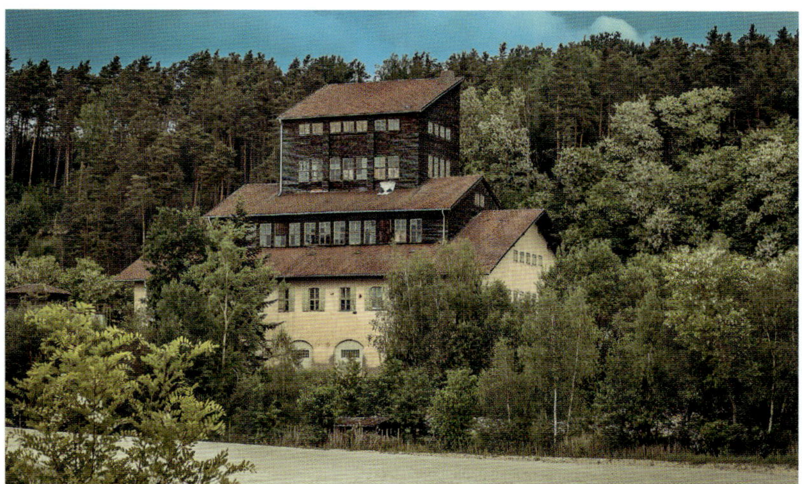

Stulln, die alte Flotationsanlage

rechts ab. Knapp 200 Meter, nicht ganz leicht zu gehen, weil unruhiger Untergrund.
Danach wieder eine Gabelung. Sie nehmen die Chili-Variante, also die schärfste nach links, also fast zurück. Auf diesem Weg geht es in und durch das ehemalige **Bergbaurevier** (Gruben Erna, Eberhard, Fortuna etc.). Nach einer Lichtung sehen Sie noch Eisengitter im Wald, die auf lauernde Gefahren hinweisen. Hier könnten Sie in die alten Stollen einbrechen! Beim ersten Gitter rechts, dann Abstieg, dann erneut rechts. Nach knapp 400 Metern erreichen Sie das Gelände, wo früher auch der Flussspat aufbereitet wurde. Heute steht noch die **Flotationsanlage** 3.
Sie nehmen die offensichtliche Straße, zwischen Solarpark/Deponie Tongrube (rechts) und kurz danach Industriepark Stulln (links) hindurch. Mit Beginn der Siedlung erreichen Sie die Säule mit u. a. der **Heiligen Barbara,** Schutzpatronin der Bergleute (neben allen anderen Berufen, die mit Sprengstoff hantieren, z. B. Artilleristen). Auf der Hauptstraße (Haberstrohstraße) geht's in den Ort, an der neuen **Pfarrkirche St. Barbara** vorbei,

Dorfidylle in Stulln

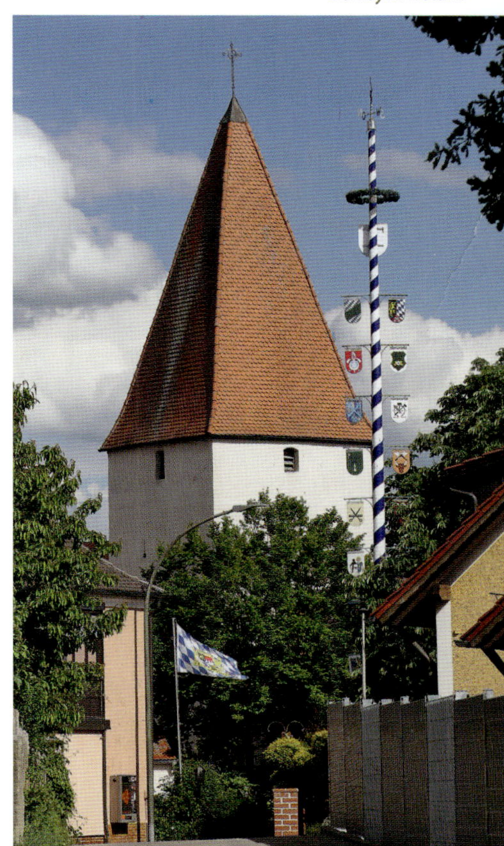

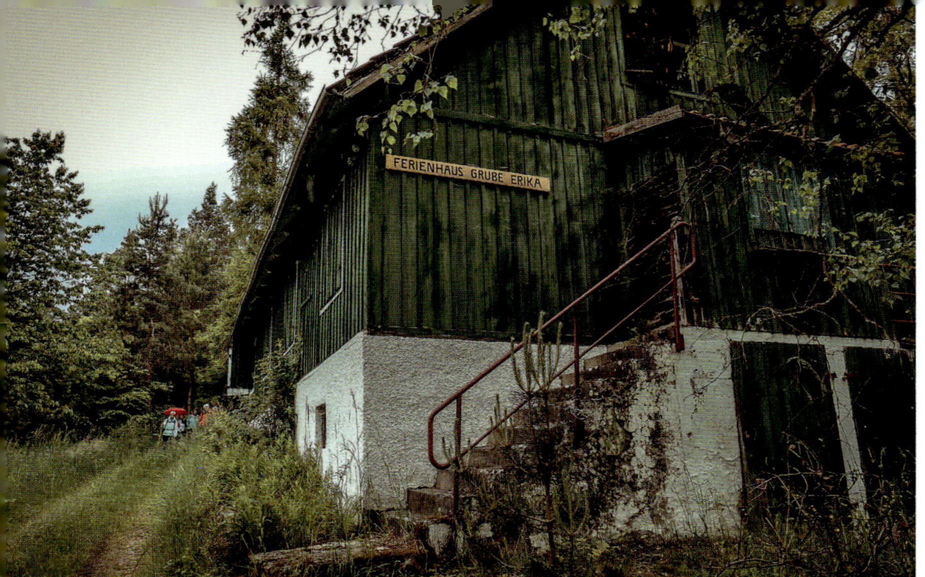

Lost Place Grube Erika

vor bis zur Hauptstraße. Gegenüber der alten **Wehrkirche St. Stephanus** 4 steht gleichermaßen unverrückbar **Gasthaus Bodensteiner** (Empfehlung!). Abstecher zu den alten Förderwägen samt Akkulok am Ortseingang von hier aus möglich 5.

Nach erfolgreicher Stärkung verlassen Sie den Ort gleich auf der Straße beim Gasthaus „Hinterm Wirt". Am Ortsausgang rechts halten. Offene Felder, dann die Staatsstraße überqueren und weiter geradeaus, auf den Wald zu. Am Ende einer Schneise im Wald verlassen Sie den breiteren Weg zugunsten eines grünen Waldwegs, der nach halblinks abzweigt. An dessen Ende stoßen Sie auf die Trasse der Gaspipeline (gelbe Sichtmarker). Folgen Sie dem Weg nach links über die Schneise und auf der anderen Seite in den Wald hinein 6.

Nach 400 Metern versackt der Weg geradeaus und verschwindet nach rechts bergauf. Die nächste Gabelung nach links ist empfehlenswert. So oder so, Sie erreichen eine größere Lichtung auf der Höhe. In der Südwestecke geht der Weg geradeaus weiter wieder hinab. Folgen Sie dem großen Linksbogen, um beim ehemaligen **Ferienhaus Grube Erika** auf Spuren früherer Zivilisationen zu stoßen. Rechts abbiegen und hinaus aus dem Wald. Nach knapp 300 Metern – vor dem Lanzenweiher – geht's nach rechts weg. Folgen Sie diesem Weg und Sie können den *Lost Place* **Reichhart-Schacht bzw. die ehemalige Grube Cäcilia** nicht verfehlen 7.

Jetzt wird's leichter, denn ab jetzt folgen Sie dem alten Bergbaupfad mit dessen Schildern, dem „Schlägel und Eisen" ⚒. Nach 700 Metern auf der Straße – zunächst bergauf – biegt der Weg nach rechts in den Wald ab, beschreibt dann ein großes S und erreicht bei der Abzweigung zur ehemaligen **Grube Hermine** wieder offene Felder. Folgen Sie dem Weg nach Lissenthan. Dort über die Hauptstraße und auf der Höhe nach rechts nach Etzelhof. (Oben angekommen bietet sich dem Wanderer ein guter Rundumblick!) In Etzelhof links halten, dann weiter. Abstieg und nach dem Stockbach im Wald links halten und im S wieder Anstieg.

Folgen Sie dem Schlägel und Eisen. Fast am Ende der Kaserne der Bereitschaftspolizei geht's halb-

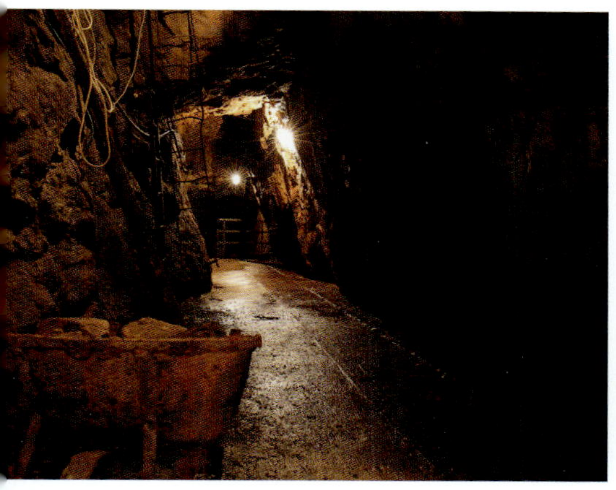

Einblick in Oberpfälzer Bergbaugeschichte: Der Reichhardt-Schacht – © Thomas Bäumler

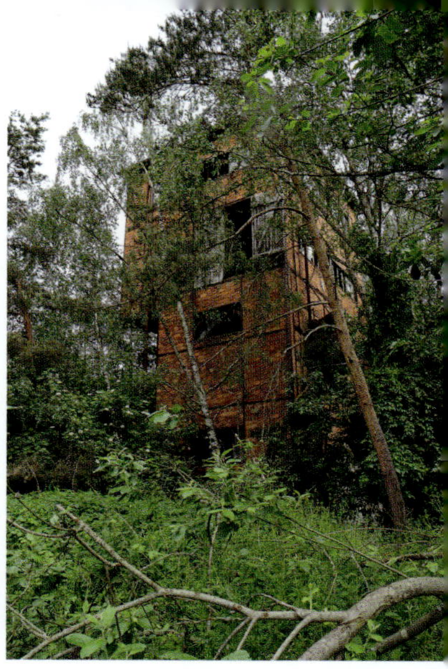

Lost Place Grube Cäcilia

links bergab. Dann Waldrand, Kinderspielplatz. Um in Nabburg die **historische Altstadt** zu erreichen, braucht's ein bisschen Ortskenntnis und Glück: Hauptstraße überqueren und links versetzt den Durchgang nehmen. Rotbühlring links, Rotbühlstraße geradeaus, am Ende der Kurve durch die Rohtbühlstraße nach links bergab abbiegen (herrlicher Blick auf die Altstadt), Göslmühlweg nach rechts, dann nach links durch die Talsohle und im Brunnanger auf den Fußweg gegenüber hinauf zur Weiherstraße. Wenn Sie die Kemnather Straße (eigentlich mehr für Autos gedacht, also Vorsicht!) nach rechts nehmen, können Sie den „Teufelsschuh" in der Burgmauer entdecken. (Wenn er Ihnen zu groß ist, ist das ein gutes Zeichen!)

Den Weg durch die Altstadt schaffen Sie alleine. Ich würde den Oberen Markt durch das **Mähntor** (an der Polizei rechts vorbei) verlassen, dann in die Bachgasse gehen und weiter auf der breiten Regensburger Straße wandern, mir dort ein vorzügliches Eis kaufen und mich dann zufrieden von der Regensburger Straße nach links an die Bahnhofstraße weiterreichen lassen. Bahnhofstraße = Bahnhof = Auto = Heimreise.

St. Stephanus, die „alte" Kirche ④: Nach einem Hussitensturm zu Beginn des 15. Jahrhunderts wurde um 1500 die damals neue Kirche gebaut. Während zu dieser Zeit langsam die Renaissance vom Süden her Einzug hielt, griff man hier noch auf altes Mauerwerk zurück und ergänzte den alten, massiven Wehrturm um ein kleines Kirchenschiff.

Die wertvollen Figuren sind in der neuen **St.-Barbara-Kirche** von 1953 untergebracht. Dennoch lohnt sich der Besuch dieser kleinen Kirche, die nur noch für Hochzeiten, Klassentreffen oder am Namenstag des Patrons (26. Dezember) genutzt wird. (www.stulln.eu)

Akkulok ⑤: Das letzte von 12 baugleichen Exemplaren aus den Siemens-Schuckert-Werken; eigens für die beengten Verhältnisse in den Gruben des Wölsendorfer Reviers entwickelt; im Original mit grauem Anstrich und roter Pufferbohle.

Kulmberg – Eixlberg

Mit dem Schatz am Silbersee

TOUR 15

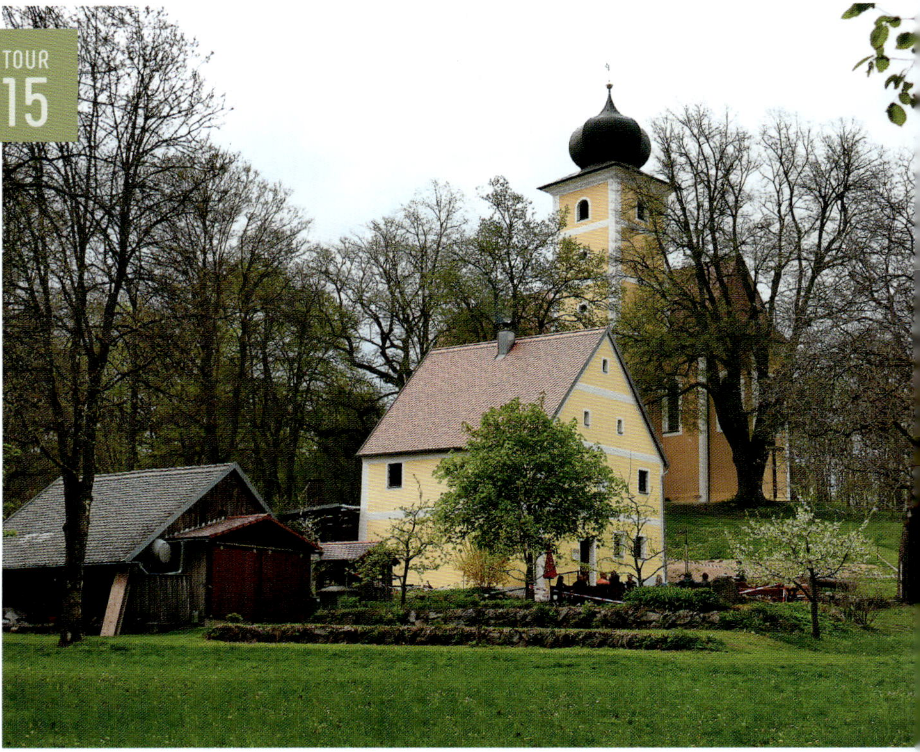

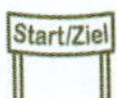

In der Bahnhofstraße von Untersteinbach
Navi: 92536 Pfreimd, Bahnhofstraße 1

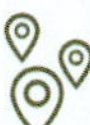

Pfreimd (Untersteinbach) – Steinbruch Karberg/Silbersee – Gasthaus Kulm – Kulm (mit Aussichtsturm) – Kulmstein – Eixlberg

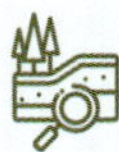

Hoher Waldanteil im Bereich des Höhepunkts (Kulm), vor allem vorher auch kurze Asphaltstücke

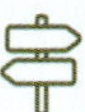

Roter Punkt, Main-Donauweg, liegende rote Raute

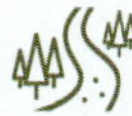

Eine reliefstarke, landschaftlich intensive Tour in perfekter Wanderlandschaft. Nostalgie und Kultur kommen dabei auch nicht zu kurz.

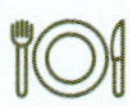

Gasthaus Kulm
Windpaißing 6, 92507 Nabburg
Tel. 09606 508
www.gasthauskulm.de

Foto: An den Sommer- und Herbstwochenenden gibt's Kaffee und Kuchen auf dem Eixlberg.

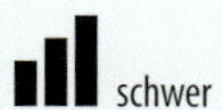 schwer 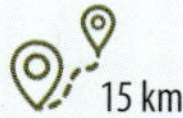 15 km 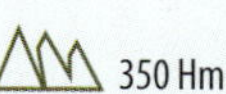 350 Hm 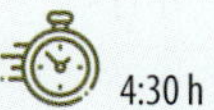 4:30 h

Alternative – ohne Eixlberg:

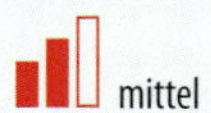 mittel  12,5 km 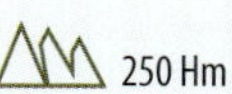 250 Hm  3:30 h

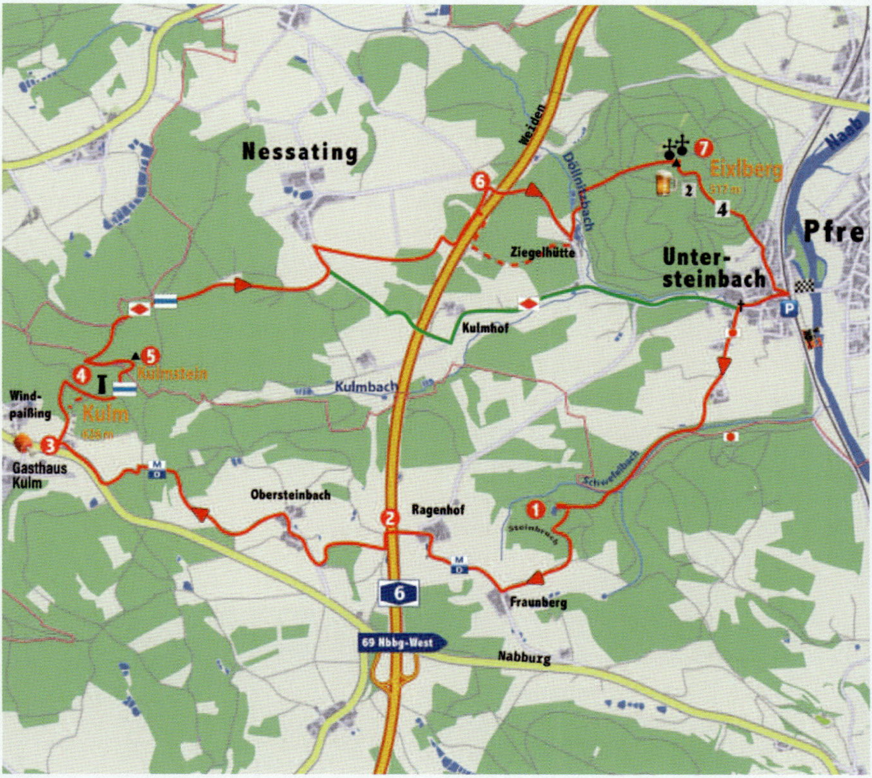

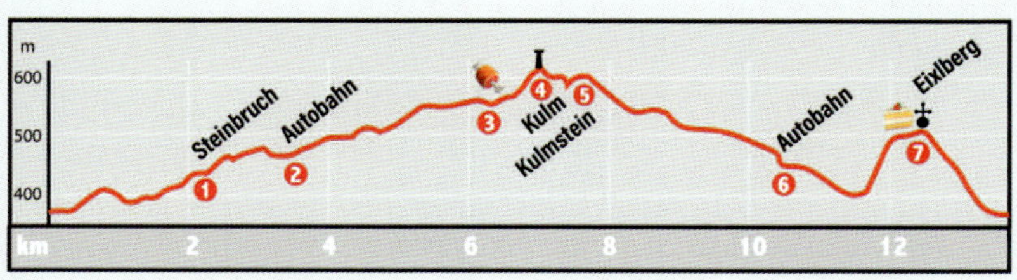

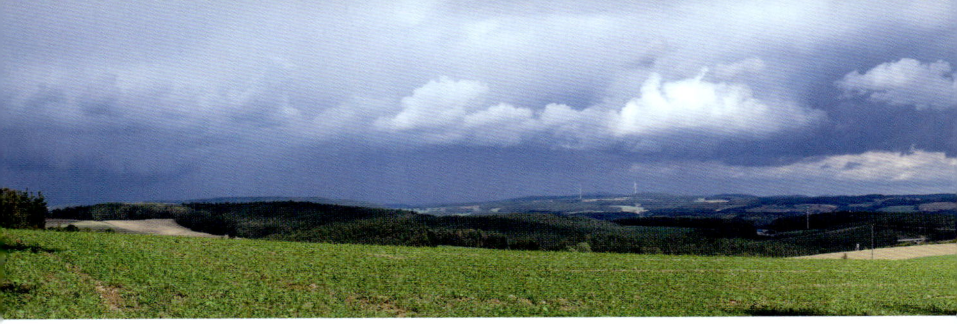

Dramatorama – dramatischer Blick in die östliche Oberpfalz

Diese Extremwanderung kulminiert in einem Höhepunkt, nämlich dem Kulm, einem spektakulären Nebengipfel des östlichen Naabgebirges. 62630 Zentimeter ragt dieser unter Alpinisten ehrfürchtig *Kulmberg* genannte massive Hügel aus hartem Granit über den Meeresspiegel hinaus und wird nur von so namhaften Bergen wie dem Friedrichsberg, dem Hirmberg, dem Blässelberg, dem Siegelberg und schließlich dem Buchberg im westlichen Naabgebirge (66700 cm) übertroffen. Kein Wunder, dass das Nomen *Kulm* und das Verb *kulminieren* dieselbe Wurzel im Lateinischen haben, womit wir bei der Frage der Sinnhaftigkeit von Lateinunterricht wären, was hier aber zu weit führt.
(Es gibt noch andere Namensableitungen aus dem Indogermanischen und Slawischen (oder umgekehrt), aber das führt hier auch zu weit. In Österreich, Bayern und Schwaben ist vielleicht sogar der Heilige Ire St. Kolomann Namensgeber für solche Herausrager.)
Auf dem Weg zum Höhenlager (immerhin auf 56500 Zentimetern gelegen) passieren wir einen alten Steinbruch, in dem Menschen vor weit über 1200 Monden unter Lebensgefahr Granit abbauten und in die Ebenen der Tiefländer transportierten.
Nach einem letzten, stärkenden Mahl im Gasthaus Kulm sind wir bereit für den Vorstoß in die atemberaubende Todeszone des Naabgebirges. Auf dem Aussichtsturm angekommen, erkennen wir fast die Krümmung der Erde, aber auf jeden Fall das fantastische Fichtelgebirge im Norden, den einzigartigen Oberpfälzer Wald im Osten und das gigantische Naabgebirge im Westen. Im Süden sehen wir Schwandorf.

Wegbeschreibung:

Diese extrem aussichtsreiche Tour startet am **Bahnhof Pfreimd,** der ausgelagert im Ortsteil **Untersteinbach** liegt. Vom hölzernen Glockenturm beim Bahnübergang geht es auf der vielsagenden Kulmstraße los. Sie können kurz später in die Bachgasse nach links ausweichen und einer Kollision mit einem entgegenkommenden Auto vorbeugen. Der Bachgasse nach rechts folgen. Beim erneuten Zusammentreffen von Kulmstraße und Bachgasse biegt der Wanderweg in den Fraunbergweg ab (Sackgasse und ●).

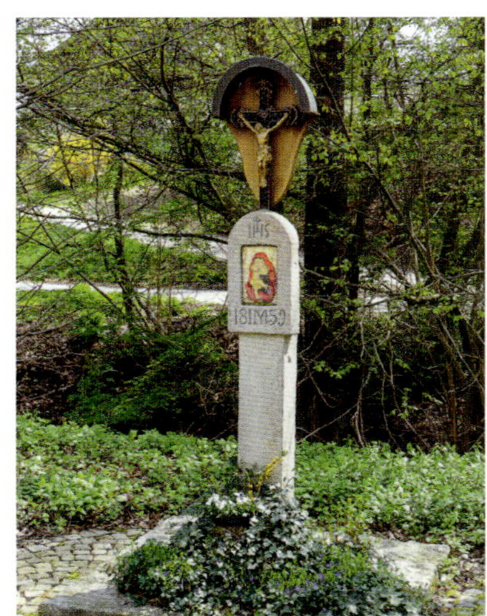

Marterl in Untersteinbach

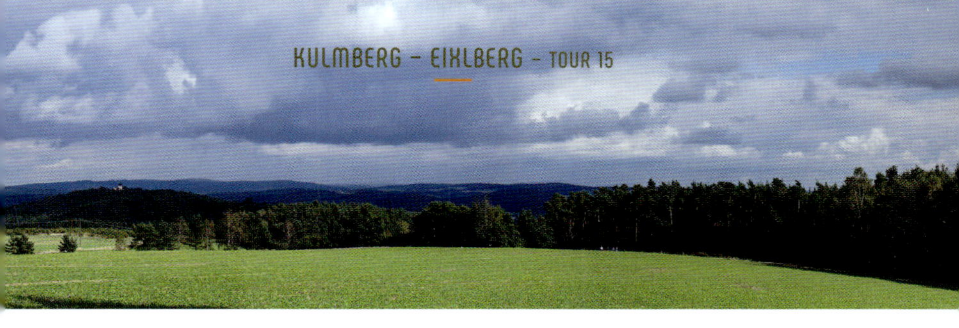

Vor dem Schlosshof-Einödhof bleiben Sie zweckdienlicherweise auf dem halb-rechten Weg (kurz später wird Asphalt zu Schotter). Am Waldrand zweigt der ● nach links ab. Aber ausgerechnet heute wollen wir nicht ins schöne Nabburg. Es gehen zwei Wege nach rechts weg. Einer davon auf dem Damm der alten Eisenbahn. An der nächsten Kreuzung geradeaus, an der wiederum nächsten Gabelung links halten (leicht bergauf), dann bei der Begegnung mit der Schotterstraße auf dieser nach rechts. Nach knapp 80 Metern erreichen Sie den grün-gewässerten **Karberg-Steinbruch** mit seinem **Silbersee** ❶.

Schild „Betreten verboten". Wenige Meter später am linken Steinbruchufer steht eine Hütte zur allgemeinen Benutzung. (Beißt sich mit dem „Betreten-verboten-Schild", aber was will man machen?) Vom Eingang zum Steinbruch aus auf dem Herweg wenige Meter zurück. Ein verwildernder Weg führt scharf nach oben, also am Steinbruch links vorbei. Gehen Sie diesen Weg. Unterwegs können sie nach rechts in den alten Steinbruch blicken. Links sehen Sie später alte Pingen und Schluchten im Wald.

Oben stoßen Sie nach Linkskurve wieder auf eine Schotterforststraße. Dieser nach rechts folgen und aus dem Wald heraus. Sie stoßen auf einen Schilfgrastümpel und sind schon richtig rechts abgebogen, wenn Sie am Grenzstein mit den zwei Zinnen vorbeikommen. Weiter bis zum Weiler Fraunberg, wo Sie ggf. von zwei mächtigen Hunden mächtig laut begrüßt werden. Mich haben sie nur erschreckt, aber nicht mehr.

Ab jetzt Main-Donau-Weg M D. Folgen Sie der Beschilderung durch Ragenhof, dann am Stromturm ❷ unter der Autobahn durch. Weiter nach Ober-

Im Steinbruch

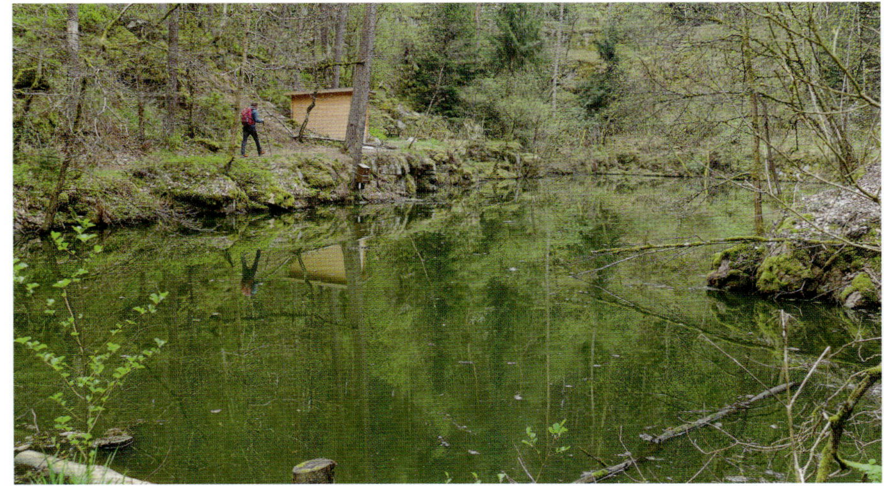

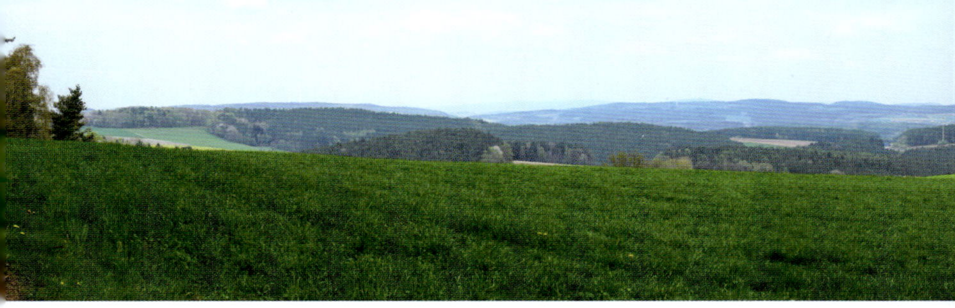

Eixlbergpanorama

steinbach und dann durch den Wald. Die letzten Meter zum **Gasthaus Kulm** 3 gehen im Feld an der Straße entlang. Augen zu und durch. Unterzucker muss man ernst nehmen.

Nach Einkehr geht's hinauf zum Kulmturm (am höchsten Weinberg der Oberpfalz vorbei). (Schlüssel mitnehmen und nach Turmbesteigung zurückbringen! Bisschen blöd geregelt, aber mei ...) Romantisch alternativ ist der Trampelpfad, der an der Brunnstube oberhalb der Reben geradeaus hinaufführt – oben am Gipfelkreuz vorbei. **Turmbesteigung** 4 **mit sensationeller Fernsicht!** Gehen Sie den ▬ vom Turm aus weiter. Waldweg, dann Trampelpfad-Abstecher zum **Kulmstein** 5. Und wieder im großen Linksbogen weiter zum Abstiegsweg ◆ und zu den Schildern nach Pfreimd. Einmündung in einen Forstweg, welchem Sie jetzt an einer Lichtung vorbei bis zum Waldrand und bis zur Straße folgen. Sie möchten schnell und langweilig nach Pfreimd zurück? Auf der Straße nach rechts und via Kulmhof und Ziegelhütte auf der Straße hinunter.

Spannender wird's, wenn Sie die Straße nach links einschlagen und kurz nach Überschreitung des Scheitelpunkts (höchster Punkt) nach rechts auf den Feldweg abbiegen. (Der Eixlberg liegt dann direkt vor Ihnen!) Diesen Weg gehen Sie ohne Wenn und Aber geradeaus, bis er am Waldrand nach links abknickt, hinüber zur nächsten Waldkante. An dieser rechts und dem Wald im leichten Linksbogen folgen – bis zum Zaun, der die Rehlein davon abhält, sich auf die Autobahn zu stürzen! Folgen Sie dem Zaun nach links, steiler Abstieg. Serviceweg entlang der Autobahn.

Immer wenn ich hier allein unterwegs bin, nehme ich den eisengeländerbewehrten Einstieg (am tiefsten Punkt) zum dunklen Überlauf-Wassertunnel unter der Autobahn, schiebe mich auf der anderen Seite durch ein paar Dornen, steige dann nach rechts auf und finde oben den romantischen Waldweg, der nach links hinunter nach Ziegelhütte führt. Aber dies ist ein offizieller Wanderführer, also lassen Sie die Füße von solchem Unfug und gehen stattdessen auf dem Serviceweg entlang der Autobahn hinauf bis zur Brücke 6 und überqueren diese nach rechts, um 500 Meter später, kurz vor Ziegelhütte, die scharf nach links führende Abzweigung zum **Eixlberg** ▬ zu nehmen.

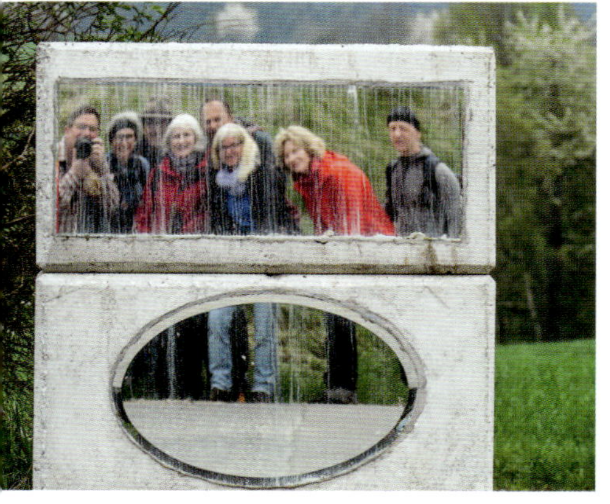

Wanderer im Spiegel der Zeit

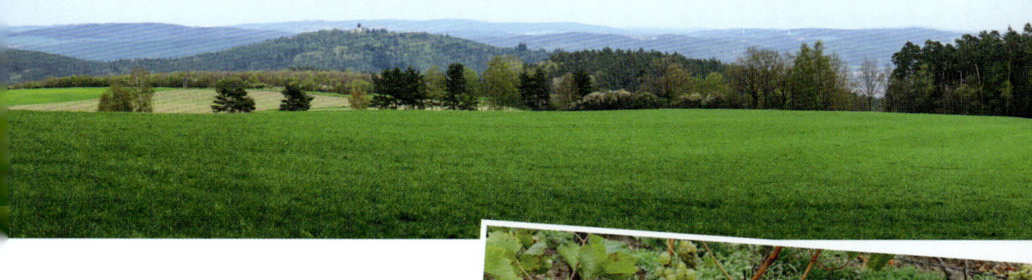

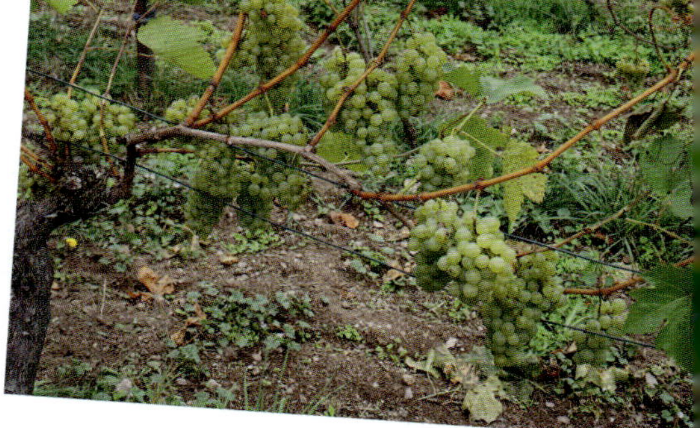

Der höchste Wein der Oberpfalz kommt vom Kulm!

An den Fischzuchtteichen im Fast-Talgrund vorbei. Auf der gegenüberliegenden Seite erreichen Sie einen weiteren Schotterweg. Nehmen Sie diesen kurz nach links. Nach 60 Metern zweigt ein unmarkierter, steil hinaufführender Trampelpfad in den steil aufsteigenden Wald hinein. Aufstieg zum **Eixlberg** 7! (Hier merkt man, wer fit ist, und wer nicht!) Sie überqueren kurz nach Einstieg Weg 2A (extremst romantisch, aber nicht gipfelführend!). Wenn Sie gut geplant haben, ist die Klause heute bewirtschaftet (weil Sommer und Wochenende). Der OWV macht's möglich. Danach Abstieg auf Weg Nr. 4 nach Untersteinbach und dort zum Auto bzw. Zug.

Interessantes:

Karberg-Steinbruch 1: Das Gelände umfasst ein Gebiet von gut elf Hektar, allerdings sind die meisten Bereiche nicht mehr zugänglich, fand doch der Abbau des feinkörnigen, hellen Granits zwischen 1860 und 1897 statt. Neben Wohnungen für die Arbeiter und ihre Familien gab es eine eigene Eisenbahn, auf welcher der Granit zum Bahnhof Untersteinbach transportiert wurde.

Naabgebirge:
Wenn Sie nur 7 Kilometer östlich von Amberg von der Ortschaft Lintach nach Pursruck fahren, fühlen Sie sich wie im hintersten Oberpfälzer oder gar Bayerischen Wald. Eine kleine Straße schlängelt sich durch ein schmales, granitenes Tal. Tatsächlich sind Sie hier im Oberpfälzer Wald. Geologisch gesehen. Es ist der westlichste Ausläufer des Oberpfälzer Waldes, ein kristalliner Sporn des Moldanubikums. In der jüngeren Hälfte des Erdaltertums (bis ca. 300 Mio. Jahre vor heute) kollidierten die Kontinente Gondwana und Laurussia und bildeten den Superkontintent Pangäa, also z. B. die Appalachen, Neufundland, Neuschottland und eben die Böhmische Masse. Der Grenzsaum nach Westen wird heute Oberpfälzisches Bruchschollen- oder Oberpfälzer Hügelland genannt. Man könnte es sich vorstellen wie einen Reißverschluss – nur mit lauter unterschiedlich großen Zähnen. So handelt es sich um eine geologische unruhige Landschaft mit Hügeln und Senken, wie z. B. der Sulzbach-Amberg-Freihölser-Bodenwöhrer Kreidebucht (Bodenwöhr, s. Tour 7). Und auch Schmidgaden und Stulln liegen in einem dieser Gräben (s. Tour 14).

Trausnitz

Wanderer zwischen den Burgen

TOUR 16

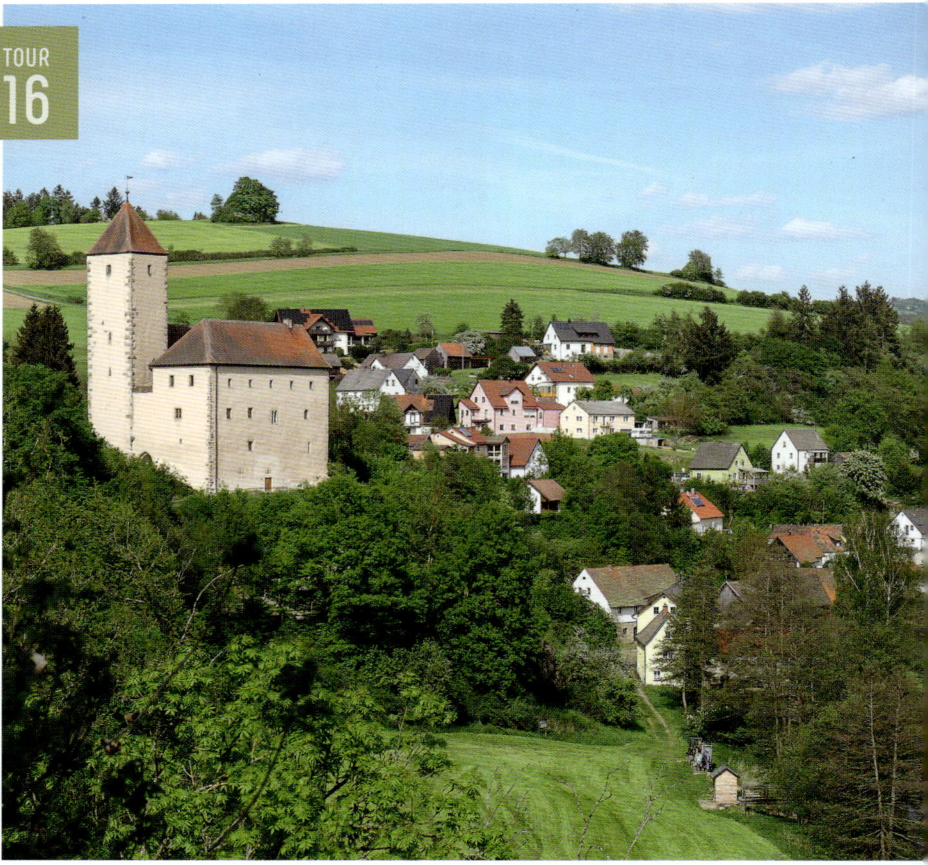

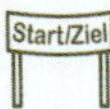

Mitten im Ort, bei der Freiwilligen Feuerwehr, offizieller (Wander-)Parkplatz
Navi: 92555 Trausnitz, Hauptstraße 22

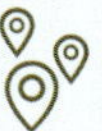

Trausnitz – Stein

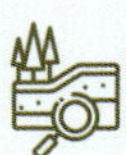

Angenehme Wanderwege auf überwiegend geschotterten Waldwegen

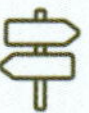

Goldsteigzubringer, liegende rote Raute, Nr. 6 6, rotes Wappen

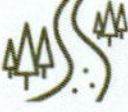

Schöne, unkomplizierte Halbtageswanderung in geschichtsträchtiger Landschaft. Wunderbar eingebettete Wege.

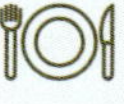

Gasthof „Das Landhaus"
Friedrichstraße 1, 92555 Trausnitz
Tel. 09655 321

 Foto: Wunderschön gelegen: Trausnitz im Tal

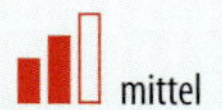
mittel

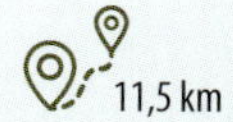
11,5 km

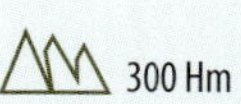
300 Hm

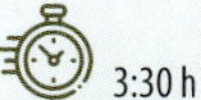
3:30 h

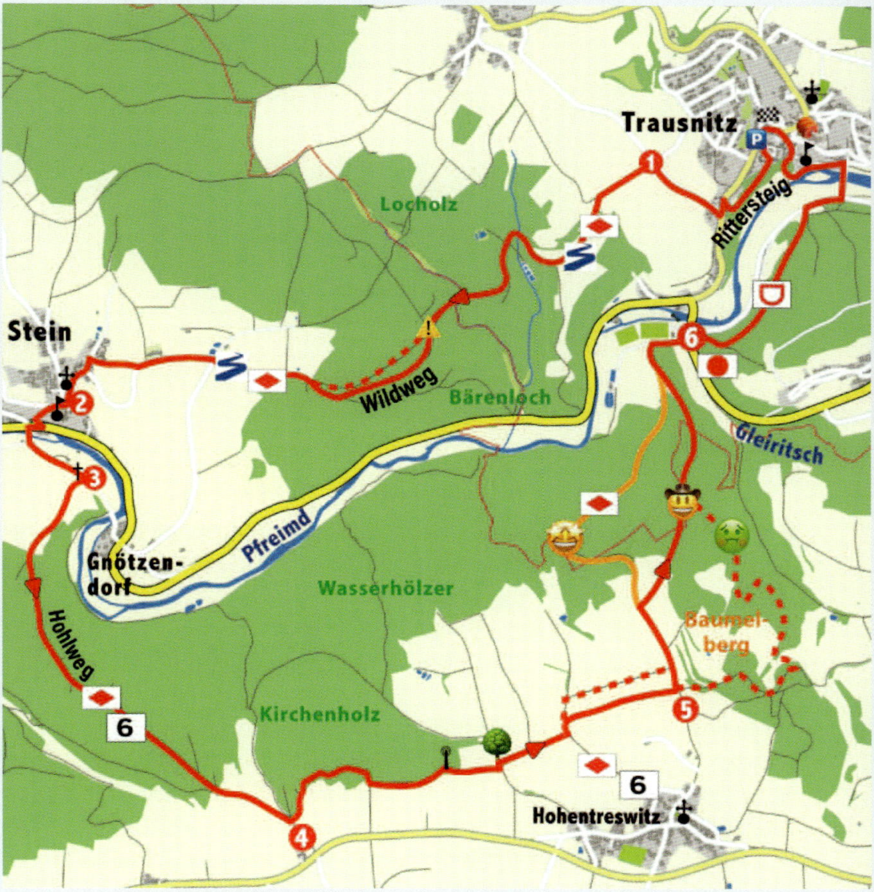

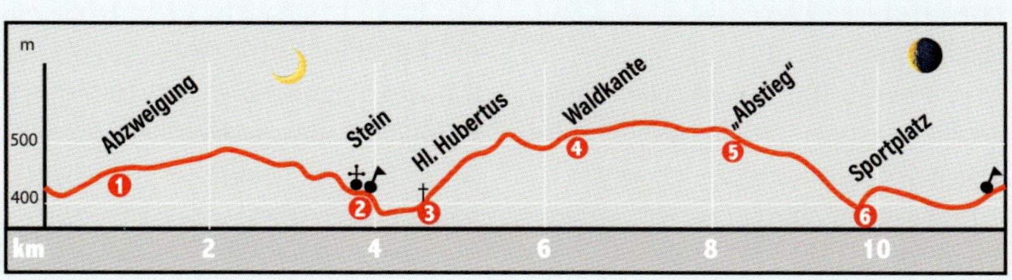
m
500
400
Abzweigung
Stein
Hl. Hubertus
Waldkante
„Abstieg"
Sportplatz
km
2
4
6
8
10

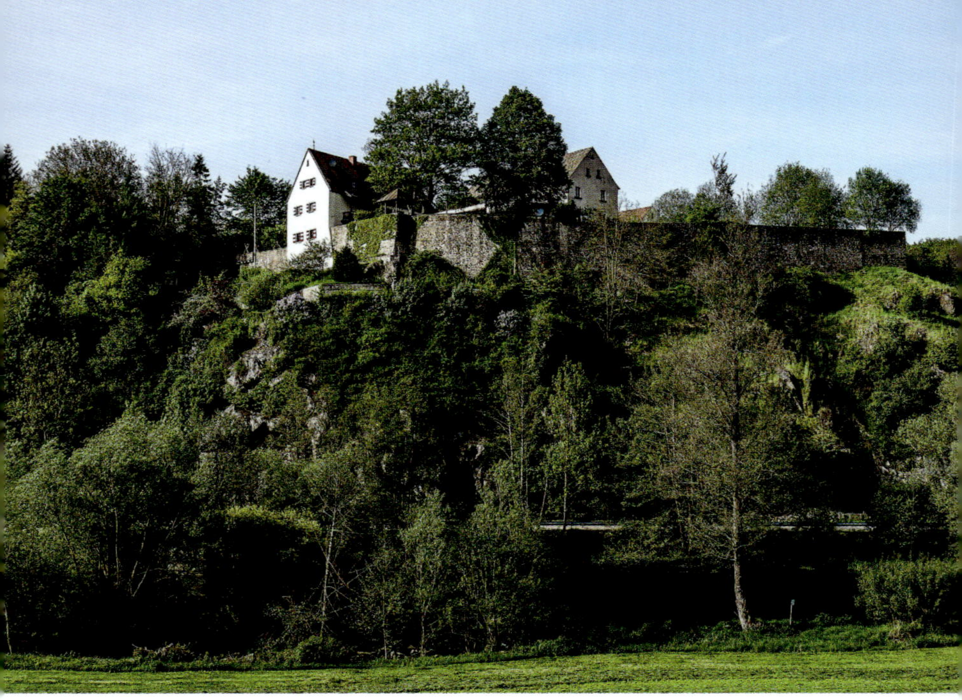

Majestätisch thront Burg Stein über dem Trausnitztal

Was haben Jakobsweg und die blauen Goldsteigzubringer gemeinsam? Ganz einfach. Man findet sie quasi überall. Ohne es explizit zu wollen, sind wir so schon gefühlte 500 Kilometer auf den Spuren des Heiligen Jakobs und noch mehr Kilometer auf den Schlingen des Blauen Goldsteigs nur in der Oberpfalz gewandert. Heute wandern wir wieder unfreiwillig ein Stück Goldsteigzubringer. Ist ja nicht das Schlechteste.

Diese Wanderung hier ist wegemäßig fifty-fifty. Zunächst also auf dem etablierten „kleinen Goldsteig" weg von Trausnitz, hin nach Stein, dann auf weniger beachteten Wegen zurück. Entscheiden Sie selbst, was besser ist.

Für ganz Hartgesottene hätte ich noch eine wilde Variante nach Trausnitz hinunter gesucht. Ich bin aus dem Graben zurück ins Tageslicht gekehrt. Ich skizziere diese Varianten hier nur. Falls Sie diesen Weg (?) gehen möchten, hinterlassen Sie bei Freunden eine Notiz, wo man Sie gegebenenfalls findet! (GPS-Track ist hinterlegt.)

Wegbeschreibung:

Eigentlich könnte ich es mir einfach machen und schreiben: Folgen Sie dem ◆. Schon vor mir hat jemand diese geniale Rundtour gefunden. Aber ein bisschen Senf gebe ich schon auch noch dazu. Und ein paar Alternativen kann ich auch noch bieten:

Ritterlich geht's los. Dazu noch kurz auf der Hauptstraße ortsauswärts und dann nach links zum Rittersteig (Zunächst selber Weg wie zum Dorfladen. Empfehlenswert! Entschleunigt einkaufen). Die Markierung ab jetzt: ◆ (unter anderen). Verpassen Sie nicht den Aussichtspunkt zur Burg! Dann weiter auf dem Rittersteig zur Hauptstraße hinauf und auf dieser kurz nach

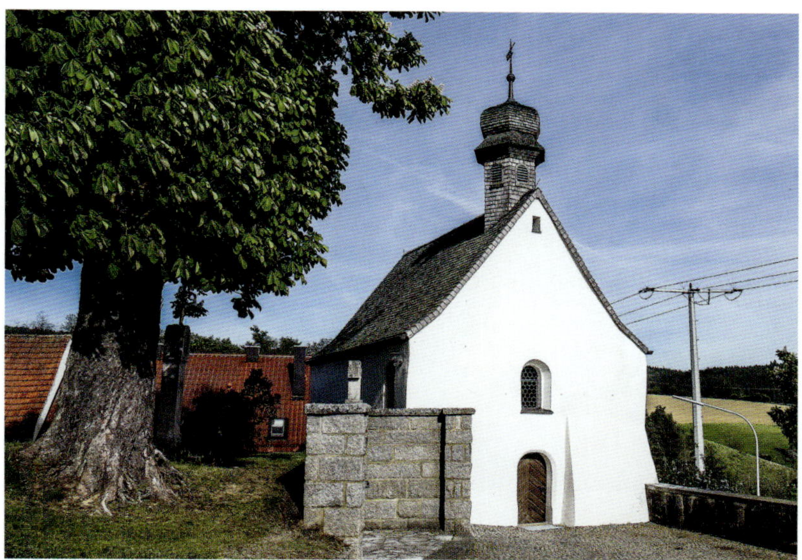

Die Kapelle von Stein

links. Bei „Hauptstraße 13 u. 14" nehmen Sie geradeaus den Anstieg bis zur Kreuzung, wo Sie auch auf den Schlaufenweg treffen. Hier links!

1 Wandern, wandern, wandern, zwei Kilometer. Nach einem kleinen Hohlwegsanstieg geht nach links ein unscheinbarer Weg weg. Nach 50 Metern knickt er leicht nach rechts und wird – parallel laufend – zu einer angenehmen Alternative zum Hauptweg.

Dann Waldrand. Hauptweg. Nach links. Schlaufenweg bis nach Stein. Nach Stein hinein den Schildern folgen – sieht fast aus wie Privatgrund. Ist es wohl auch. Am verschlossenen Kirchlein vorbei 2 und Abstieg rechts an der **Burganlage Stein** hinunter zur Hauptstraße.

Auf der Straße stehend sehen Sie rechter Hand die Brücke über die **Pfreimd.** Ab ans andere Ufer! Dort angekommen wenden Sie sich nach links und folgen dem Duo aus und 6. Hubertusmarterl in der Kurve 3. Anstieg. Ab dem Waldrand beginnt einer der schönsten Hohlwegsanstiege, die ich kenne! So geht Genusswandern. Auch nach dem Wald folgen Sie den Markierungen (6 und), die kurz vor der Kuppe 4 nach links abbiegen und zum Sendemast führen. Bei der Fahrstraße verlassen wir die Wanderschilder. (Aktuell steht dort eine Birke. In 200 Jahren kann das anders aussehen.) Leicht versetzt auf 300 Metern unbefestigter Flurstraße. Asphalt nach links. Dann nach wenigen Metern ein Wiesenweg nach rechts. (Eine befestigte Alternative verläuft 80 Meter weiter unten parallel zu diesem Wiesenweg.) Dann kommen Sie erneut an eine mickrige Straße 5. Wenn Ihnen Ihr Leben lieb ist, gehen Sie hier links – auf der Straße leicht bergab. Der offizielle Wanderweg nach Trausnitz folgt der . Etwas romantischer ist der ehemalige Verlauf dieser Strecke. Dazu biegen Sie am Ende der Hecke – 120 Meter vor dem Wald – nach halbrechts ab.

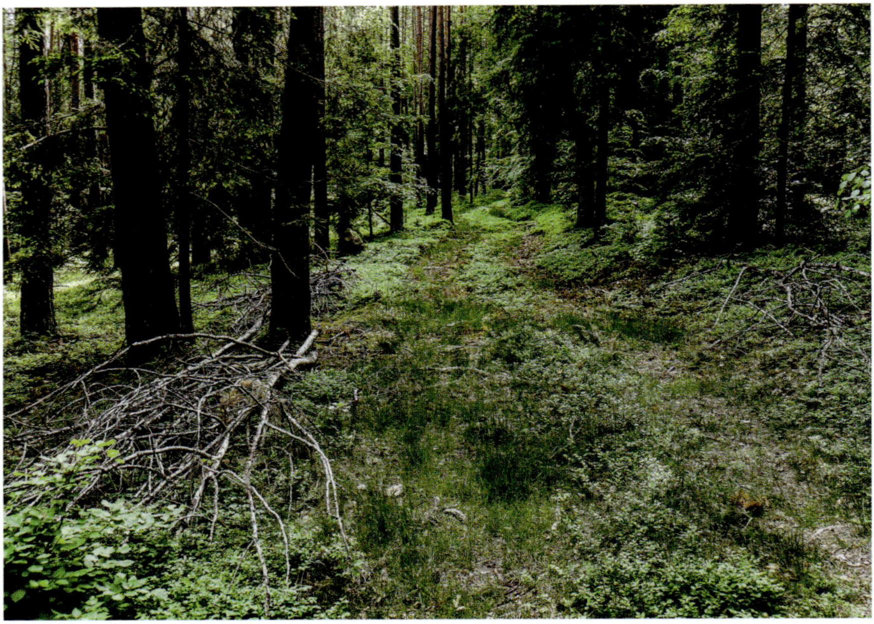

Abseits der etablierten Wanderwege

Wenn Sie etwas Abenteuer wollen, sind Sie bei der Kreuzung bei Punkt 5 geradeaus gegangen (bzw. nach der befestigten Variante noch 80 Meter nach rechts), sind auf einer Forststraße einem alten Hohlwegssystem zur Linken gefolgt und auf eine Forststraße gestoßen. Oben am Horizont sieht man die Häuser von **Fuchsendorf.** Hier scharf links. Dann Kreuzung mit Tümpel. Hier im Rechtsbogen weiter, dann aber nicht die Traktorrampe zum Feld hinauf, sondern in den Wald. Erneut Gabelung ... Viel Glück!

Alle, die es zum Trausnitzer Fußballplatz 6 geschafft haben, gehen auf der Fahrstraße nach rechts Richtung Trausnitz, überqueren die Hauptstraße und nehmen den leicht versteckten „Japanweg" und nach 180 Metern das „Rote Wappen" nach halblinks. Genau südlich der Burg haben Sie wieder festen Talboden unter den Füßen, überqueren oder durchschwimmen die Pfreimd und kehren entweder via Rittersteig oder via Burg und/oder via Gasthaus zum Auto zurück. Wer die Tour 8 aus meinem Buch „Burgenwanderungen im Herzen der Oberpfalz" noch nicht gegangen ist, kann noch zur **Versöhnungskapelle** im Ort Trausnitz aufsteigen. Für Erklärungen dazu empfehle ich dringend den Kauf des Buchs! Der Autor dankt es Ihnen ganz sakrisch!

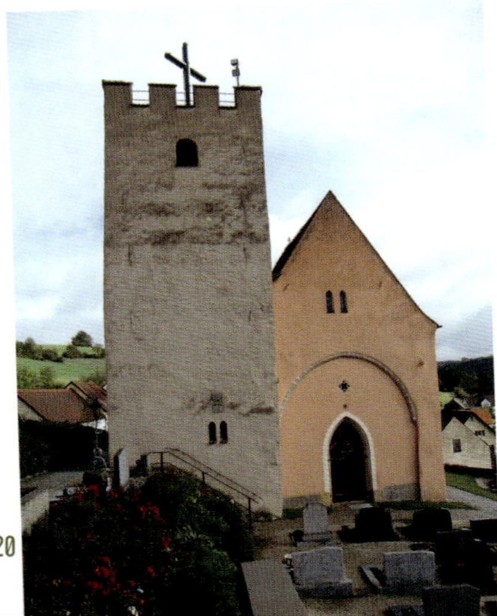

Erfordert einen kleinen Umweg: Die Versöhnungskapelle

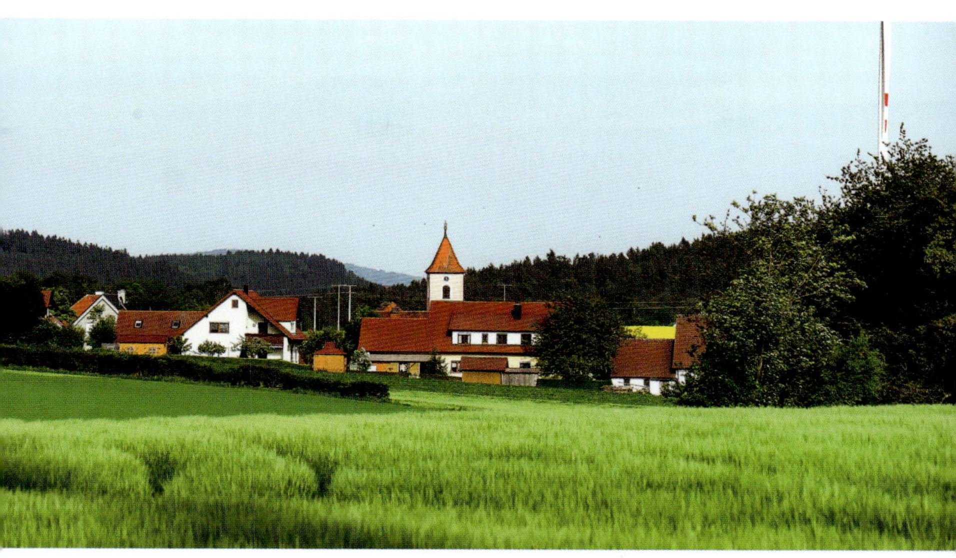

Hohentreswitz

Wissenswertes:

Burg Stein 2:

Stark im Schatten von Burg Trausnitz liegt Burg Stein an der Pfreimd. Sie wird auch Schloss Stein genannt. Erste Nennung dieser Höhenburg 1118 in Form eines Udalricus de Stein. Im 14. Jahrhundert erfolgte eine Landesteilung zwischen den Leuchtenberger Brüdern *Ulrich II.* und *Johann I.* Stein ging dabei an Ulrich. Danach ewige Besitzerwechsel und Streitereien. 1524 wird ein *Georg von Prandt* urkundlich als Besitzer erwähnt. Im Dreißigjährigen Krieg wird Stein zur Ruine. Die Reste wurden im 18. Jahrhundert abgetragen und als Schloss neu aufgebaut. Es steht auf den Resten des mittelalterlichen Bergfrieds. Sichtbar sind heute nur noch Teile der Burgmauer.
Seit 1840 ist das Schloss in bürgerlichen Händen und damit der Öffentlichkeit unzugänglich.

Fluss Pfreimd:

Auch und gerade zwischen Böhmischbruck und Trausnitz bringt der Fluss Pfreimd eine wunderschöne Tallandschaft hervor, die man sich wandernd erschließen sollte! Der Fluss entspringt südöstlich von Lesná u Tachova, wo er zunächst 20 Kilometer als *Kateřinský potok* und auf bayerischer Seite als *der* Katerinabach weiterfließt. Dann wechselt der Fluss das grammatikalische Geschlecht und legt die restlichen 54 Kilometer als die Pfreimd zurück.
Interessant ist die Diskussion um die Herkunft des Namens. Fazit ist, man weiß es nicht. So argumentieren einige, es wäre ein westslawischer Name mit der Bedeutung „Nebenbach mit trübem Wasser". Andere wollen den Namen von *Pfriemkraut* (= Ginster) abgeleitet sehen. Dann kommen die Römer, die das Wort *primus* (erster) für sich entdecken. Und letztendlich die Germanen, die den Flussnamen von einem *Hydronym* (Flussnamen) ableiten.

Wildenstein

Eine abenteuerliche Oberpfalzrundreise

TOUR 17

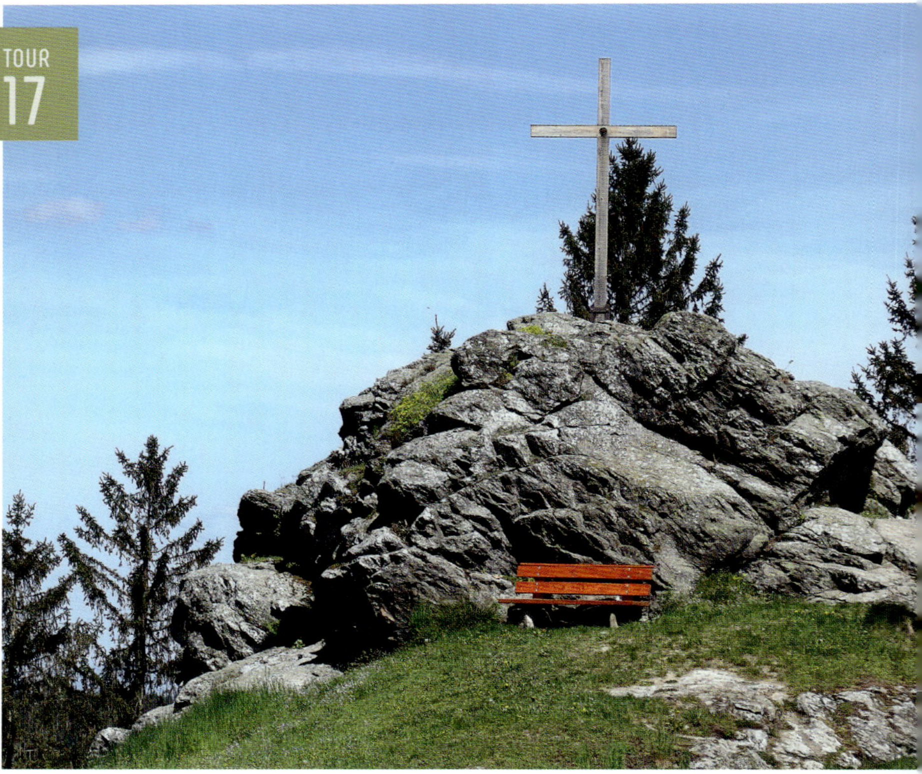

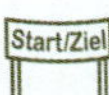

Direkt bei der Wallfahrtskirche am Straßenrand
Navi: 92552 Teunz / Fuchsberg, Zum Jakobi 1

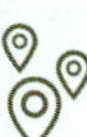

St. Jakob – Wildenstein – Wildeppenried

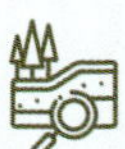

Erfreulich hoher Anteil an angenehmem Wanderuntergrund: Feld- und Waldwege, manchmal etwas wilder; Wildstein und Wildeppenried werden auf Asphalt durchquert

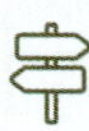

Sautreiberweg 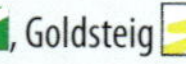, Goldsteig  u. a.

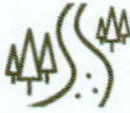

Man fühlt sich wie fünf Kilometer vom Ende der Welt entfernt. Entsprechend beschaulich geht's hier zu.

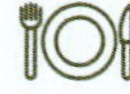

Gasthof-Pension Christoph Lang
Wildstein 32, 92252 Teunz
Tel. 09677 279
www.zum-wildenstein.de

Tipp: Wildstein hat seinen eigenen Badeweiher – mit Umkleidekabinen ausgestattet. Badehose einpacken!

 Foto: Gipfelkreuz auf dem Wildenstein. Berg und Burg in Personalunion.

WILDENSTEIN – TOUR 17

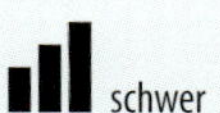 schwer 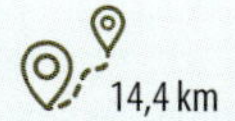 14,4 km 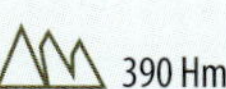 390 Hm 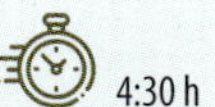 4:30 h

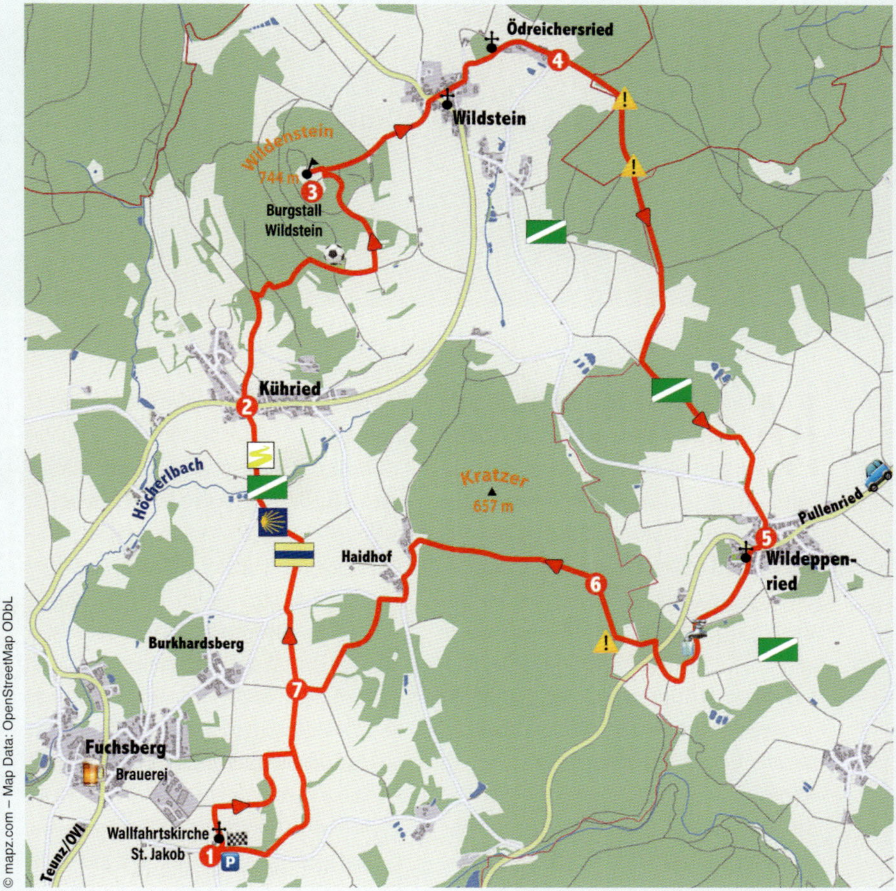

Ödreichersried
Wildstein
Wildenstein
744 m
Burgstall
Wildstein
Kühried
Höcherlbach
Kratzer
657 m
Haidhof
Pullenried
Wildeppen-
ried
Burkhardsberg
Fuchsberg
Brauerei
Wallfahrtskirche
St. Jakob
Teunz/OVI

© mapz.com – Map Data: OpenStreetMap ODbL

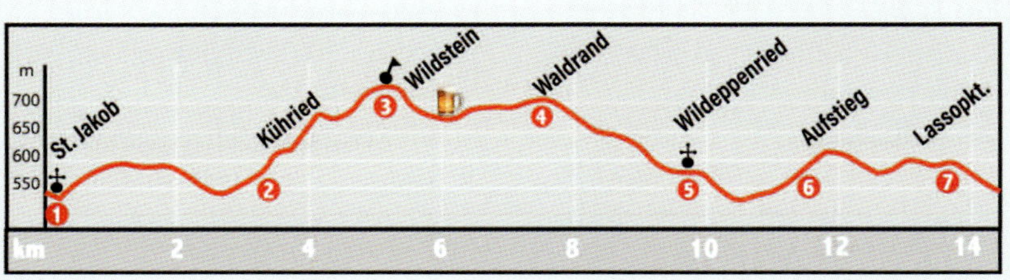

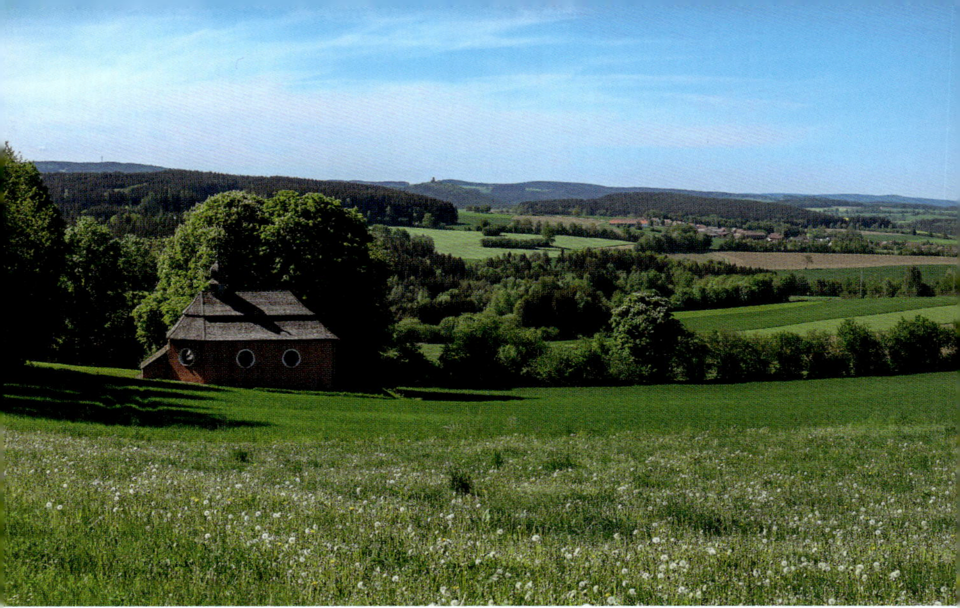

Panoramablick mit St. Jakob

Mein Großonkel selig (seines Zeichens Pfarrer, der streng an Adam, Eva und die Ursünde glaubte) beschwor immer die guten, alten Zeiten. Mein Großvater selig reagierte dann immer erbost und fragte ihn, was denn an den alten Zeiten besser gewesen sei. Wenn die Kinder dieser Generation (aufgewachsen zwischen den Weltkriegen) in die Schule gehen mussten, stapften sie auch noch im tiefsten Winter sockenlos in Holzschuhen in die Schule. Meine Schwiegermutter selig wäre eines Wintertags beinahe in einem zwei Meter tiefen Schneeloch erfroren, wäre sie nicht rechtzeitig gerettet worden. (Das waren (a) zwangsläufig noch richtige Kinder und (b) noch richtige Winter! Dass die Kinder heute in SUVs am besten bis ins Klassenzimmer chauffiert werden, führt hier Gott sei Dank zu weit.)

Wie alle meine Vorfahren zurück bis zum Dreißigjährigen Krieg, war auch mein Vater Lehrer. In seinem zweiten Einsatzjahr wurde er im März mit drei Tagen Vorlauf von Regensburg nach Wildeppenried abkommandiert. (Die erste schonungslose Konfrontation der Luft-Dynastie mit dem Oberpfälzer Wald![9]) Wir reden hier von kleinen Autos auf windigen Landstraßen. Abenteuerliche Weltreisen. So wurde er Schulleiter einer einklassigen Volksschule. Der Vorgänger übergab ihm die Schlüssel – und war dann auch schon weg. In einem neu aufgestockten Haus fand er eine kleine Wohnung bei netten Leuten. Ein Büro hatte die Schule nicht. Also legte mein Vater seinen Koffer auf einen Schrank und warf sämtliche Dienstpost in diesen hinein. Später erfuhr er dann, dass man als Schulleiter auch Meldungen machen müsse und Termine einzuhalten seien. Wie unbequem! Alt ist man heute, wenn man sich noch an die alkoholisierten Matrizenkopien erinnern kann. In der Rumpelkammer der Schule fand mein Vater ein entsprechendes Kopiergerät, in dem noch zwei Matrizen steckten: Jeweils eine für das männliche und weibliche Geschlechtsorgan. Wie herrlich einfach die Welt damals noch war. Es gab Männlein und Weiblein.

So ähnlich funktioniert auch die schöne Oberpfälzer Natur, durch die Sie heute wandern. Neuerdings findet man aber auch schon hier diverse Kräuter am Wegesrand.

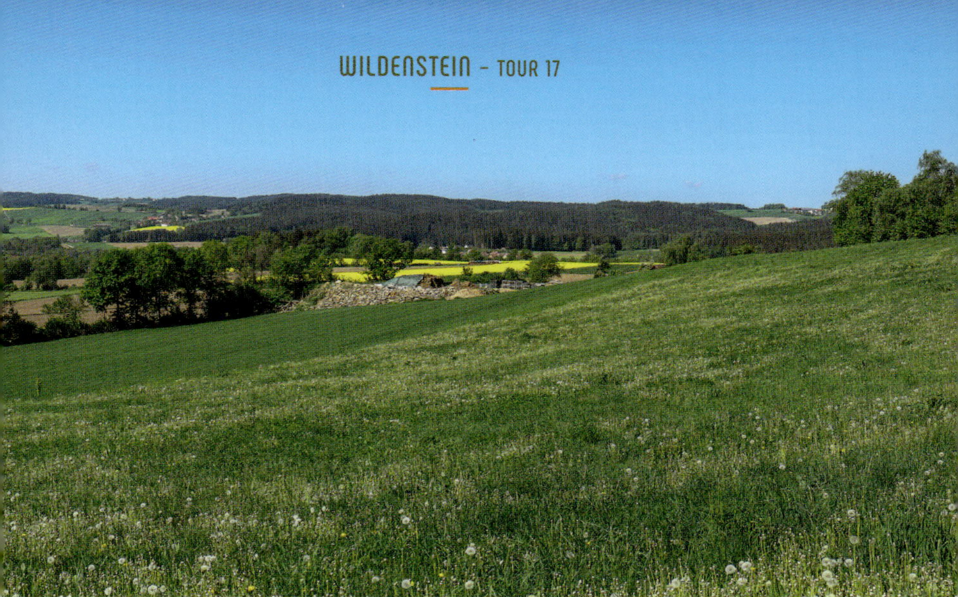

Wegbeschreibung:

Start der Tour ist bei der **Kirche St. Jakob (St. Jakob der Ältere)** ①. Nach rechts im Linksbogen um die Kirche herum und schon sind Sie auf einem unfehlbaren Wanderwegquartett aus , , und . Folgen Sie diesen Schildern im Feldwegezickzack nach **Kühried** ② und dann durch den Wald und am Sportplatz vorbei auf den **Wildenstein samt Burgstall** ③ hinauf. Dort herrlicher Rundumblick und meinetwegen auch kleine Pause.

Dann ein kurzes Stückchen in den Wald (Lassopunkt) zurück, d. h. jetzt geradeaus Abstieg in den Ort Wildstein – hier noch rudimentär auf . (Insidertipp: In der netten Dorfkirche hängt ein Defibrillator!) So weit müssen Sie aber gar nicht gehen, denn unser Wanderweg geht schon nach **Gasthof/Pension Zum Wildenstein** und noch vor der Kirche nach links in die Straße nach Ödreichersried ab. (Blöderweise haben so kleine Orte keine Straßennamen.) Am Ende des Ortes finden Sie jedenfalls Schilder in diesen noch kleineren Ort. (Kapelle am Waldrand links!) Jetzt folgen Sie diesem Weg, der Sie mit einem herrlichen Blick im Halbrund durch das Amphitheater dieses Talschlusses führt. (Kontrolle: linker Hand Christbaumplantage ④.) Sie gehen geradeaus weiter, erreichen den Wald.

Nach 130 Metern zweigt nach halbrechts ein unscheinbarer Weg ab. (Kontrolle: Wenn Sie das Abteilungsschild „Eselfuß" an einer Fichte sehen, sind Sie ganz klar wieder mal zu weit gegangen!) 400 Meter herrlichen Wegs mit leichtem Anstieg. Dann stoßen Sie auf eine Vertiefung, die ich Ihnen im Karst als Doline verkauft hätte. Ein Bombentrichter dürfte es auch nicht sein. Vielleicht eine frühere Grube für Christbaumplantagenabfälle? Hier NICHT dem offensichtlichen Weg nach halbrechts folgen, sondern geradeaus an der Grube vorbei.

Der Weg wird dann wieder breiter und deutlicher, alsbald tauchen sogar verirrte, verstörende Straßenpfosten auf. Leichter Abstieg. Am Waldrand erreichen Sie wieder den Sautreiberweg , dem Sie bis **Wildeppenried** ⑤ (gesprochen *Wild-Eppenried*) folgen. Sie verlassen den Wanderweg dort und gehen zur Kirche St. Bartholomäus, an dieser vorbei und zwischen den Häusern 24 und 25 hinaus aus dem Ort. (Kontrolle: Stromturm am Ortsausgang). Leichter Abstieg auf grasigem Feldweg. Gehen Sie hinunter und dann an der Brunnstube links vorbei. Der Weg führt Sie über den Goldbach und in einem großen Rechtsbogen zur Fahrstraße hinauf. Diese überqueren Sie am besten unbeschadet.

Keine 100 Meter auf der anderen Seite weiter biegen Sie scharf nach links ab. Aufstieg. Wald. Nach wenigen Metern im Wald treffen Sie auf eine Kreuzung. Sie nehmen NICHT den ersten Weg nach rechts (3 Uhr), sondern kurz später den zweiten (2 Uhr). Folgen Sie diesem Weg leicht bergauf für 400 Meter. Eine zweite

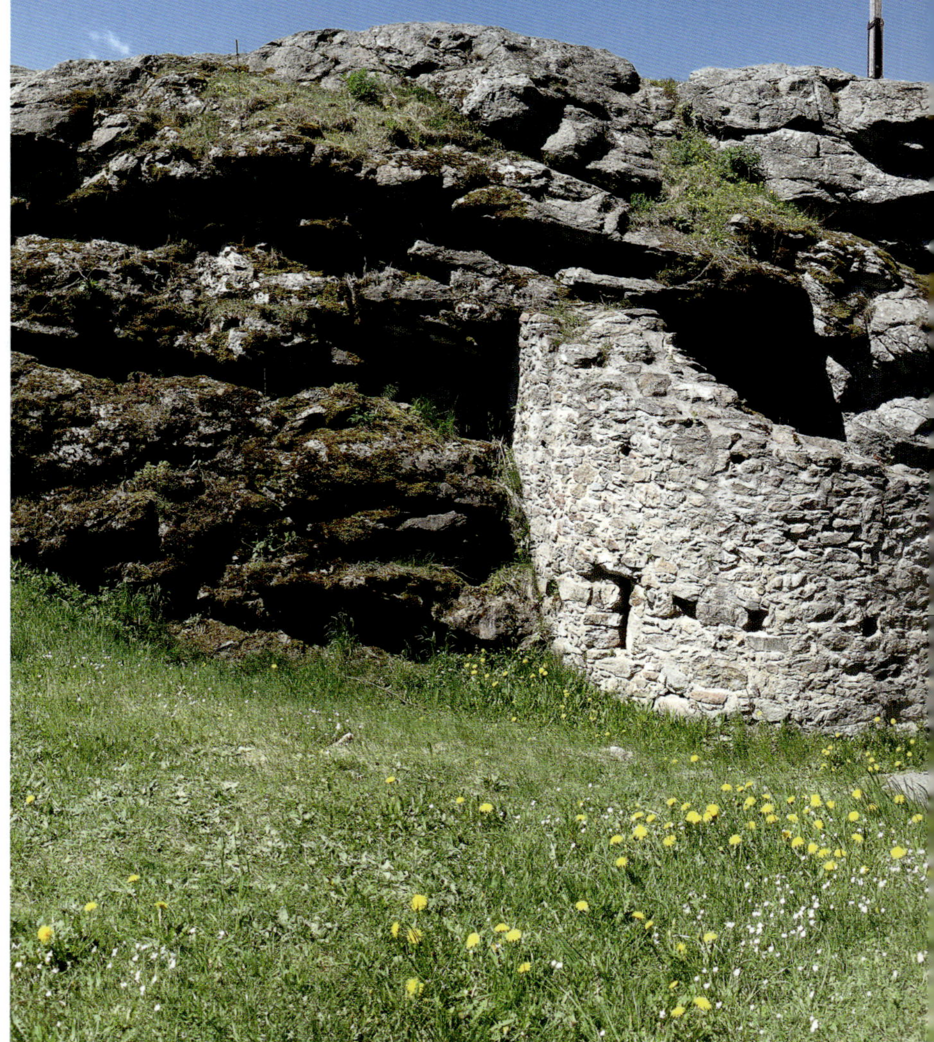

Abzweigung nach links können Sie nehmen 6, die dritte müssen Sie nehmen. Beide Wege bringen Sie auf den Kratzer hinauf, vereinigen sich fast oben wieder und führen dann nach Haidhof hinunter.
Auf der Straße nach links, auch auf die größere Straße nach links und dann auf die Straße nach Burkhardsberg nach rechts. Nach 140 Metern zweigt ein Weg nach links in den Wald ab. Ja! Herrlicher Waldweg – immer der Nase nach. Dann noch ein kurzes Stück auf Asphalt nach rechts und Sie sind am Lassopunkt mit dem Herweg 7. Dann aber geradeaus weiter und direkt zum Auto zurück.

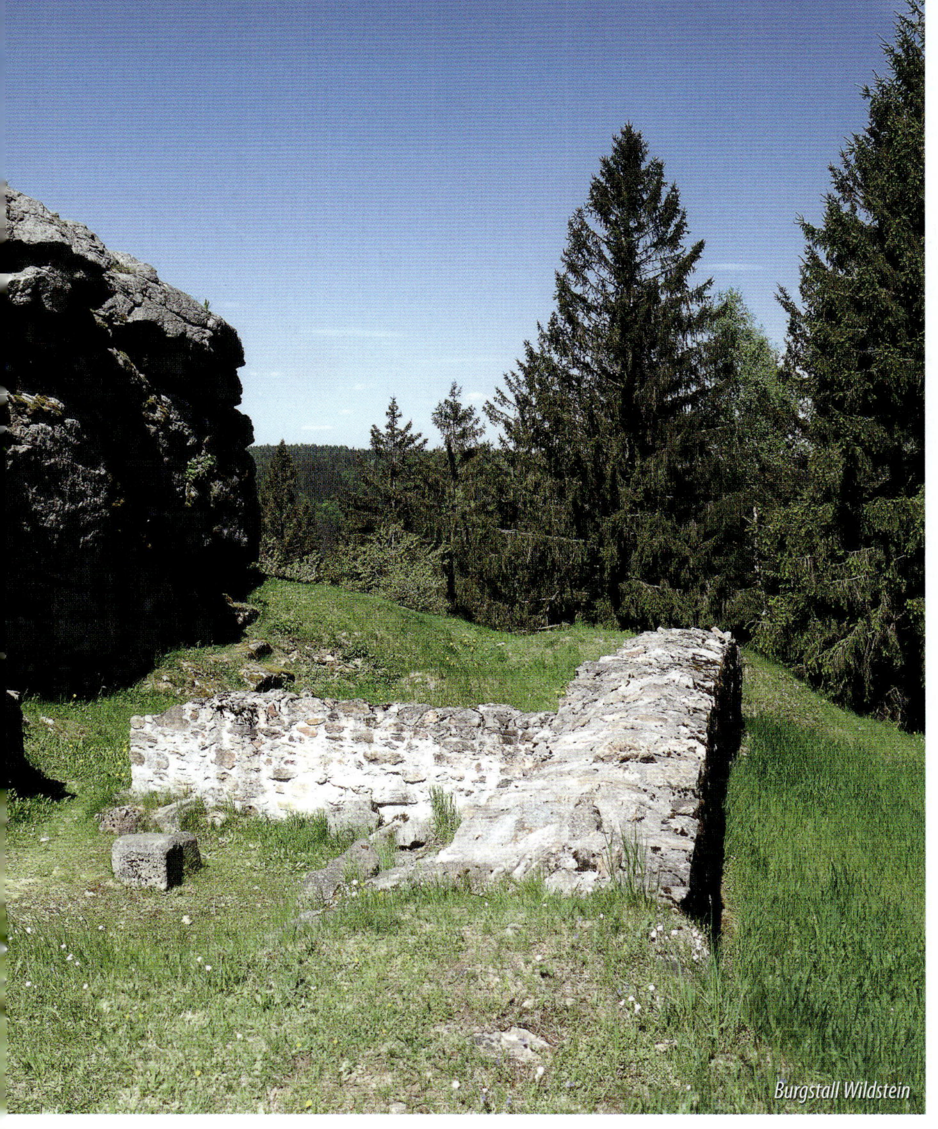
Burgstall Wildstein

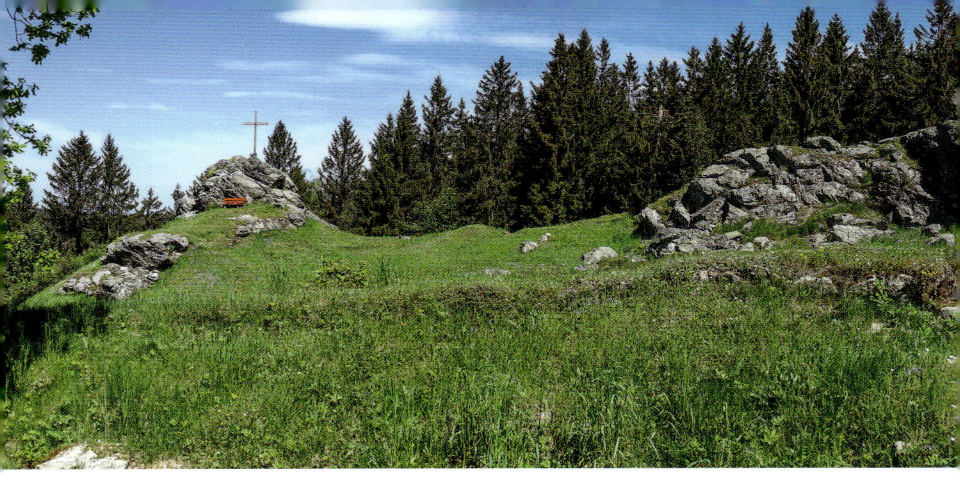

Sehenswert:

St. Jakob ❶:

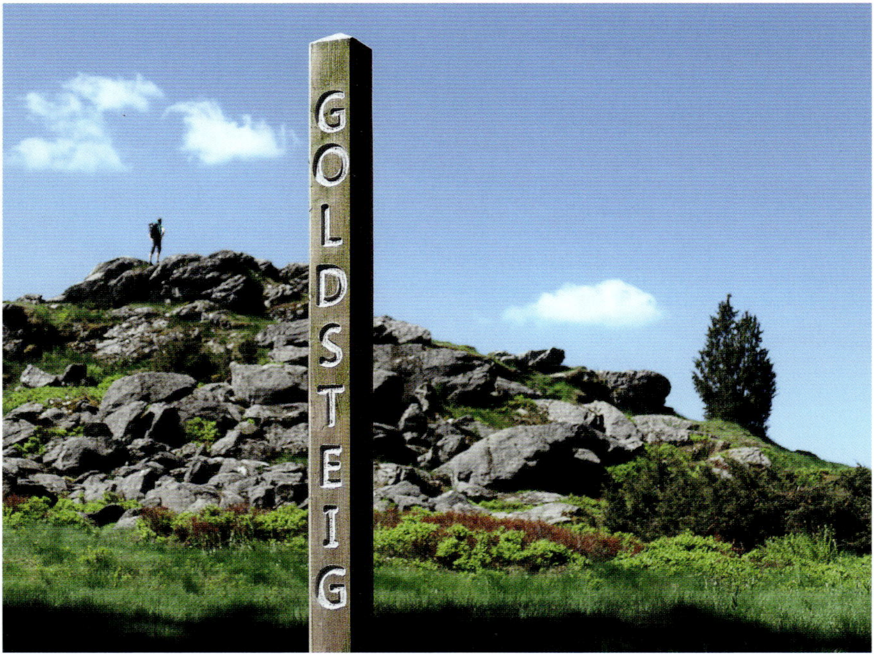

Die Jakobikirche, „da Jakowe drauß", liegt am Jakobsweg von Prag nach Nürnberg (siehe auch Tour 4). Weit in die Geschichte zurück reichen erste Anfänge der Teunzer Filialkirche: Wie im Volksmund berichtet wird, fand sich an der Stelle des jetzigen Kirchleins ein Denkmal aus Mauerwerk mit einem auf Holz gemalten Bildnis des Hl. Jakob. Historisch sicher belegt ist die Errichtung der Kirche im 18. Jhd. Den Quellen zufolge kommen als Stifter Graf Carl Clement von Taufkirchen zu Fuchsberg und seine Gemahlin Eleonora von Taufkirchen Kreuth in Frage. Hintergrund der privaten Stiftung ist ein Gelübde: Die Stifter baten den Hl. Jakobus, ihren Sohn in den Türkenkriegen vor Verwundung und Tod zu bewahren. Als sich

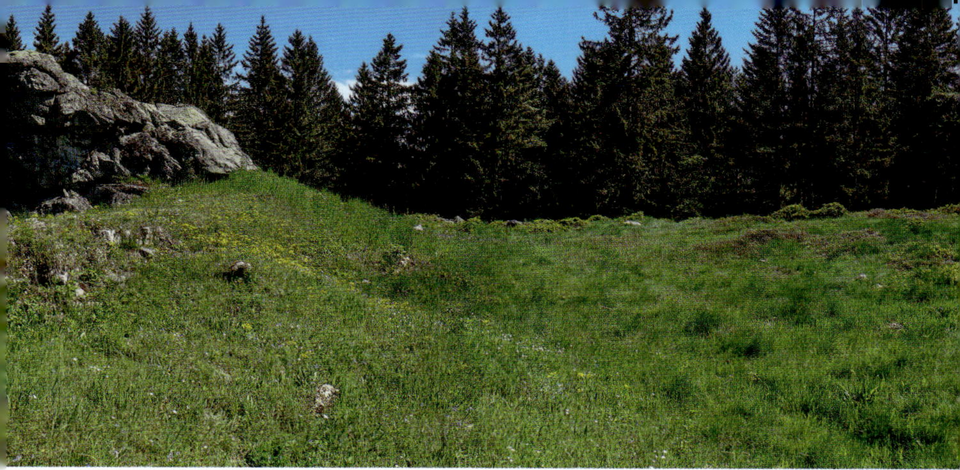

diese Bitte erfüllte, ließen die Eheleute 1766 die Jakobikirche errichten. Das Stiftungsjahr ist eindeutig über ein Chronogramm im Zentrum der Emporenbrüstung belegt. Insgesamt vier Renovierungen – die letzte fand von 2013–2016 statt – lassen die Kirche heute in neuem Glanz erstrahlen. Gegenüber von St. Jakob liefert ein Pavillon, als Jakobsmuschel gestaltet, zweisprachig Informationen über die Umgebung im Allgemeinen und den Jakobsweg im Besonderen.

Burgruine Wildstein ③:

Die auf dem 744 Meter hohen Wildenstein-Hügel gelegene Burganlage bietet beste Rundumsicht über die Oberpfalz. Das dachten sich wohl auch schon die Erbauer dieser Burganlage, hatten dabei aber vermutlich nur in zweiter Linie die Schönheit der Landschaft im Sinn, sondern eher den bösen Slawen-Feind, der immer wieder von Osten her einfiel, weil Letzterem die Siedlungstätigkeiten nicht gefielen. Die Slawen hatten ihrerseits schon Siedlungen gebaut, z. B. Teunz. Außerdem mussten die Handelswege (Nürnberg-Prag) geschützt werden.

Erstmals im frühen 14. Jahrhundert erwähnt, bestand die Anlage bis 1589. In dieser Zeit liebten, tolerierten und hassten sich jede Mengen Menschen auf der Burg, die heute keiner mehr kennt. Um das Jahr 2000 wurden Reste freigelegt und in ihrem Bestand gesichert.

Das Areal ist relativ weitläufig und lädt zum Erkunden und Pausieren ein!

oben: Panorama Wildenstein Burgstall

links: Schön Wandern am Goldsteig

rechts: Wildeppenried St. Bartholomäus

Goldlehrpfad

Nur naive Menschen denken bei Nuggets an Chicken. Experten denken an Gold.

TOUR
18

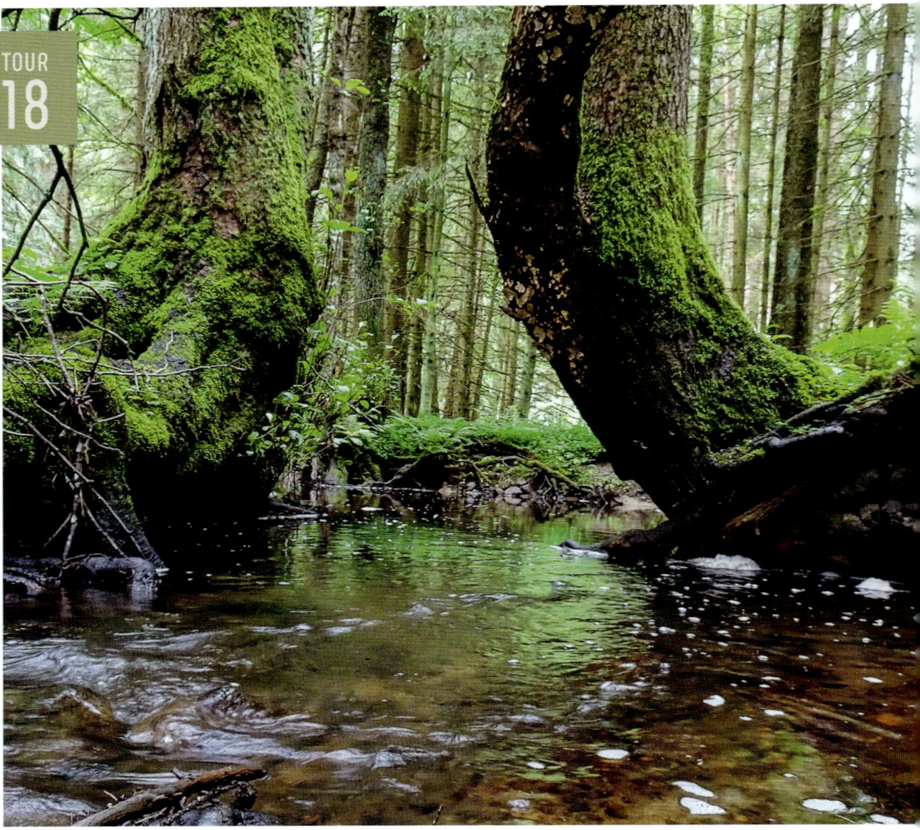

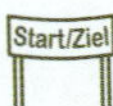

Parkplatz am Infopunkt Goldlehrpfad
Navi: 92525 Oberviechtach; Gütting 1 (nicht der Parkplatz)

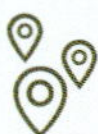

Goldlehrpfad – Rackenthal – Aschatal – Braunbeergraben

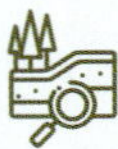

Waldweg, Waldweg, Forstweg, Forstweg, Waldweg, Single-Trail, Feldweg, Straße, Waldweg, Waldweg, aus.

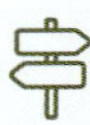

Ein kurzes Stück Goldlehrpfad

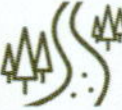

Auf dieser Tour gehen Sie fast ausschließlich im Wald. So idyllisch können Zeitreisen sein.

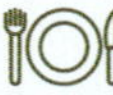

Gasthof Hammerschänke
Lukahammer 9, 92526 Oberviechtach
www.pension-hammerschaenke.de

Eine Rundwanderung durch eines der 20 außergewöhnlichsten Goldenen Geotope Bayerns.

 Foto: Forellenbach aus Froschperspektive

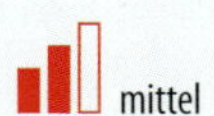 mittel

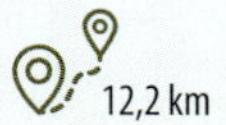 12,2 km

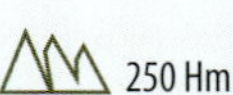 250 Hm

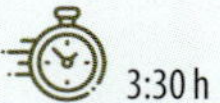 3:30 h

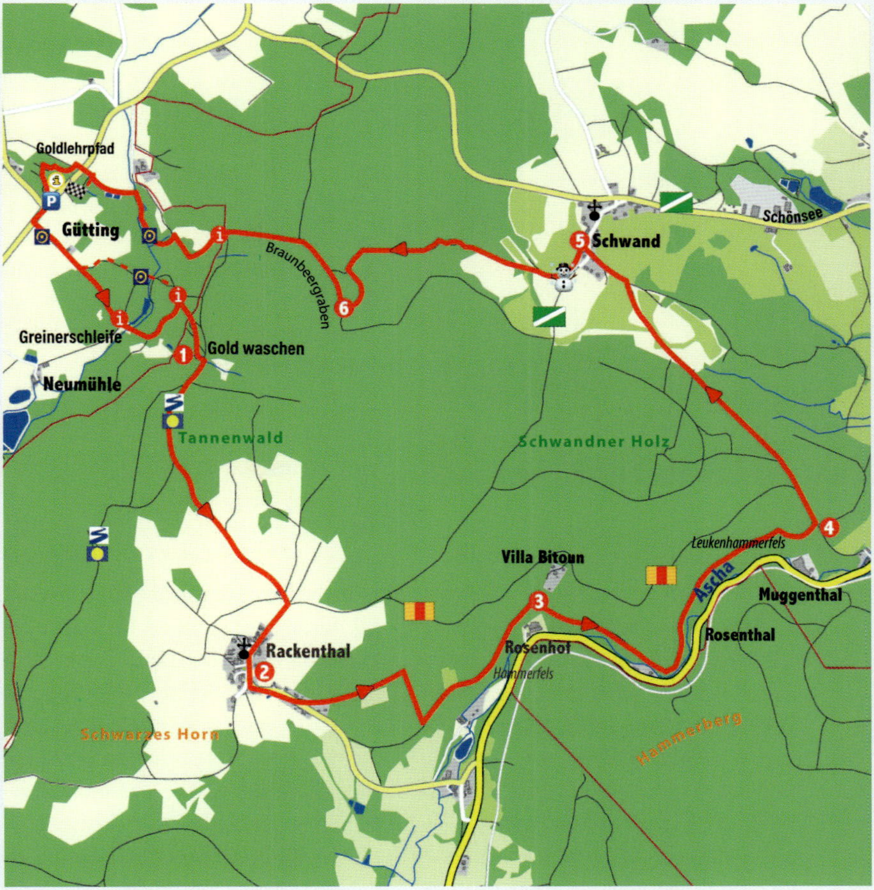

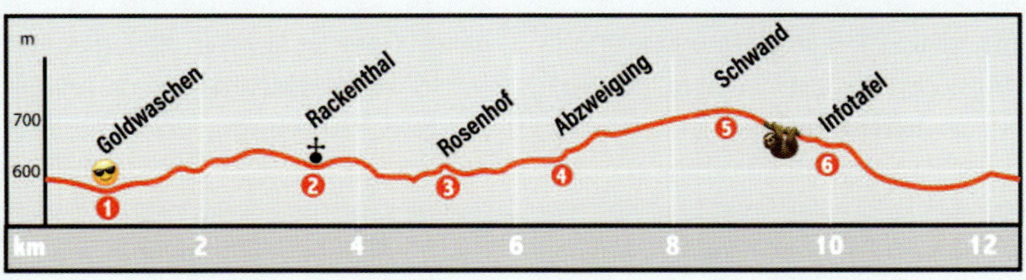

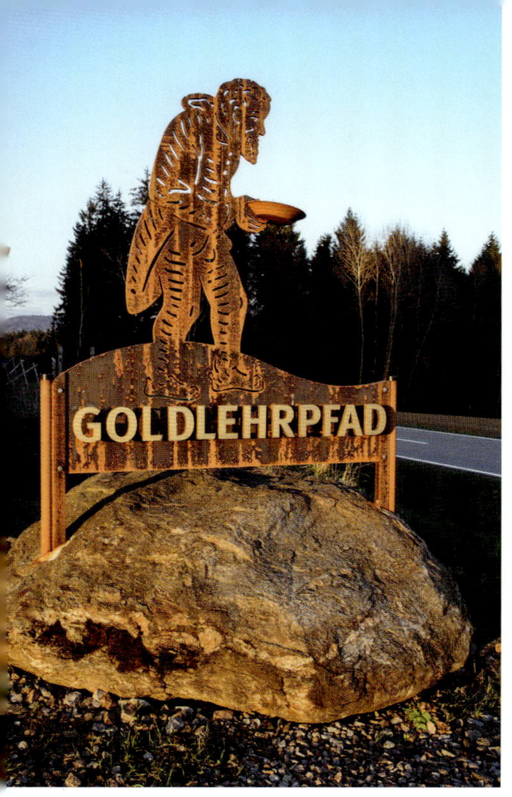

Güldene Zeichen laden zum Goldsuchen ein.

Als Jugendlicher war ich Mitglied beim VFMG, dem Verein der Freunde der Mineralogie und Geologie e.V. Eine Kindheit im fossilienreichen Velburg hatte mir eine steinreiche Zukunft aufgezeigt. Jedes Jahr veranstaltete der Verein eine Exkursion, bei der man selbst Hand anlegte. So führte uns eine epische – obwohl das Wort damals noch gar nicht in Mode war – Exkursion ca. 1979 an einen Ort im Truppenübungsplatz Grafenwöhr, nahe dem lustigen Ort Tanzfleck. Es galt, unscheinbares, wenig wertvolles Grünbleierz zu finden. Während die Normalos im Verein mit Schaufeln und Pickelchen ein bisschen im sandigen Boden schürften, waren die Profis mit großen Pickeln und vor allem richtig viel Ehrgeiz am Werk. Am Ende des Tages gab es zwei Sieger: Ein 1-Meter-90-Mann hatte eine Grube gegraben, in der er aufrecht stehend locker verschwand – sich dabei mit ausgestreckten Armen drehend. Die anderen beiden hatten unter einer Fichte hindurchgegraben und sie so ihrer Lebensgrundlage beraubt. Kurz später muss sie umgestürzt sein. Noch heute reden die Revierförster mit Schrecken von dieser Exkursion.

Seitdem weiß ich, wie es zugeht, wenn Menschen nach Bodenschätzen buddeln. Bei Gold dann wohl noch einen Zacken heftiger. Jahrhunderte vor uns muss sich Ähnliches im Bereich des Forellenbachs und Braunbeergrabens zugetragen haben. Schauen Sie sich im Wald um. Das bergbauliche Schlachtfeld ist noch bestens erkennbar. Wenn irgendwann wieder Menschen nach Tanzfleck kommen, werden sie ungläubig den Kopf schütteln über die Wahnsinnigen des anbrechenden Plastikzeitalters.

Wegbeschreibung:

🏁 Sie starten goldrichtig, wenn Sie vom Parkplatz auf der Straße ein Stück zurückgehen und nach links nach Gütting abbiegen. Goldlehrpfad ◉. Am Anwesen vorbei auf den Wald zu. Sie können nun dem Goldlehrpfad nach links folgen (gestrichelte Linie in der Karte). Wenn Sie jedoch an der Scheune links vorbei geradeaus durch den angenehmen Wald gehen, gelangen Sie nach 300 Metern zur **Greinerschleife**. Infotafeln informieren Sie über die Geschichte des hiesigen Glasschleifens ℹ. Direkt bei der Greinerschleife überqueren Sie fliegend, watend oder per Brücke die Murach, um 80 Meter später eine T-Kreuzung zu erreichen. (Die Lichtung geradeaus ist Privatgrund.) Gehen Sie hier links. Nach 80 Metern könnten Sie eine Abkürzung nach rechts nehmen. Aber gehen Sie lieber noch geradeaus. Sie stoßen dann nach gut 200 Metern auf die Symbole des Goldlehrpfads, einer weiteren Infotafel ℹ sowie auf das mentale Ende der gestrichelten Linie. Hier

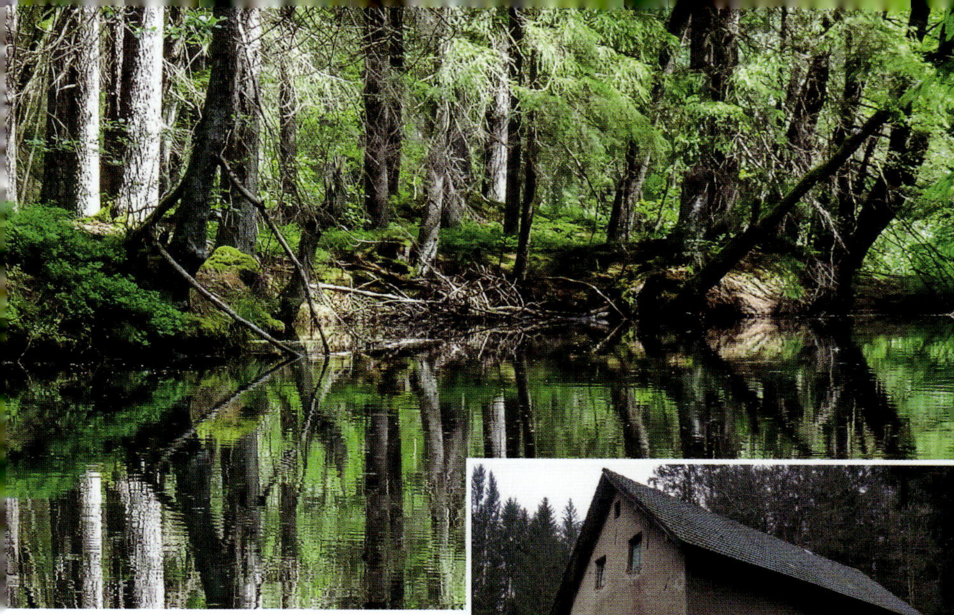

Urwaldstimmung am Forellenbach

biegen Sie nach rechts ab und folgen dem teilweise unruhigen Verlauf des Waldpfads, immer dem folgend. (Die Unruhe des Bodens ist der bergbaulichen Vergangenheit geschuldet!) Nach knapp 300 Metern überqueren Sie den Forellenbach mittels zweier Granitplatten und sind auf dem Sammelgelände des Goldgräberareals 1. Im Bereich forellenbachabwärts können Sie nun nach Gold suchen. Sind Sie fertig und Ihre Taschen (oder die Ihrer Begleitesel) befüllt, wenden Sie sich von der Granitdoppelplattenbrücke aus nach links, leicht bergauf. Im Bereich der nahen Forststraße treffen Sie auf Infotafel Nr. 5, u. a. zum Thema Venezianer. Auch den **Venezianersteig** finden wir hier. Folgen Sie dazu der Forststraße nach rechts (leicht bergauf). Nach 100 Metern gabelt sich die Forststraße. Der Waldweg geradeaus wirkt auf Sie wie einst der Apfel auf Adam im Paradies. Er ist leicht eingetieft und auch optisch sehr erquicklich. An Bäumen finden Sie verblassende Zeichen von Venezianersteig und Goldsteigzubringer. Schon nach ca. fünf Minuten gabelt sich dieser Weg. Die blassen Markierungen führen nach leicht rechts weiter. Ohne Sie.

Greinerschleife

Denn Sie folgen dem lockenden Ruf des sich nach halblinks hinaufschlängelnden Wegs. Nach einem mittelkurzen, mittelleichten Anstieg erreichen Sie eine Freifläche. Von dort oben sehen Sie am Horizont vor sich den markanten **Signalberg,** Protagonist der nächsten Tour! Dem Weg weiter folgend erreichen Sie einen Schupfen (Deutsch: Schuppen) an einer Stelle, wo kurz darauf einige Feldwege auf die Straße nach Rackenthal treffen. Der Weg in den Ort ist selbsterklärend. Im Ort finden Sie die moderne, sehr stilvolle **Kapelle St. Maria Immaculata und der Gute Hirte** 2, einen Kinderspielplatz und einen verwaisten Gemischtwarenladen dahinter.

Danach geht es in der Linkskurve durch den Ort. Bei Haus Nr. 28 auf der rechten Seite zweigt nach links ein Feldweg ab – an der Auffahrt zum Haus Nr. 18. Dieser Weg bringt Sie linksbiegend in den

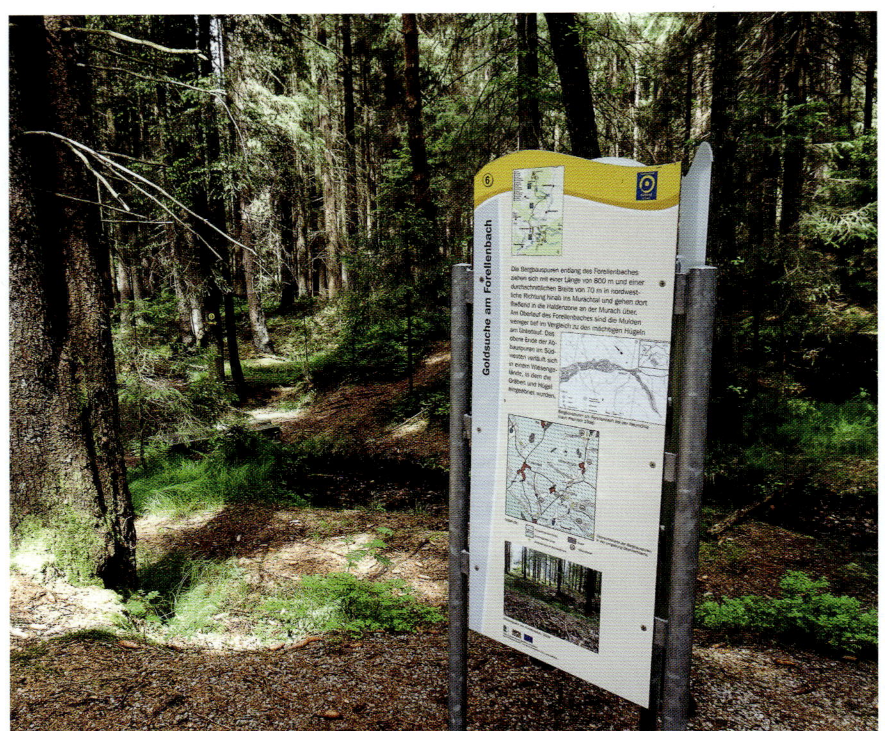

Infotafel beim Forellenbach

Wald. Nun geht es geradeaus bis zur Kreuzung nach 350 Metern. Hier nehmen Sie den Abstieg nach rechts, hinunter zur Forststraße. Diese scharf nach links einschlagen. Nun durchwandern Sie das tiefe Tal der Ascha, erreichen nach 800 Metern den Aufstieg zur **Villa Bitoun** vom Anwesen Rosenhof 3. (NICHT gehen! Die Anlage ist hermetisch abgeschirmt, am besten Sie blicken gar nicht hinauf, am Ende werden Sie vom Iris-Scanner erfasst und sofort angezeigt!) Der Anblick nach rechts unten zum Werk Rosenhof muss entschädigen.

Weiter durch das **Aschatal.** Rechtskurve, 650 Meter leichter Abstieg; Linkskurve, 1,1 km leichter Aufstieg; dann Kreuzungsdreieck 4. Sie gehen nach links und folgen kurz Karl-Krampol-Weg bzw. Goldsteigzubringer. Aber nur kurz! Lassen Sie die beiden Wege nach links ziehen. Sie gehen geradeaus weiter. An der nächsten Linkskurve verschwindet nämlich ein unscheinbarer Weg nach 12:30, also praktisch geradeaus. Hier weiter! Herrlich einsamer Weg bis Schwand 5 – erst Wald-, dann Wiesenflur.

In Schwand biegen Sie nach links auf die einzige Straße des Ortes ab, folgen damit dem Sautreiberweg – auch wieder nur kurz. Nach dem Ortsausgang auf 1:30 abgabeln (vor dem Mast des Langlaufzentrums an der nächsten Gabelung nach 11 Uhr abzweigen (vor der Hecke; danach dort ebenfalls Langlaufmast)). Ab hier ist es einfach: Immer geradeaus – nie nicht abzweigen! Bevor es richtig nach unten geht, zwingt Sie der Weg zu einem großzügigen „Links-S“. Er führt hinunter zur Forststraße beim Braunbeergraben 6.

Nun stehen Sie am Ostrand des **Braunbeergrabens,** der deutliche Gebrauchsspuren durch intensiven Gold-Bergbau aufweist. Folgen Sie dem Forstweg nach rechts, im großen Linksbogen am Braunbeergraben entlang. Nach der Linkskurve

folgt ein Abzweigungsdreieck: geradeaus weiter, leicht bergab. Unten angekommen erreichen Sie ein Schild des Goldlehrpfads mit Informationen zum Bergbau in diesem Braunbeergraben. Nach Infotafel auf 1 Uhr weiter durch einen wunderbaren Wald, in dem sogar der **Europäische Siebenstern** und die **Sumpf-Schlangenwurz** (Sumpf-Calla) (beides Blumen!) wachsen.
Achtung: Der Lehrpfad nimmt ein paar interessante Wendungen. An einer Lichtung geht es nach links auf dem Lehrpfad weiter. Nach Verlassen des Waldes geht es am linker Hand liegenden Waldrand bis zur Hauptstraße. (Bevor es über die Hauptstraße geht, können Sie noch steil ins **Güttingloch** obi steigen.) Dann via Lehrpfad zurück zum Auto! Im nahgelegenen **Lukahammer** könnten Sie die gefundenen Nuggets in flüssiges Gold tauschen! Das gibt dann einen echten Goldrausch!

Das Thema Faltengebirge 1 ist uns bei Tour 2 schon über den Weg gelaufen. Anders als beim Menschen, spricht man von so einem Gebirge, wenn es jung ist. Die Alpen sind so ein Faltengebirge und sie sind auch noch im Wachsen begriffen (ca. 1,5 mm pro Jahr!). Angeblich bis zu 5000 Meter ragte die Böhmische Masse (entstanden zwischen 420 bis 250 Mio. Jahren vor heute) einst aus der Landschaft heraus. Tief unten in diesem alten Gebirge wurde neben anderen Metallen auch Gold eingelagert. Dann passierten zwei Dinge: Vor etwa 50 Millionen Jahren zerbrach das Gebirge allmählich in Gräben und Horste, also in Absenkungen und Heraushebungen. Schon vorher hatte der Zahn der Zeit begonnen, das „ausgewachsene" Gebirge zu erodieren, also zu einem Rumpfgebirge abzutragen. Damit gelangten die einst tief verborgenen Goldvorkommen wieder an die Oberfläche. Dass sie als Goldkörner von den Bächen davongespült werden, ist Zeichen der immer noch andauernden Verwitterung. Laut einer von der Deutschen Rohstoff AG, Heidelberg, in Auftrag gegebenen Untersuchung ist das Vorkommen bei Gütting das einzige Vorkommen mit einem positiven Ergebnis, soll heißen: „Ja, hier kannst du Gold finden!" Anscheinend wird hier noch weiter exploriert – allerdings mit Baggern und anderem schwerem Gerät, nicht mit Pfannen! (Quelle: Elsner, Harald. Goldgewinnung in Deutschland – Historie und Potenzial.[10])
Viele weiterführende Informationen zum Thema Gold in der Gegend bieten die Schautafeln am Parkplatz!

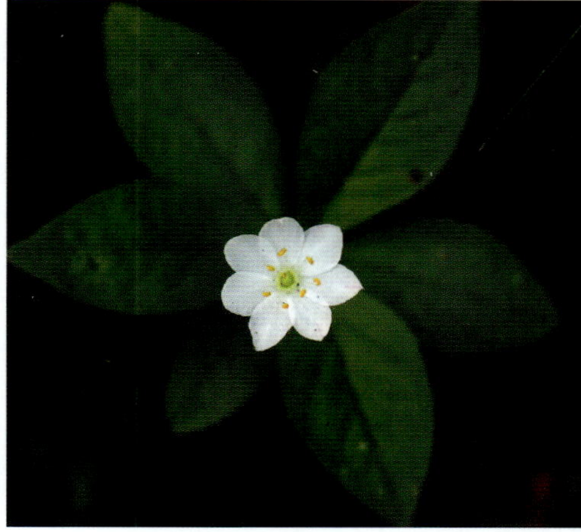

Europäischer Siebenstern. Foto: Hartwig Schütz

Geführte Wanderungen mit Goldwaschen

Öffentliche Termine unter www.oberviechtach.de oder telefonisch unter 09671 307-16.
Erlebnisreiche Schatzsuche am historischen GOLD-Lehrpfad mit seinen goldführenden Bächen. Wollen Sie sich einmal auf die Spuren der Goldwäscher begeben und Ihr Glück versuchen? In einem goldführenden Bach am GOLD-Lehrpfad können Sie selbst mit der Goldwaschschüssel aktiv werden. Die Schatzsuche mit fachkundigem

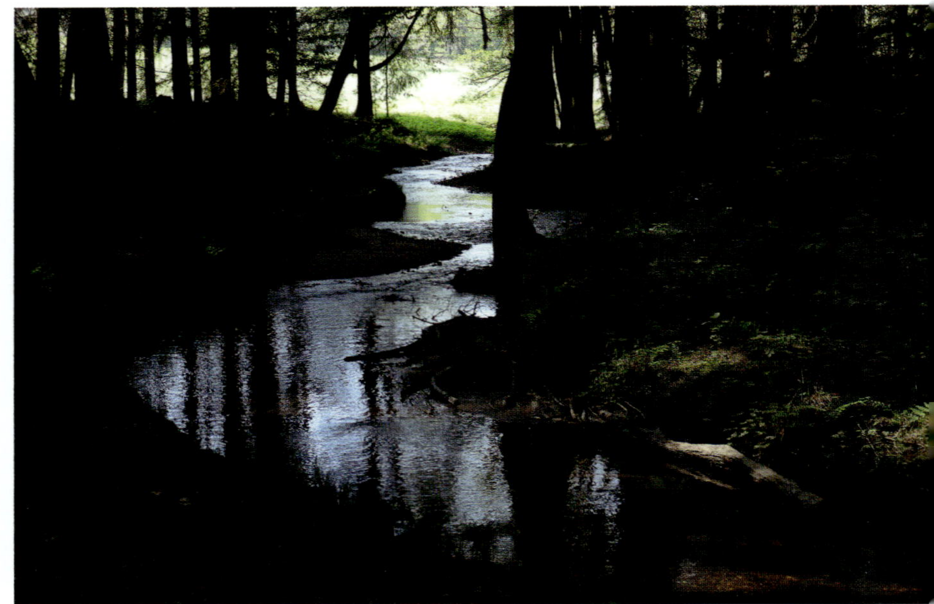

Auch wenn man kein Gold gefunden hat: Die Sonne lockt immer mit ihren güldenen Strahlen.

Goldwäscher sorgt für Abenteuer und bietet so manch „goldiges Erlebnis". Wenn Sie wissen wollen, wie man „Gold zieht", sollten Sie sich die erlebnisreiche Goldwanderung nicht entgehen lassen.
Jeder Teilnehmer erhält das „Oberviechtacher Goldwäscherdiplom".

Kapelle Rackenthal ❷: Kommt man in den kleinen Ort Rackenthal, fällt die neue Kapelle auf. Sie ist das Gemeinschaftswerk der Rackenthaler Bevölkerung sowie von Menschen und Firmen der umliegenden Gemeinden – vieles in Ehrenamt und auf Spendenbasis geleistet.
Wer das Glück hat, die Kapelle „St. Maria Immaculata und der Gute Hirte" geöffnet vorzufinden, betritt einen äußerst stil- und geschmackvoll gestalteten Kirchenraum. 2006 wurde die alte Kapelle abgerissen und an selber Stelle dieses Gotteshäuschen errichtet und 2008 eingeweiht. Künstlerisch gesehen spiegelt der Raum die handwerklich geprägte Umgebung wider: Glas, Holz und Stein in harmonischer Kombination. Eine einheimische Kirchenpflegerin wies mich auf den Kreuzweg hin: Die 14 von Rosa Maria Beer, einer Oberviechtacherin, gestalteten Stationen zeigen Gesichtsausdrücke Jesu. Gefasst sind sie in über 100 Jahre alten Rahmen, die teilweise vergoldet wurden. Damit schließt sich der Kreis zur Gold-Thematik unserer Wanderung.

Betriebskette Aschatal ❸: Natürlich wäre es wünschenswert, wenn wir Wanderer das Aschatal romantisch erwandern könnten. Aber dafür ist in dem engen Tal nun mal kein Platz. Stattdessen haben wir einen teilweise wunderbaren Blick auf Teile eines in der Oberpfalz einmaligen Landschafts- und Wirtschaftsdenkmals. Fast 100 Meter fällt die Ascha hier auf einer Strecke von 4,3 Kilometern. Damit erreicht(e) das Wasser genügend kinetische Energie, um den Betrieb von mehreren kaskadierenden Betrieben wie Eisenhämmer, Säge- und Papiermühlen, Glasschleifen und Polierwerken zu ermöglichen. Die Anfänge der Betriebe reichen bis ins Mittelalter zurück. Die Blütezeit lag dann im 19. Jahrhundert. Dass die Besitzer ein

besseres Leben führten und buchstäblich auf ihre Arbeiter herabblicken konnten, manifestiert sich in der Villa Bitoun.
Schon im Mittelalter wurde hier regionales Eisenerz verarbeitet, später musste es importiert werden.
Der Name „Villa Bitoun" für das Herrenhaus mutet doch recht französisch an – und ist es auch: Die Erbin des einstigen Besitzers, Erika Wolf bzw. Kommerzienrat Carl Wolf, heiratete nach dem zweiten Weltkrieg einen ehemaligen französischen Kriegsgefangenen names Roger Bitoun. Er übernahm die Leitung des Sägewerks samt Holzwollefabrik.

Quelle: Bayerisches Amt für Denkmalpflege; Bodendenkmal E-3-76-160-2; ttps://docplayer.org/130157391-Regierungsbezirk-oberpfalz-schwandorf-schoensee.html [22-07-16]

Nordic-Sport-Centrum Schönsee ⑤: Forststraßen, die den Wanderer im Sommer wenig erfreuen, werden hier i. d. R. im Winter in je nach Website 33 bis 60 km präparierte Loipen verwandelt. Im Internet wirbt man mit „einem der schönsten Langlaufzentren Ostbayerns." Es gibt eine Service-Station mit Toilette und Umkleide- und Wärmeraum. Parken und Benutzung sind umsonst.

Vom Goldwäscher zum Millionär?

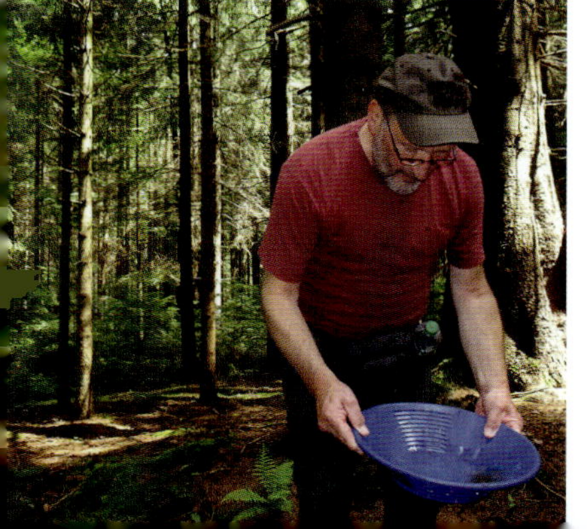

Zeitreise:
Die Bezeichnung Hammer im Namen eines Oberpfälzer Ortes bedeutet, dass hier im Mittelalter Eisen hergestellt und verarbeitet wurde. So ist es nicht verwunderlich, dass die Urkunde der Amberger „Großen Hammereinung" vom 7. Januar 1387 u. a. von dem Hammerherrn „Pesolt Söltel mit dem hamer Gaisthal" unterzeichnet worden ist. Damit wurde der Gaisthaler Hammer erstmals urkundlich erwähnt.
Zur Eisenherstellung im Mittelalter waren drei Dinge notwendig:
Das Eisenerz wurde in zwei Tagesreisen mit einachsigen Pferdefuhrwerken aus Amberg gebracht. Ausgedehnte Buchenwälder lieferten das Holz zur Herstellung hochwertiger Holzkohle und der aufgestaute Bach – die Ascha – die Wasserkraft, mit der die Blasebälge der Rennöfen und die Hämmer angetrieben wurden. Nach einer Blütezeit im 15. und 16. Jahrhundert wurde der Gaisthaler Hammer im 30-jährigen Krieg zerstört. Nach dem Krieg wurde im Schönseer Land von den 5 Hammerwerken nur noch der Gaisthaler Hammer von Sibylle von Fuchs wieder aufgebaut und erlebte im 18. Jahrhundert unter den neuen Besitzern Grünerwald eine weitere Blütezeit. Direkt neben der heutigen Straße 2159 befanden sich ein 8 Meter hoher Hochofen mit zwei Blasebälgen, eine Gießerei und eine Meilerstelle. (...) 1878 wurde der Hochofen stillgelegt. Neue Verfahren der Eisenverhüttung und die Verwendung von Koks statt Holzkohle hatten den Betrieb unrentabel gemacht. Die vorhandene Wasserkraft wurde jedoch weiter genutzt und betreibt bis heute eine Mahl- und Sägemühle; auch eine Gastwirtschaft wurde eingerichtet – der heutige Gaisthaler Hammer. 1963 übernahm die aus Ostpreußen stammende Familie Bussas die Gast- und Landwirtschaft Gaisthaler Hammer. (...)

Quelle: http://www.gaisthalerhammer.com/geschichte/ [2022-08-18]

Signalberg

Wo nicht nur der Wilde Hans seine Spuren hinterlassen hat.

TOUR 19

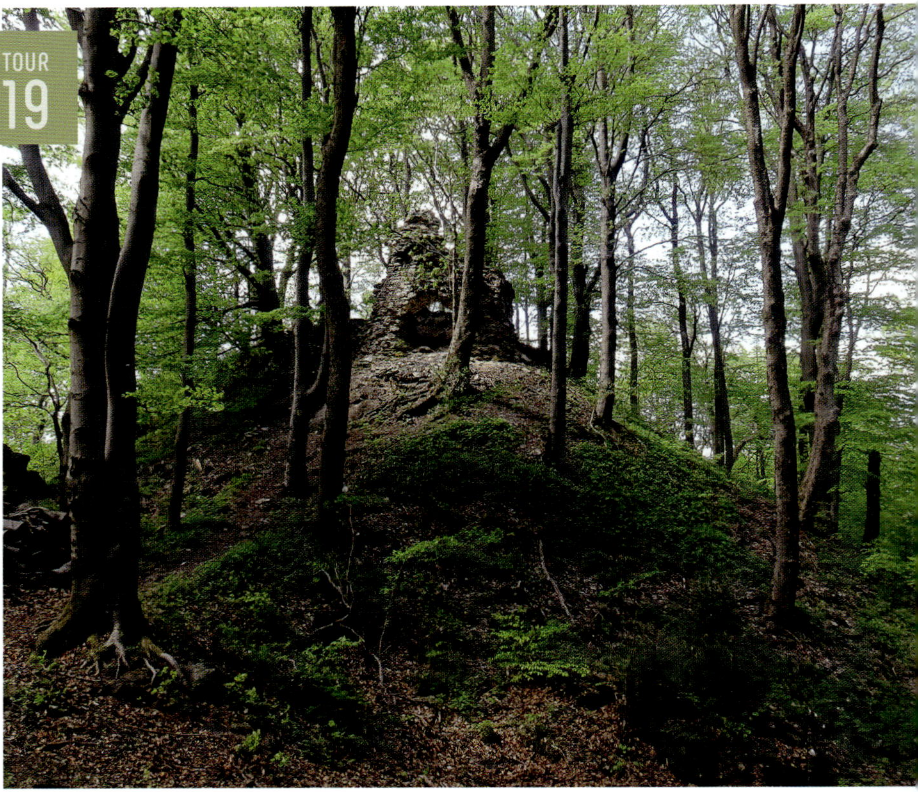

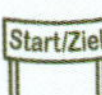

Gleich nach der Abbiegung in den Tannenweg am Straßenrand
Navi: 92539 Schönsee-Gaisthal, Tannenweg 6

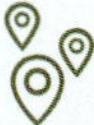

Signalberg – Ruine Frauenstein – Alte Straßen – Pondorf

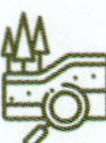

Fast nur Hohlwege. Diese in unterschiedlichen Erhaltungsstufen, von voll belaubt bis geschottert.

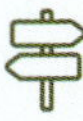

Gelbe 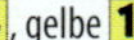 4, gelbe 1, weiß-blau-weiß 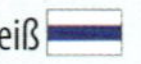

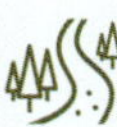

Wer hier geht, läuft auf Wegen, die seit Jahrhunderten gegangen werden oder wurden. Es ist eine spannende Expedition in die Vergangenheit.

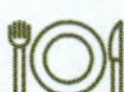

Landhotel Gaisthaler Hof
mit Steakhaus & Restaurant „The Ranch“
Schönseer Straße 16,
92539 Schönsee / Gaisthal
Tel. 09674 268
www.gaisthaler-hof.de

 Foto: Ruine Frauenstein

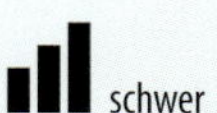

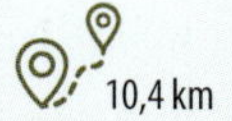

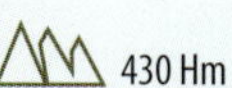

Gaisthal
Kirche St. Laurentius
Ruine Frauenstein
Signalberg 888 m
ND
3 km
Altenschneeberg
Burgstall Altenschneeberg
Deimbühl 580 m
Pondorf
Kapelle

© mapz.com – Map Data: OpenStreetMap ODbL

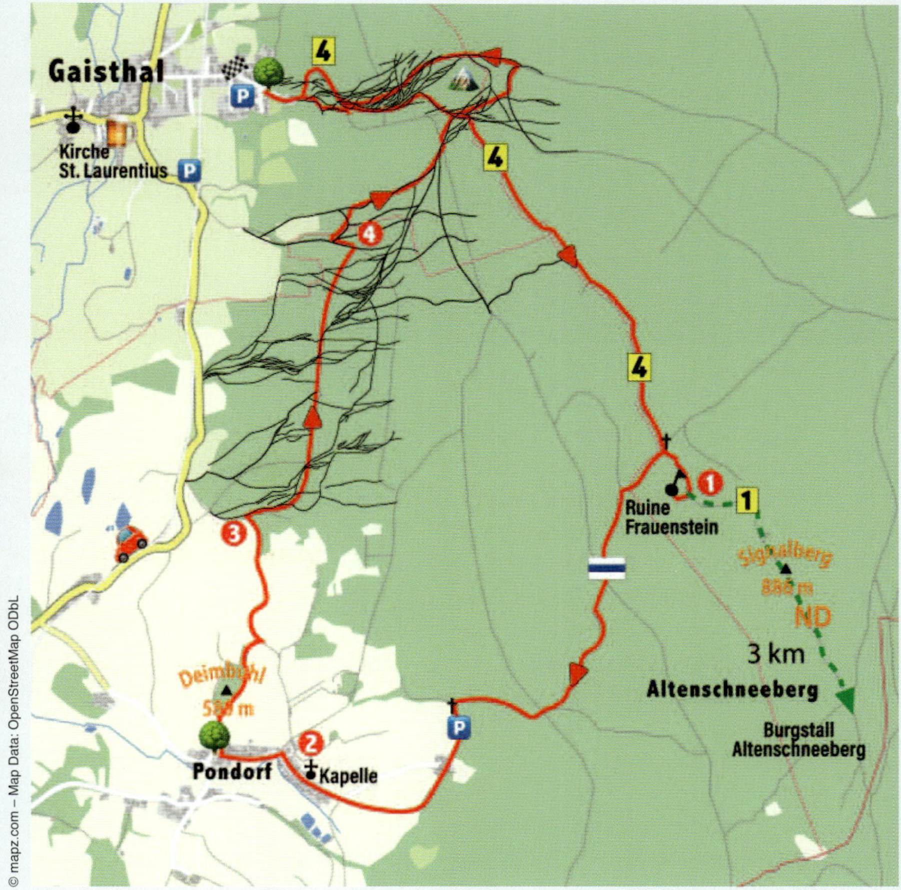

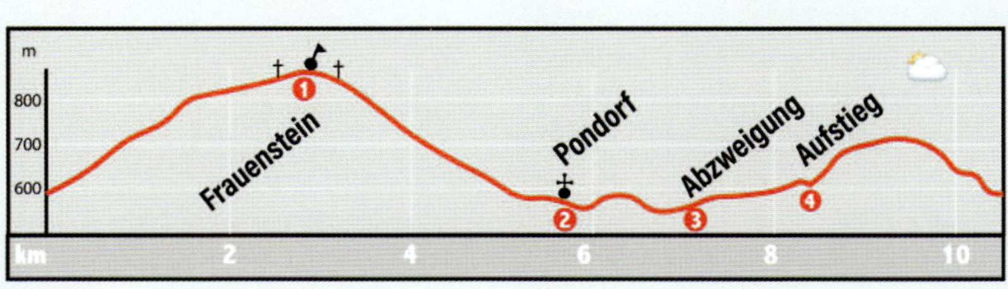

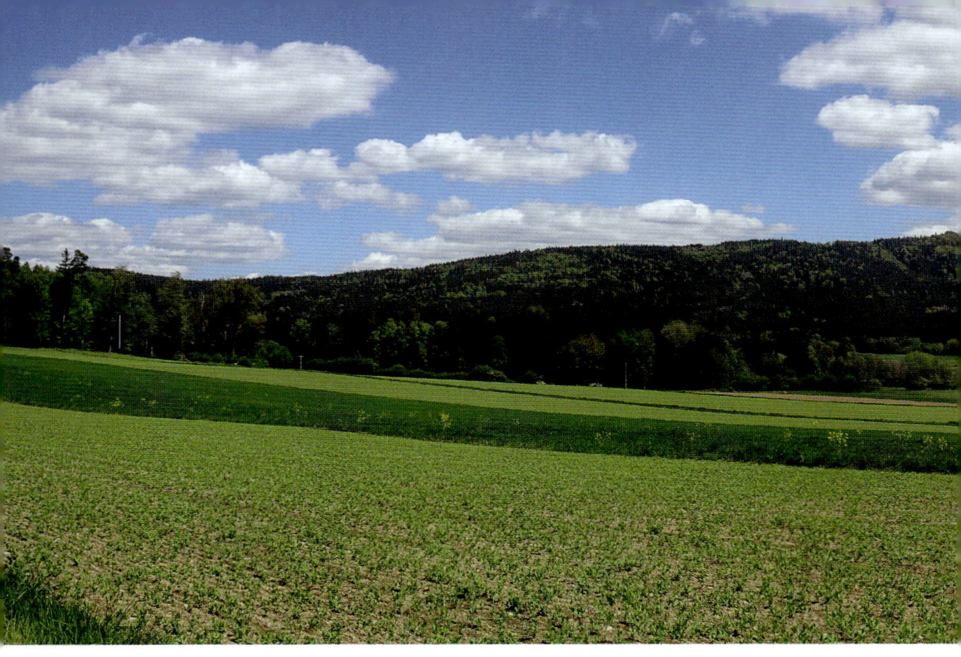

Der Signalberg im Panorama

2014 genossen mein Wanderfreund J und ich einen Kaffee in der Bergpension Tannenhof in Altenschneeberg. Die Wirtin vertrat die interessante These, dass moderne Wanderwege so beschildert würden, dass die Streckenkontrolleure sie mit dem Mofa abfahren können. Die Tour, die wir dann durch den nebeligen Herbstwald gingen, entsprach großenteils genau dieser These.
(J ist auch noch mein Nachbar und Zahnarzt. Sollten Sie dieses Exemplar aus seinem Wartezimmer „ausgeliehen" haben, bringen Sie es bitte zeitnah wieder zurück!)
2022 war die Zeit reif dafür, den Signalberg intensiv zu untersuchen. Hinter mir lag eine jahrelange Recherche zur Goldenen Straße. Noch immer findet man die alten Wege dieses Handelswegs im Gelände. Im Gegensatz zum Goldsteig, der die Hügel des Oberpfälzer und Bayerischen Waldes nicht überwindet, querten die alten Straßen die Reste des Variszischen Gebirges von Nürnberg bis hinunter nach Passau, um die Reisenden und Händler nach Prag zu führen. Für ein authentisches Erlebnis gehen Sie den Wanderweg Goldene Straße von Nürnberg nach Bärnau und dann weiter nach Prag. Auch auf tschechischer Seite ist man mit dieser Thematik schon befasst. In Stříbro beispielsweise führt ein Metallband mit den Städten der Goldenen Straße über den gesamten Marktplatz.
Bei der vorliegenden Tour geht es nicht darum, möglichst schnell und eben von A nach A zu kommen. Der Weg ist so gewählt, dass Sie alle möglichen Varianten von alten Straßen erleben können. Wenn Sie eine größere Gruppe sind, können Sie ja Rollen verteilen: Einer ist der abgehalfterte Händler, ein paar andere sind die Ochsen. Der mit dem größten Rucksack mimt den Karren und für die hinterhältigen Überfälle braucht's auch noch den „Hohlweglurer".

Wegbeschreibung:

Sie starten an der Kreuzung Tannenweg / Frauensteinstraße und folgen Letzterer in den Wald hinein. Schon im Wald passieren Sie Grund-

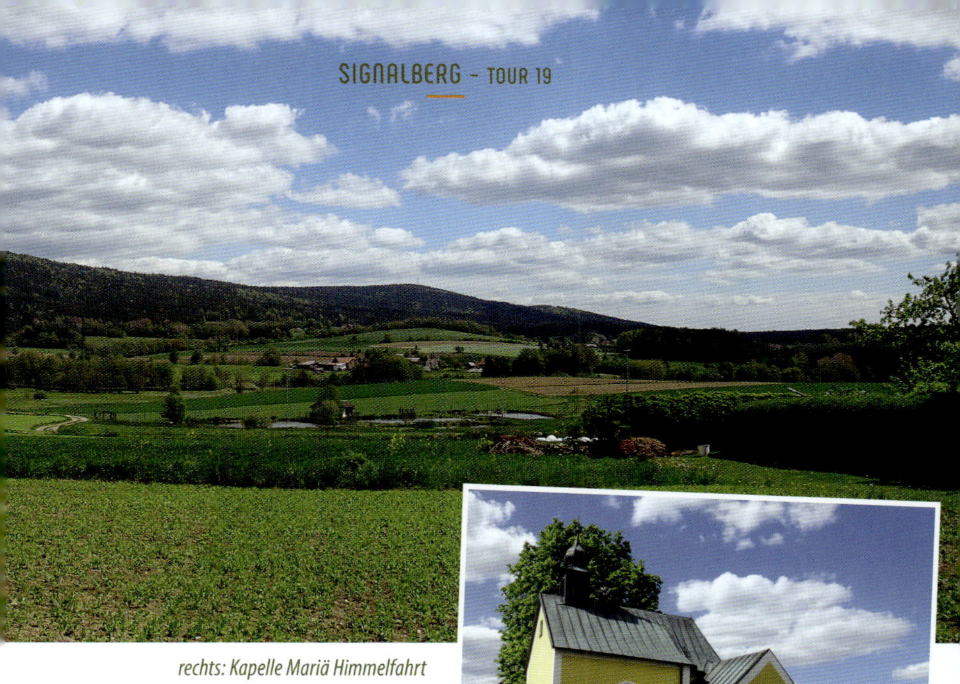

rechts: Kapelle Mariä Himmelfahrt

stück Haus-Nr. 35 zur Linken. Gleich danach entscheiden Sie sich für die Gabelung nach halbrechts und folgen dem Weg zum Wasserbehälter (Brunnen). Von dort führt eine schmälere Variante nach links hinauf, bis zur querenden Forststraße. Auf der Forststraße gehen Sie nun 20 Meter nach links (!) und entdecken rechter Hand einen ersten, richtigen Hohlweg. Dieser Hohlweg bringt Sie zu einer querenden Forststraße, neben der Sie schräg gegenüber eine Sitzgruppe finden. Rechts neben der Sitzgruppe gehen zwei ausgeprägte Hohlwege weiter. Sie entscheiden sich für den rechten. Dieser Hohlweg ist noch weitgehend frei von Vegetation. Nach einem leichten Linksdrall setzt der Weg nach 150 Metern zur Rechtskurve an und führt fast eben zum etablierten Wanderweg Nr. 4.

Merken Sie sich diesen Punkt, wo Sie auf die 4 treffen. (Später gehen Sie hier den Weg, der jetzt nach links führt!) Zunächst aber geht's geradeaus bergauf, auf ebendieser 4. (In diesem ersten Bereich ist die Fülle an alten Wegen beeindruckend.) Auf dem Gipfel des Frauensteins erreichen Sie das Gipfelkreuz. Der Kreuzausleger, der die Zahl 2005 trägt, weist den Weg zum Abstieg. Vorher aber sollten Sie den Abstecher zur **Ruine Frauenstein** ❶ nehmen, Weg Nr. 1. (Weitere 500 Meter bringen Sie zum Gipfel des **Signalbergs** mit dem „Dachsbau".)

Abstieg auf altem Hohlweg, später taucht Schild auf, dem Sie folgen. Schauen Sie beim Abstieg in den Wald links und rechts. Die alten Wege sind nicht zu übersehen! Den querenden Forstweg überqueren Sie, die Hinweise auf Wegetafel (WW4) ignorierend. Am Waldrand links auf den Marterlwanderweg, am Scheuerer-Kreuz vorbei, um – weiter unten – den Weiler **Pondorf** zu erreichen. Ehepaar Meindl vom Grundstück gegenüber sperrt auf Anfrage gerne die kleine **Dorfkapelle Mariä Himmelfahrt** ❷ auf. Dann geht's weiter durch den Ort mit Blick auf den Pondorfbach zur Linken.

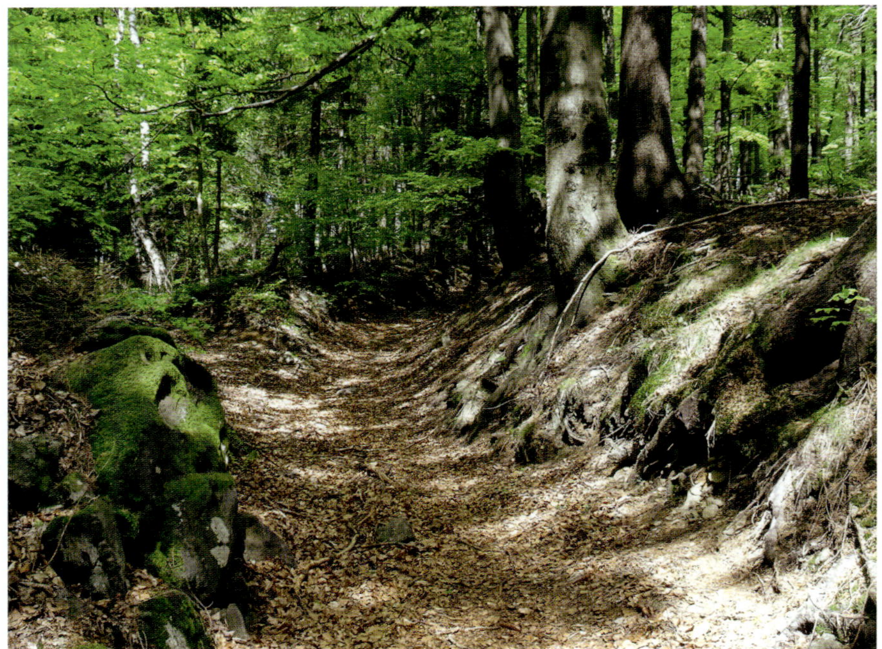

Aufstieg oder Abstieg, je nachdem

Auf Höhe einer Scheune links sehen Sie rechter Hand eine weitere Eiche. Hier biegen Sie rechts ab und entscheiden sich weiter oben, vor dem Wäldchen, für die rechte Variante. Folgen Sie dem Weg zum Waldrand. Von hier haben Sie einen wunderbaren Blick auf den Signalberg. Dann ein kurzes Stück durch den Wald und im Rechtsbogen zum Feldweg hinunter, der nach scharf links weiterführt.

Sie erreichen den Waldrand. Hochsitz. Im Scheitelpunkt der 90°-Waldrand-Linkskurve führt zunächst ein Weg nach rechts in den Wald. Kurz danach ein weiterer, der sich sofort wieder gabelt. Hier nehmen Sie die linke Option. Nach ca. 70 Metern eine weitere Gabelung: rechts. Es ist ein weiterer Hohlweg, der deutlich eingetieft ist und zusätzlich starke Erosionsspuren aufweist. Er beschreibt einen weiten Linksbogen, um nach 350 Metern auf die Forststraße zu treffen. Blicken Sie auch dort, im Kreuzungsbereich, nach rechts. Die Fülle an alten Straßen wird auch Sie beeindrucken! Geradeaus weiter.

Nach knapp einem Kilometer (ca. 10 Minuten) auf dieser breiten Forststraße T-Kreuzung mit einer weiteren. Sitzbank geradeaus! Hier angekommen gehen Sie ein kurzes Stück nach links, bergab (± 50 Meter). Danach scharf rechts und wieder beim Y den linken Hohlweg nehmen! Dieser Weg beschreibt einen großen Linksbogen und wird von einem Steinwall flankiert. Am höchsten Punkt dieses Weges (Scheitelpunkt des Bogens) nehmen Sie den Weg nach rechts, bergauf. Ordentlicher Anstieg. Weiter oben treffen Sie auf einen weiteren Hohlweg, der *von* rechts unten kommt. Sie gehen hier *nach* links und folgen dem Verlauf des Wegs, bis Sie auf der „Hauptstraße" sind. Nach links auf diese einschwenken.

Nach 40 Metern gabeln Sie sich nach leicht rechts in den nächsten Hohlweg ab. (Man nennt das „Abgabelungsprozess".) Sie kommen dann letztendlich an die Kreuzung, die Sie sich weiter oben im Text hätten merken sollen.

Alternativen bzw. **Abkürzungen:** Sie können auf dem Aufstiegsweg zurückgehen, oder auf der

Forststraße (= Nr. **4**) absteigen. **Plan A:** Sie umrunden noch das kleine Felsmassiv mit gewagtem Hochsitz auf der Spitze. Dazu dem „gemerkten" Weg geradeaus folgen. Im Weiteren folgen Sie den Spuren dieses Rest-Wegs um die Felsengruppe herum – im großzügigen Linksbogen. Danach stoßen Sie auf einen Weg, der von dünnen Buchen gesäumt wird. Hier links. An der nächsten Kreuzung erneut links, und Sie sind auf dem vielleicht mächtigsten Hohlweg auf dem Signalberg. Er führte einst von Gaisthal nach Weiding hinüber. Folgen Sie diesem wunderbaren Weg geradeaus bergab, er verschluckt Sie vollständig. An der markanten Kreuzung geradeaus (d. h. nicht nach halblinks). Dann Forstwegüberquerung.

Letztendlich landen Sie wenige Meter von dem allerersten Hohlweg entfernt am Marterl für den verstorbenen Holzrücker Lampertus Soller. RIP. Hier dann auf dem Forstweg nach rechts und Abstieg bis zum Auto. Glückwunsch. Geschafft!

Sehenswürdigkeiten:

Burg Frauenstein 1: Hier herrscht Uneinigkeit, wie hoch die Ruine gelegen ist. Die Angaben schwanken zwischen 865 und 875 Metern. Das liegt vielleicht daran, dass die Ruine höher liegt als der eigentliche Frauenstein (835 m), aber niedriger als der 886 Meter hohe Signalberg, und somit irgendwo dazwischen. (Auch die Höhenangaben für den Signalberg variieren zwischen 880 und 888 Metern!)

Die Burg wird in der zweiten Hälfte des 13. Jahrhunderts im Rahmen eines Kaufs erstmals erwähnt. Veranlassung für ihren Bau dürfte die Überwachung der Handelsstraße nach Böhmen gewesen sein. (Was bei den vielen Altwegen auch schlüssig klingt.) Im 14. Jahrhundert ging die Burg dann auch an die Böhmen über. Diese wurden ihrerseits aber von den Sazenhofern und Zengern (siehe Sage), den Fuchsens und den Herren

Heute durch den einstigen Torbogen von Burg Frauenstein zu schreiten, erfordert entweder Mut oder Verzweiflung.

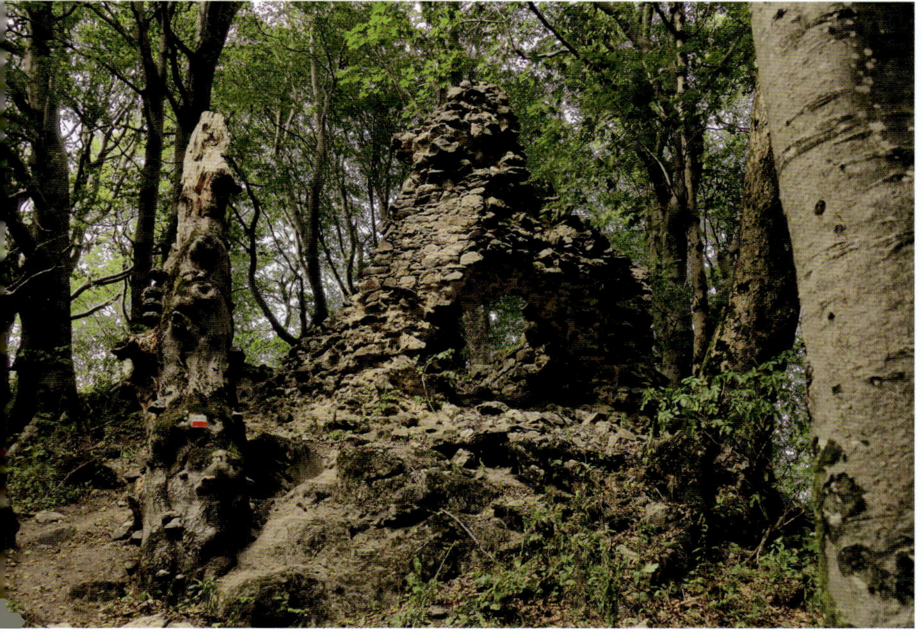

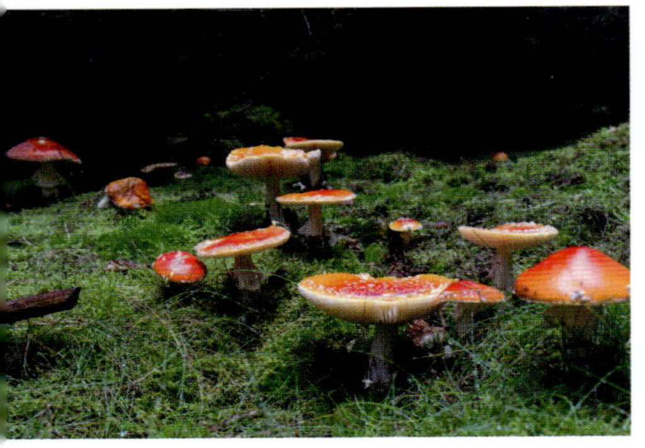
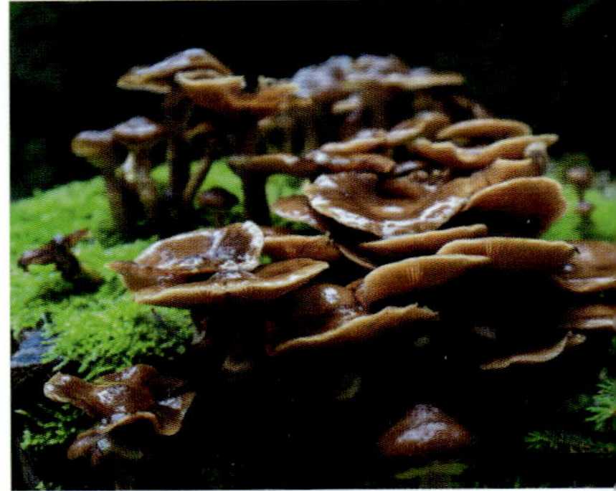

Egal, ob Fliegenpilz oder Hallimasch, Pilze haben einen ausgeprägten Familiensinn!

von Murach abgelöst. Im Jahr 1512 wird ein Freund des Götz von Berlichingen mit dem Namen Hans von Selbitz als Besitzer geführt. Über den Untergang der Burg ist nichts bekannt. Heute thront über ein paar Mauerresten nur noch der bedrohliche Torbogen.

Dichtung und Wahrheit vom „Wilden Hans"

Für diese sagenhafte Dreiecksgeschichte sind drei nahegelegene Burgen bedeutsam: **Burg Altenschneeberg** (Burg 1) (den Burgstall können Sie in Verlängerung der Wanderung besuchen), **Burg Frauenstein** (Burg 2) (da sind Sie gerade) und **Burg Hirschstein** (Burg 3), die Luftlinie 13 Kilometer östlich in Böhmen liegt, wo sie sich jetzt **Starý Herštejn** nennt.

Auf Burg 1 lebte Hans Zenger (um 1363–1433). Wegen seines Wagemuts gegen die Hussiten und wegen seines Aussehens nannte man ihn den „Wilden Hans". Auf Burg 2 lebte Eleonora, einzige Tochter des Ritters Sazenhofer. Die Tochter war dem fränkischen Ritter Blankenburg versprochen. Nun wäre der Wilde Hans plötzlich doch gerne Schwiegersohn (Eidam) geworden. Zuvor hatte er immer getönt, dass er Frauen nicht mit seinem geliebten Kriegshandwerk teilen wolle. Jetzt wurde er wie Luft behandelt, was ihn wurmte. Drei Tage vor der geplanten Hochzeit raubte er die begehrenswerte Schönheit unter Benutzung eines Geheimtunnels zwischen den Burgen 1 und 2. Als Gefangene auf seiner Burg (Burg 1) wollte er sie umstimmen. Eleonora zickte – trotz Zuckerbrot und Peitsche! (Uhhhh ...) Also schleppte er sie auf Burg 3 und organisierte einen Geistlichen. Inzwischen war der eigentliche Bräutigam erschienen, hörte von dem Schlamassel und stürmte – filmreif – die Trauungskapelle auf Burg 3 – Sekundenbruchteile vor dem Eheschwur. Da wurde der Wilde Hans plötzlich ganz milde, entließ Eleonora in die Ehe mit einem Franken und wies sich selbst reumütig in ein Kloster ein. Burg 1 wurde als pädagogische Sofortmaßnahme zerstört, die Burgen 2 und 3 lösten sich erst im Lauf der Zeit fast von selbst auf.

1824 fand man Dokumente, die belegten, dass Hans Zenger 600 Gulden für den Turmbau der Klosterkirche Schönthal gespendet hatte. Seinen Grabstein finden Sie dort in der Wand des Presbyteriums. Auch Reste eines Ganges zwischen den Burgen wurden tatsächlich gefunden!

Altstraßen

In dem Artikel „Der Hohlweglurer", der Alfred Wolfsteiner portraitiert, finden sich drei Antworten auf drei interessante Fragen: Wie alt sind diese alten Wege? Das lässt sich schwer sagen. Möglicherweise reichen sie bis in die Zeit der Kelten, aber wenn man keine Überreste an den Wegrändern findet (was selten der Fall ist), ist die Datierung schwierig.

Warum liefen die Wege nicht in den Tälern, sondern über die „Hügel"? Weil die Täler oft zu sump-

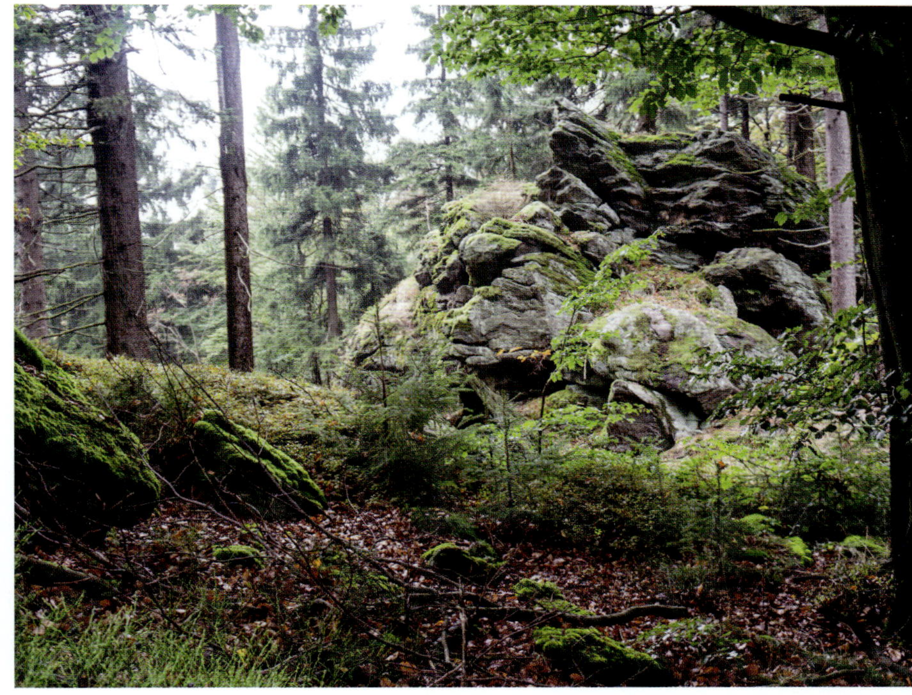

Dachsbau, höchster Punkt des Signalbergs. Von Dachsen keine Spur!

fig waren und/oder von Überschwemmungen heimgesucht wurden. Auf der Höhe war es garantiert trocken.
Warum sind die Hohlwege so hohl? Das entstand bei den „Abfahrten" von den Bergflanken. Hierzu wurden unter die Räder der Gespanne so genannte „Hemmschuhe" gespannt, also Bremsklötze. Die vorgespannten Ochsen hätten einen ungebremsten Wagen nicht halten können. Wagen um Wagen scheuerte so den Weg tiefer. Wenn es wieder regnete, wurde das lose Gestein ins Tal gewaschen und der Weg immer hohler.

Signalberg:

Zur Herkunft des Namens „Signalberg" schreibt Alfred Wolfsteiner: „Der Signalberg war, wie der Name schon sagt, Teil eines mittelalterlichen Kommunikations- und Informationssystems, wo man mittels Spiegel, Rauchzeichen oder nächtlicher Feuer bei Gefahr kommunizierte. Vom Signalberg und Altenschneeberg hat man z. B. einen Blick bis zum Jugenberg (siehe Tour 1). Damit wären Sie im Falle eines militärischen Konflikts in drei bis vier Stationen etwa mit Regensburg in Verbindung. Vermutlich war auch der Münchshofener Berg (Premberg = Brennberg?) ein frühmittelalterlicher Signalberg. Weitere Sichtkontakte, etwa zu anderen Burgen oder Orten, wären noch zu überprüfen." (Quelle: persönlich per Email)

Stadlern

Lass uns doch mal über den Tellerrand blicken!

TOUR 20

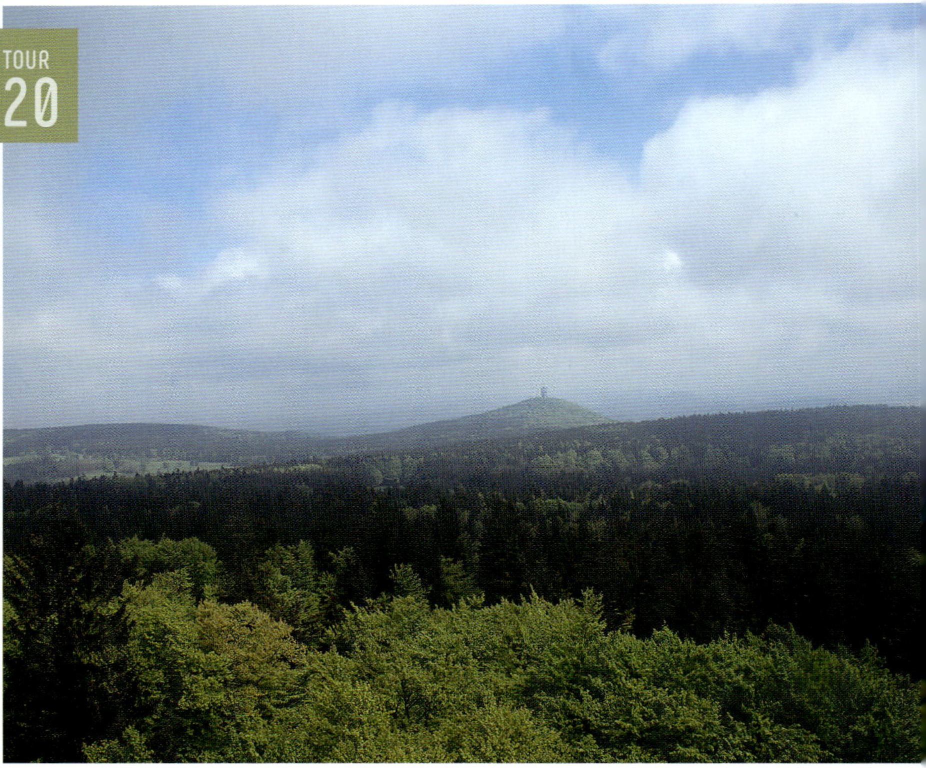

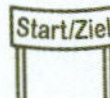

Auf dem Wanderparkplatz am Waldrand links; 1,5 km hinter Johannismühle
Navi: 92539 Schönsee, Johannismühle 1

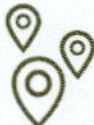

Stadlern – Bügellohe – Böhmerwaldturm – Burgruine Reichenstein

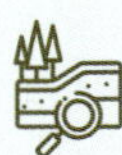

Waldwege, Singletrails, Schotterwege und -straßen im tschechischen Teil, herrlicher Wald im Bereich des Böhmerwaldturms

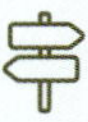

Nurtschweg, weiß-grün-weiß (CZ), weiß-rot-weiß (CZ), Bayerisch-Böhmischer Freundschaftsweg 2 BB2, Weg Nr. 41 41

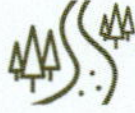

Geschichte und Natur am Höhepunkt des Landkreises Schwandorf zu einem harmonischen Gesamtpaket verwoben.

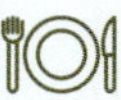

Grenzwirtshaus Gerstmeier
Eulenberg 16 (Friedrichshäng)
Tel. 09674 1268 oder 09674 459

Pension Pleš
Pleš 1, Bělá nad Radbuzou 345 26
Tel. +420 602 432 178
www.pensionples.cz/

 Foto: Blick vom Böhmerwaldturm zum Velký Zvon, heute Sitz der tschechischen Flugüberwachung

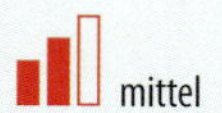
mittel

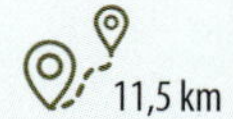
11,5 km

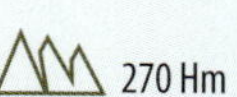
270 Hm

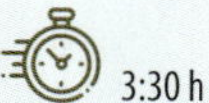
3:30 h

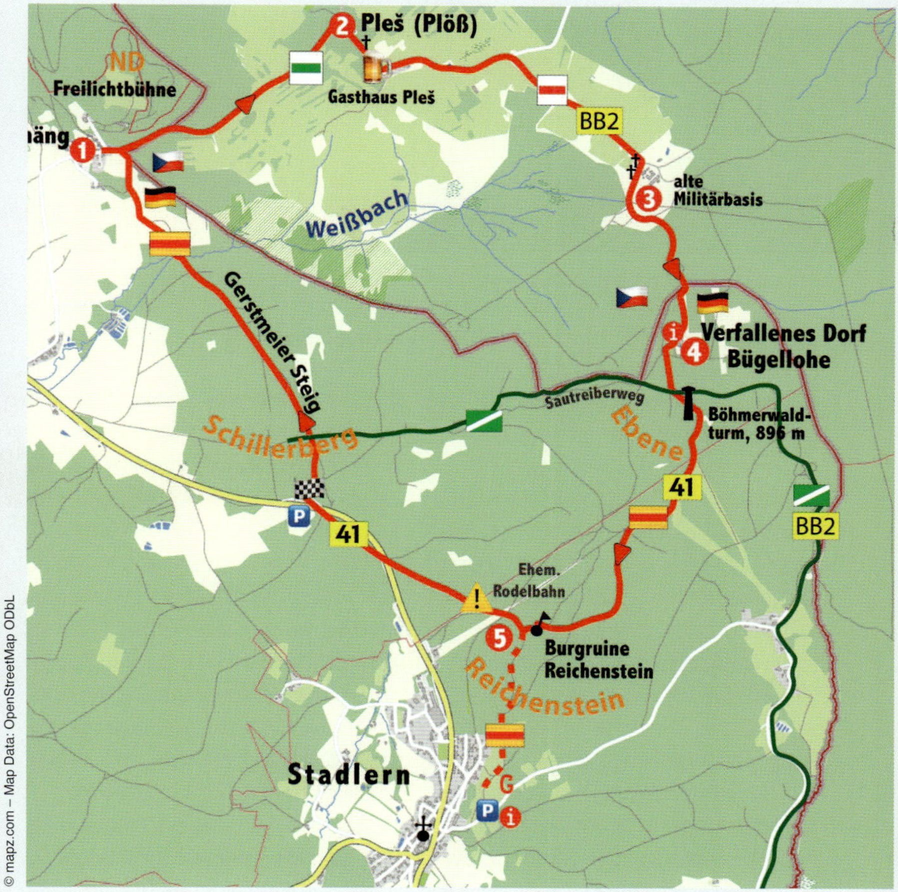

Pleš (Plöß)
Gasthaus Pleš
ND
Freilichtbühne
häng
BB2
alte Militärbasis
Weißbach
Gerstmeier Steig
Verfallenes Dorf Bügellohe
Sautreiberweg
Ebene
Böhmerwaldturm, 896 m
Schillerberg
41
BB2
Ehem. Rodelbahn
Burgruine Reichenstein
Reichenstein
Stadlern
G

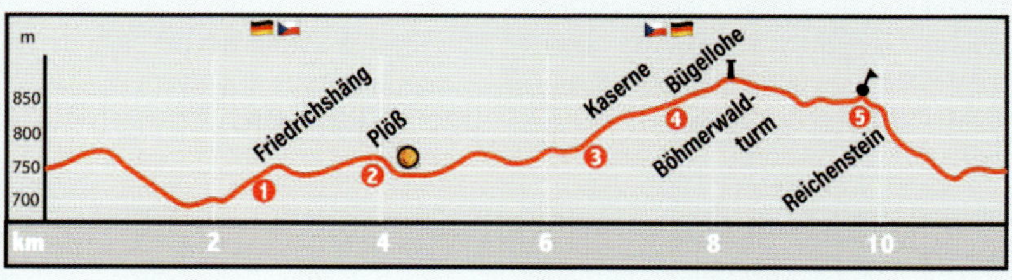

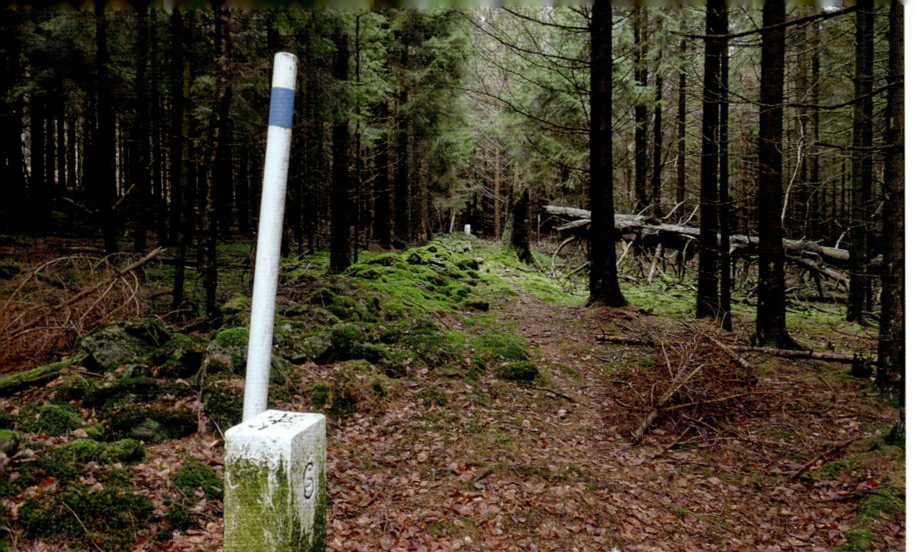

Heute wird hier weder geschmuggelt noch geschossen: Die bayerisch-böhmische (d. h. deutsch-tschechische) Grenze.

In Schönsee steht der „Doppelte Nepomuk" (nahe beim Centrum Bavaria Bohemia). Zwei identische Brückenheilige blicken sowohl nach Bayern als auch nach Böhmen. Auf der Homepage des Schönseer Landes liest man dazu, dass diese weltweit einmalige Darstellung des böhmischen Nationalheiligen auch als „Symbol für das doppelte Gesicht der Schönseer Geschichte" gelten kann. Im verfallenen Ort Bügellohe hat sich diese Zerrissenheit in der Geschichte manifestiert.
Heute wandert man hier gefahrlos nach Böhmen (Grüne Grenze, trotzdem Ausweis nicht vergessen!) und erlebt eine Wanderung, die viele interessante Punkte hat: besagte aufgelassene Dörfer zu beiden Seiten der Grenze, ein uriges Wirtshaus, eine extensiv bewirtschaftete Landschaft, Lost Places, wunderbare Aussichten, ein Landschaftskino, eine Burgruine und verlassene Pfade. Was wollen Sie mehr?
Für diese Wanderung empfehle ich den Sommer, wenn in Tschechien die Schmetterlinge tanzen. Andererseits ist eine trübe Stimmung im November auch großartig. Im Februar können Sie das karge Leben der einstigen Bügelloher Bevölkerung nacherleben. Ach, kommen Sie doch, wann Sie wollen!

Wegbeschreibung:

Von der Mitte des Wanderparkplatzes geht es an den Wandertafeln des Schönseer Landes Richtung Böhmerwaldturm. Nach weniger als 100 Metern, beim ersten Schild **41**, geht ganz unscheinbar der waldige „Gerstmeier-Steig" nach 11 Uhr weg. Dieser Weg beschreibt einen großen, leicht ansteigenden Linksbogen. Die Ungewissheit endet, wenn sie nach 300 Metern auf Wegweiser treffen. Folgen Sie ab hier dem Nurtschweg/E6 geradeaus, Richtung Friedrichshäng. Er wird durch den Goldsteigzubringer verstärkt, und auch der Bayerisch-Böhmische Freundschaftsweg verläuft hier schon: BB2.
Die Schilder des Nurtschwegs bringen Sie sicher nach Friedrichshäng 1, wo das Gasthaus der Familie Gerstmeier steht. Im Wald darüber finden die Aufführungen „Pascher" und „Irrlichter" statt. Beim Grenzübergang betreten Sie die Tschechische Republik. (Vermutlich hat Ihnen das Ihr Handy schon vorher mitgeteilt!) Wanderweg führt direkt nach Pleš, einem der vielen verfallenen Orte des Böhmerwalds. Im Ort – also da, wo früher der Ort war – biegen Sie nach rechts ab 2, leicht bergab und auf den . Links die

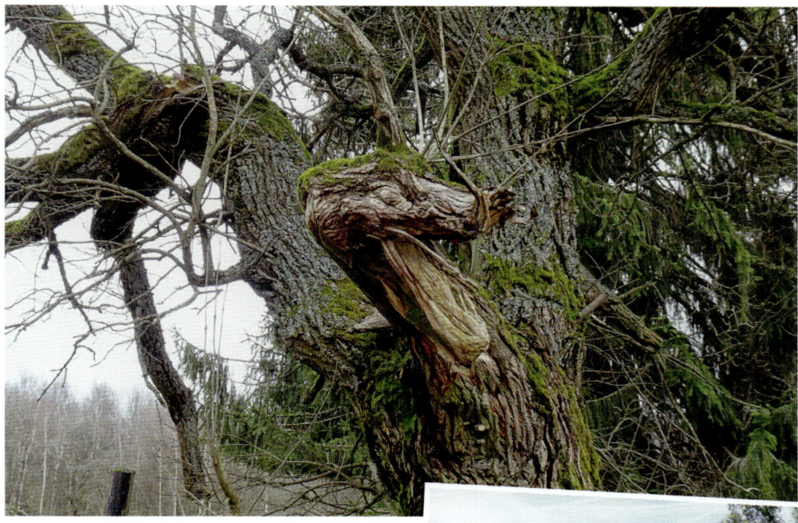

Baumdrache

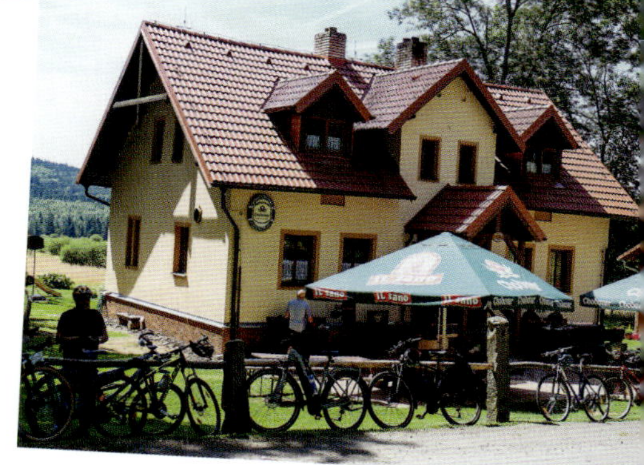

Pension Pleš, willkommener Erholungspunkt

neu gebaute und 2016 geweihte Kapelle, rechts noch einige alte Grundmauern im Wald. Sobald Sie die Bäume hinter sich lassen, finden Sie neue Häuser einer Feriensiedlung und kurz danach auch schon das Gasthaus Pleš. Es erfreut uns Wanderer durch frisches Bier und vor Ort geräucherte Forellen. Bei schlechtem Wetter (was immer das sein soll) auch im gemütlichen Wintergarten!
Danach geht es auf dem ▬ weiter. Links taucht der Velký Zvon (Plattenberg) auf. Für uns geht es am verfallenen Ort Rabov/Rappauf vorbei, bevor wir auf eine Gabelung treffen. Rechter Hand steht ein Gedenkstein mit den Jahren 1780–1946. Wer, wie ich, gerne auf Friedhöfen unterwegs ist, überblickt schnell, dass das keine Person gewesen sein kann. Es ist ein Gedenkstein für die beiden Ortschaften Vaclav und Rabov. An diesem Stein bitte nach rechts, geführt von BB1 und BB2.
(Tipp für „Lost Placer": Wenn Sie an der Abzweigung links gehen, kommen Sie zur alten Kaserne! 3 Danach wieder zurück!)

Kurz später finden Sie rechter Hand ein Versöhnungskreuz samt Sitzbank. Zunächst geht es hier noch geradeaus weiter. Die nächste Abzweigung nach links ignorieren. Erst am nächsten Abzweig, einem Wanderweg, den Schildern BB1 und BB2 nach links und bergauf folgen! Nach einem knappen halben Kilometer passieren Sie nach rechts die Grüne Grenze nach Deutschland.
Linker Hand sehen Sie dann die Quelle des Weißenbachs, und am Ende der Lichtung erreichen

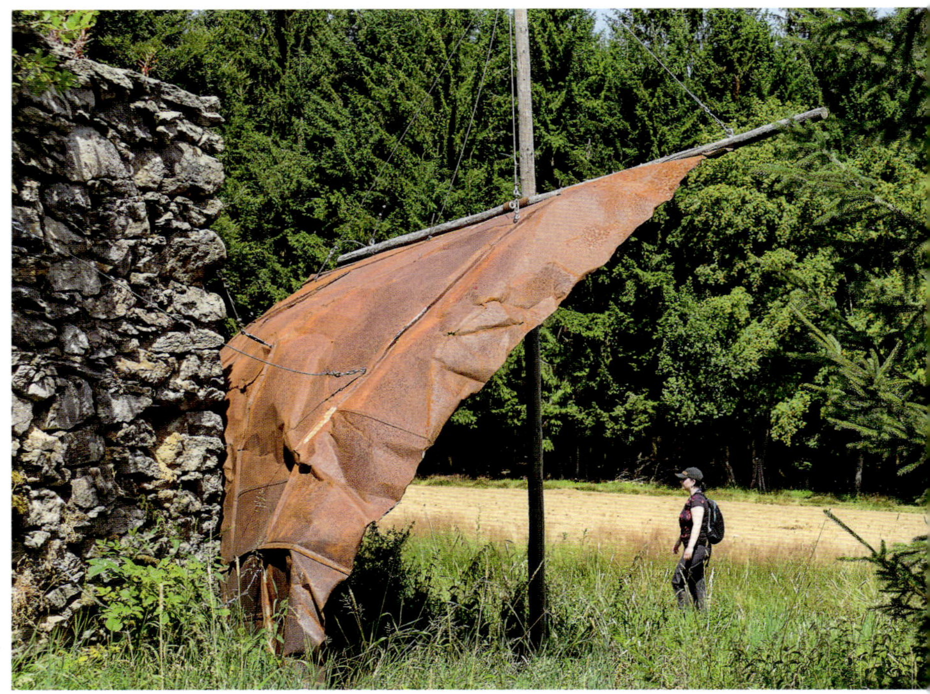

Das verlassene und verfallene Dorf Bügellohe

Sie das **verlassene und verfallene Dorf Bügellohe** 4. Mit dem Metallsegel sieht es aus wie ein gestrandetes Schiff. Äußerst informativ ist die geschichtliche Information im Inneren des ehemaligen „Fleischhackerhauses". Danach gehen Sie wieder zur Lichtung zurück und folgen dem unmarkierten Pfad, bergauf in den Wald hinein. Der BB1 taucht wieder auf. Geradeaus weiter, die Forststraße überqueren und hinauf zum Oberpfalzturm und Besteigung desselben!

Auf dem Nurtschweg/E6 geht es hinunter und aus dem Wald hinaus. Das Freiluftkino wurde zwischen 2021 und 2022 um 100 Meter nach Westen versetzt. Jetzt kann man auch die zwei Ossergipfel sehen und genau beobachten, was sich dort alles abspielt! Dann weiter auf , der nach einiger Zeit nach links auf einen Waldpfad ausweicht: toller Pfad durch Fichten. Man kommt sich vor wie im Maislabyrinth. Unterhalb der Ruine Reichenstein 5 zweigt der Weg zu dieser ab. Auf der anderen Seite wieder hinunter. Ohne Abzweigung ginge es nach Stadlern und zum Hochfels-Geotop.

Aber jetzt kommt der wilde Teil: Ca. 100 Meter entfernt von der Ruine, schon fast außer Sichtweite derselben, macht der Nurtschweg eine Linkskurve. Irgendwo in seinem Scheitelpunkt zweigt ein Ex-Weg nach scharf-rechts ab (4 Uhr vielleicht). Erst hohes Gras, dann Nachwuchsbuchen, dann zur Kontrolle ein blaues Wasserschutzgebiet-Schild, versteckt hinter einem Baum. Auf diesem Weg erst geradeaus, dann leicht links halten. Leichtes Gefälle setzt ein. Der Weg überquert dann einen anderen Weg. Am Ende erreichen Sie hoffentlich die ehemalige Piste und etwas nach links versetzt, hangabwärts, das obere Lifthäuschen des alten Skilifts bzw. der alten Rodelbahn.

Auf Höhe des Häuschens geht es gegenüber in den Wald hinein. Solange es hier noch Bäume gibt, wird auch das ehemals gelbe Wanderschild noch zu sehen sein. Leichter Abstieg. Dann Achtung: Schon nach ca. 20 Metern biegt ein Hauch von einem Weg nach rechts ab – im rechten Winkel weg von der Skipiste. Anfangs übersät mit alten Ästen, ist er nach mehreren 10er-Metern wieder deutlicher zu sehen. Folgen Sie diesem Weg, mögliche Abzweigungen ignorierend. Später wird er zu einem alten Hohlweg. Möglicherweise ein alter Zuweg zur Burg? Meine Tochter meinte hier: „Das ist das beste Stück der Tour, aber du solltest vielleicht schreiben, dass es nicht barrierefrei ist!?"

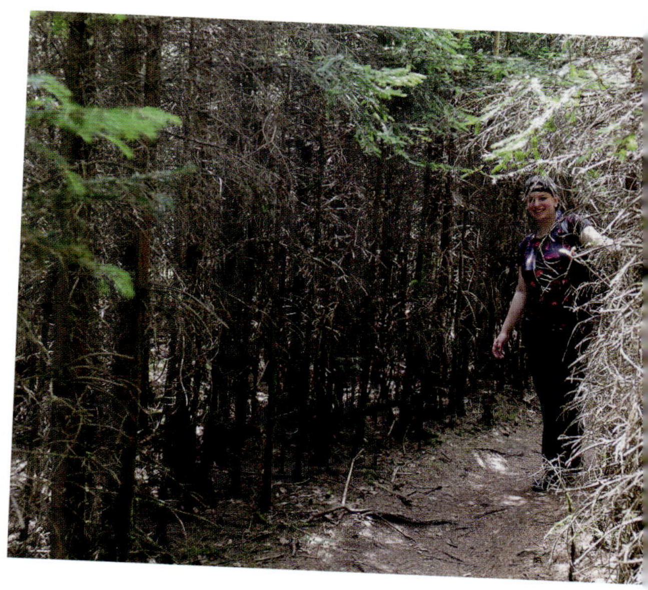

Ein Fichtenlabyrinth – wie schön!

Am Ende kommen Sie auf einen Forstweg, den Sie nach links einschlagen. Überquerung des Hüt-

Einsam wandern auf altem Weg

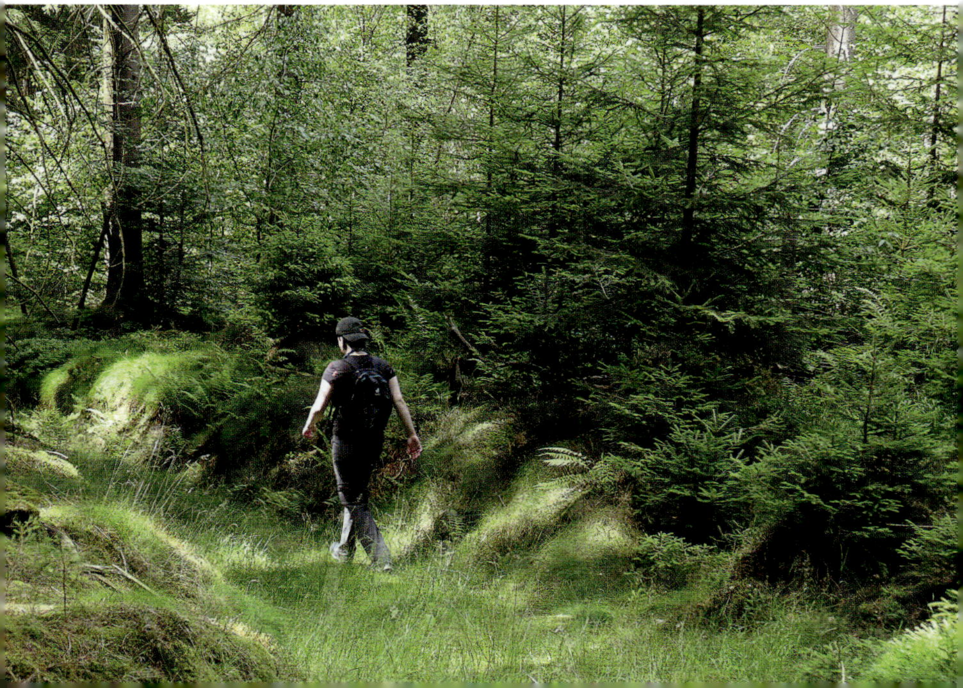

tenbachs, Überquerung der Hauptstraße. Dann nach rechts auf den breiten **41** und geradeaus zum Wanderparkplatz zurück.

Zeitreise zu den „Paschern":

Wir reisen ein Jahrhundert zurück, in die gar nicht Goldenen 20er-Jahre des letzten Jahrhunderts, zumindest nicht hier! Das Leben ist hart und karg. Ein „Schwammerlsucher" und ein „Blaubeerzupfer" treffen sich „zufällig" in Grenznähe und beschließen, den Handel zwischen Deutschen und Deutsch-Böhmen auszubauen. Hilfe erhalten sie von einer Baldowerin, also einer Kundschafterin, die sicherstellt, dass die Luft rein ist.

Das Stück verbreitet zunächst unbeschwerte Heiterkeit, z. B. wenn die Kuh samt Hirschgeweih die Bühne betritt – und kurz danach im Schweinsgalopp hinaustrabt. Doch im zweiten Teil, wenn der Wald in absoluter Dunkelheit liegt, der Mond über den Bäumen steht und ein fernes Gewitter erste Windstöße durch die Baumwipfel schickt, hat sich das Blatt gewendet. Wird der Handel auffliegen, wen werden die Grenzpolizisten verhaften? Wer wird zum Verräter?

Eine stimmige Rahmenhandlung funktioniert als Transportmittel für diese äußerst gelungene Zeitreise in die Welt der Schmuggler, die natürlich in wunderbarem Oberpfälzer Dialekt miteinander kommunizieren. Auch die Geschichte um die Grenzorte Pleß und Bügellohe wurde vom Autor und Regisseur Martin Winklbauer geschickt eingeflochten.

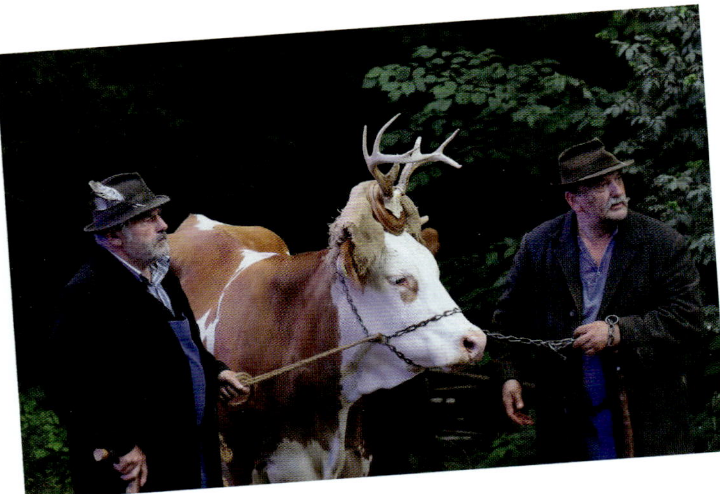

Beim Schmuggeln oder Paschern wird schon mal das eine oder andere Schmuggelgut umdefiniert.

Zu nächtlicher Stunde, wenn alle am Pranger stehen

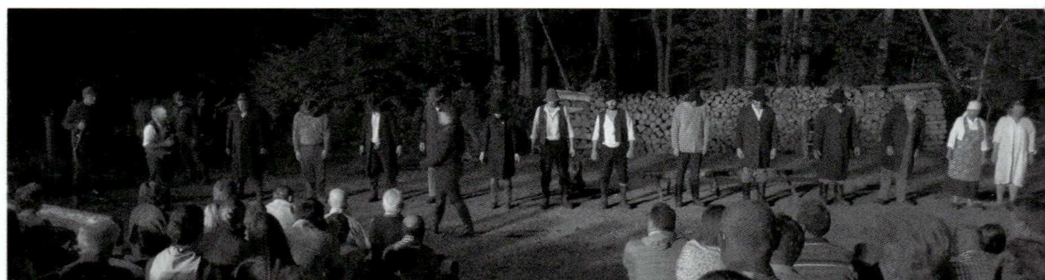

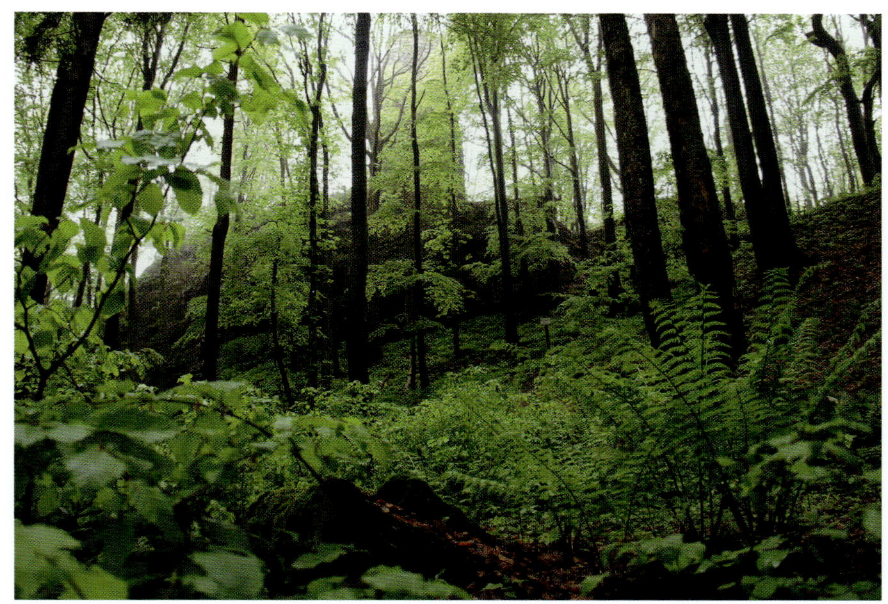

Bis vor Kurzem schlummerte Ruine Reichenstein in einem Dornröschenschlaf.

Vor der Vorstellung und in der Pause werden regionale Getränke und Gerichte (Pascherbier und Schmugglerwurst) angeboten.
Pascherverein Schönseer Land e.V., www.am-eulenberg.de

Verlassenes Dorf Bügellohe ❹: Mit Ratifizierung der Beneš-Dekrete 1946 verließen elf Familien ihre böhmische Heimat in Wenzelsdorf und siedelten auf ihren Grundstücken auf bayerischer Seite. Die Hoffnung war, nach Aufhebung der Dekrete wieder in die alte Heimat zurückkehren zu können. Die Hoffnung war vergebens. Das Dokumentationszentrum bietet Einblicke in die harten Lebensbedingungen auf 800 Metern Höhe, ohne Straßenanbindung, fließend Wasser oder Strom. 1969 verließ der letzte Bewohner den Ort. Das „Fleischhackerhaus" konnte gesichert werden und beherbergt jetzt das Dokumentationszentrum.
Kurz vor ihrem Tod erzählte eine ehemalige Bewohnerin ihre Lebensgeschichte. Auf Grundlage dieser Schilderungen entstand eine „gespielte Szene", die gebucht werden kann. Empfohlen ab 10 Jahren und auch für Schulklassen und Gruppen bestens geeignet. Auskunft bei der Tourist-Info Schönseer Land: www.vg-schoensee.de | tourist-info@cebb.de | 09647/317.

Sehenswürdigkeiten:

Ruine Reichenstein: Vermutlich schon im 11. Jahrhundert entstanden, wobei die Erbauer bzw. deren Auftraggeber unbekannt sind. Im 13. Jahrhundert im Besitz der Herren von Hostau und Muttersdorf, im 14. Jahrhundert Besitzerwechsel an die Leuchtenberger. Bedeutungsverlust bereits ab Mitte des 14. Jahrhunderts.
Zitat: Weiße Frauen geistern herum und unter den Trümmern der Burg liegt ein Goldschatz. Man könnte ihn am Palmsonntag heben; allerdings nur genau dann, wenn beim Gottesdienst in der Kirche von Stadlern die Passion gelesen wird. Wer die Frist auch nur um eine Sekunde versäumt, ist unrettbar verloren, der Berg verschließt sich.
https://www.oberpfaelzerwald.de/burgruine-reichenstein

Der Nurtschweg wurde 2022 auf den 9. Platz unter den deutschen Weitwanderwegen gewählt. Das ist sehr erfreulich, zumal Bayern und gar die Oberpfalz bei diesen Rankings gefühlt ein Schattendasein führen.
Mittels dieser Weitwanderwege kann man die Oberpfalz im Allgemeinen und den Landkreis Schwandorf im Besonderen sehr intensiv erleben.
Im Folgenden sind die großen Fernwanderwege aufgelistet. Sie sind teilweise natürlich erheblich länger. Bei Wanderwegen, die durch den Landkreis führen, liegen die Start- und Endpunkte außerhalb des Landkreises. Die Strecken im Landkreis sind dann logischerweise kürzer.

Sautreiberweg
Vielleicht der authentischste der Langstreckenwege. Er beginnt im Paschergebiet um Stadlern und bringt den Wanderer bis nach Schwandorf. Mehr Landkreis Schwandorf geht fast nicht.
Start: Weiding; **Ende:** Schwandorf; **Länge:** 87,4 km; **Höhenmeter:** 2128; 5 Etappen empfohlen

Karl-Krampol-Weg
Eine wunderbare Möglichkeit, auch die etwas entlegeneren Ecken des Landkreises kennenzulernen, ist dieser Wanderweg. Einmal von Ost nach West durch SAD-Land.
Start: Schwarzach bei Stadlern; **Ende:** Amberg; **Länge:** 79,7 km; **Höhenmeter:** 1676;
www.oberpfaelzerwald.de/karl-krampol-weg

Main-Donau-Weg
Die Ostlinie des Main-Donau-Wegs führt von links oben (Nordwesten) nach rechts unten (Südwesten). Auch dieser Weg hat uns sehr gut gefallen. Er ist zuverlässig ausgeschildert.
(Es gibt vier Main-Donau-Weg-Systeme mit einer Gesamtlänge von 1158 km.)
Start: Schnaittenbach; **Ende:** Stamsried; **Länge:** 75,9 km; **Höhenmeter:** 1057

Schwandorfer Panoramaweg
Eine perfekte Möglichkeit, Schwandorf einmal komplett zu umrunden! Aus erster Hand weiß ich, dass der Weg gut gepflegt wird. Empfehlenswert, wenn man nicht zu weit von Schwandorf fort will.
Start/Ende: Schwandorf; **Länge:** 87,5 km; **Höhenmeter:** 867; 4 Etappen
www.oberpfaelzerwald.de/schwandorfer-panoramaweg

Jakobsweg

Der Jakobsweg läuft meist auf anderen Wanderwegen, aber nicht immer. Im Großen und Ganzen zuverlässig ausgeschildert. Natürlich nimmt er die ganzen Jakobskirchen unterwegs mit. Einige davon sind auch in diesem Buch portraitiert.
Start: Tillyschanz; **Ende:** Ensdorf; **Länge:** 85,7 km; **Höhenmeter:** 1313

Goldsteig

Das Muss für jeden Langstreckenwanderer. Zuverlässig ausgeschildert, touchiert er die Highlights des mittleren Landkreises. Zwischen Neunburg v. Wald und Walderbach ist er allerdings relativ fad. Mittels Homepage können Unterkünfte gebucht werden.
Start: Tännesberg; **Ende:** Rötz; **Länge:** 39,7 km; **Höhenmeter:** 870
www.goldsteig-wandern.de

Zubringer 9D zum Goldsteig

Eine weitere Möglichkeit, den Landkreis von West nach Ost zu durchwandern. Insgesamt nicht so gut gewartet wie der Hauptweg. Landschaftlich aber empfehlenswert.
Start: Ebermannsdorf; **Ende:** Wutzschleife; **Länge:** 71,2 km; **Höhenmeter:** 861; 4 Etappen
Buchbar als Wandern ohne Gepäck

Oberpfalzweg

Wer in der Oberpfalz wandert, muss den Oberpfalzweg gegangen sein. Er taucht vermutlich am tiefsten in die historisch bedeutsamsten Orte des Regierungsbezirks ein. Zeit nehmen!
Start: Moosbach; **Ende:** Walderbach; **Länge:** 83,8 km; **Höhenmeter:** 880
www.oberpfaelzerwald.de/oberpfalzweg

Der Gewinner unter den Langstreckenwegen. Nahe an der Grenze verlaufend ist er der „Wildeste" von allen.

E6/Nurtschweg

Start: Eslarn; **Ende:** Waldmünchen; **Länge:** 40,7 km; **Höhenmeter:** 846
www.wanderbares-deutschland.de/wege/alle-wege/nurtschweg-fe6d2d96ca

Panoramabild: Sonnenstrahlen bei Oberviechtach

Anmerkungen:

1 https://www.zkg.de/de/artikel/zkg_2012-09_100_Jahre_Zementwerk_Burglengenfeld_1480666.html [2022-07-28] https://www.spektrum.de/news/warum-beton-klimaschaedlich-ist/1760122 [2022-07-28]

2 Löffelliste: Die Liste mit den Dingen, die man getan haben muss (oder will oder soll), bevor man den Löffel abgibt.

3 Gäde Elisabeth. Was Gögglbach mit Wien zu tun hat: Das verflixte Jahr 1028. In: Landkreis Schwandorf. Jahresband zur Kultur und Geschichte im Landkreis Schwandorf, 26./27. Band, 2015/2016

4 Copyright © 1998 Dipl. Bibl. (FH) Alfred Wolfsteiner. Alle Rechte vorbehalten.

5 https://brauerei.brauerei-jacob.de/tradition/bier-aus-bodenwoehr-seit-1758/

6 https://www.taxoeldern.de/taxoeldern-archiv-2012.html [2022-09-05]

7 https://www.heimatforschung-regensburg.de/1987/1/973749_DTL1622.pdf [2022-08-18]

8 https://www.researchgate.net/publication/264400836_Das_Oberpfalzer_Flussspatrevier_Nabburg-Wolsendorf_Donaustauf_Lam [2022-07-10]

9 Das ganze Interview ist nachzulesen in: Oberpfälzer Schule. Zeitschrift des Bezirksverbands Oberpfalz im Bayerischen Lehrer- und Lehrerinnenverband e.V., Ausgabe 3, Juli 2022.

10 http://www.bgr.bund.de/DE/Gemeinsames/Produkte/Downloads/Commodity_Top_News/Rohstoffwirtschaft/30_gold.pdf?__blob=publicationFile&v=2 [22-07-16])

Auflösung von Seite 63:

Brauereien in Bayern 642, in der Oberpfalz 83, im Landkreis Schwandorf 8.

Literatur:

Appl, Tobias; Wolfsteiner Alfred [Hrsg.]. Auf alten Wegen durch die Oberpfalz. Zur Geschichte der Mobilität und Kommunikation in der Mitte Europas. Verlag Friedrich Pustet, Regensburg 2022.

Bezirkstag der Oberpfalz [Hg.]. Die Oberpfalz. Bernhard Bosse Verlag Regensburg, 1984.

Landkreis Schwandorf [Hg.]. Jahresband zur Kultur und Geschichte im Landkreis Schwandorf. 26./27. Band, 2015/2016.

Siegert, Toni. Landkreis Schwandorf. Das große Heimatbuch. Buchverlag der Mittelbayerischen Zeitung, 2. Auflage, 1993.

Pfistermeister, Ursula. Burgen der Oberpfalz. Verlag Friedrich Pustet Regensburg, 1974.

Pfistermeister, Ursula. Burgen und Schlösser der Oberpfalz. Verlag Friedrich Pustet Regensburg, 1984.

Vohburger, Franz Joseph. Die Geisterburg Stockenfels. MZ Buchverlag 2009.

Wolfsteiner, Alfred. *Der Hohlweglurer.* In: bayerische archäologie. Gesellschaft für Archäologie in Bayern e.V., Heft 3, 2022.

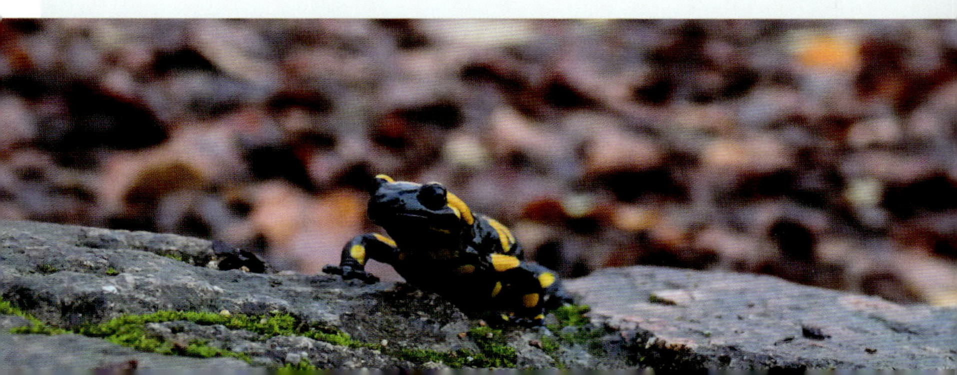

Danksagung

Auch dieses Buch wäre nicht das geworden, was es geworden ist, hätten nicht zahlreiche Menschen daran mitgewirkt.

Allen voran danke ich meiner **Frau Beate,** die mich auf den Wanderungen teilweise begleitete, mich aber auch oft genug alleine ziehen ließ. Sie tat das immer in dem Wissen, dass ihr die Natur einen ausgeglichenen, weil ausgepowerten Mann zurückgibt. In der letzten Phase des Buchs las sie gewissenhaft die Korrekturfahnen und hinterfragte schonungslos jeden nicht einhundertprozentig überzeugenden Sachverhalt.

Eine weitere feste Konstante sind meine Testwanderer, **Eva Mühlbauer, Corinna Lessle, Erika Hülsmann, Pauline Eggl, Gerhard Goeser** und last but not least **Helmut Baumgartner.** Sie, liebe Leser und Wanderer, glauben gar nicht, wie viel Ungemach Ihnen diese sechs Wanderenthusiasten ersparen, indem sie jede Diskrepanz zwischen meinem ersten Entwurf und dem tatsächlichen Wanderweg aufspüren und reklamieren – und teilweise schon neu formulieren!

Zu den Burgen in Tour 1 lieferte der Kastellan, **Franz Joseph Vohburger,** wertvolle weiterführende Informationen (www.derkastellan.de). Für den Raum Schwandorf konnte ich meinen „alten" Heimatkundefreund **Heinrich „Heinz" Becher** reaktivieren. Schon beim „Draußen-daheim"-Freizeitbuch 2012 hatte er wertvollen Input geliefert. Die Linienverschanzung (u. v. m.) hat es dank ihm in dieses Buch geschafft! Aber auch beim Thema Flussspat war er eine große Hilfe.

Freiherr Hubertus von Breidbach-Bürresheim nahm sich Zeit für meine Fragen zum Schloss Fronberg und gewährte mir Einblicke in die Schlosskapelle. Natürlich konnte er auch mit Informationen zum „Hammer" von Fronberg überzeugen! Meine Schwägerin **Dagmar Spannbauer** sowie **Andrea Jobst** hatten den Kontakt „zum Schloss" hergestellt!

Im Raum Stulln-Schwarzenfeld war **Adrian Lang** ein bewährter Ansprechpartner. Er trug neben aktuellen Informationen und geschichtlichen Einblicken auch mit Bildern zum Gelingen dieses Buches bei.

In Kemnath bei Fuhrn wurde Mesner **Josef Wendl** zu einem spontanen Helfer, als er mit mir am Himmelfahrtstag kurzerhand zur Wallfahrtskirche Büchlberg fuhr und für offene Türen und optimales Licht sorgte.

In der Gegend um Oberviechtach stand mein ehemaliger Kollege am Ortenburg-Gymnasium Oberviechtach **Ulrich Wohlgemuth** mit Rat und Tat zur Seite. Dank seiner Hilfe können Sie jetzt u. a. ziemlich viel über die Wallfahrtskirche St. Jakob bei Teunz erfahren.

Als versierte Ansprechpartnerin im Raum Stadlern konnte ich **Birgit Höcherl** vom Pascherverein Schönseer Land e.V. gewinnen. Ihr Wissen bereicherte die „hinteren" Kapitel im Buch um zahlreiche interessante Aspekte.

Ziemlich zum Schluss der Recherche ergab sich noch Kontakt zu **Alfred Wolfsteiner** aus Schwarzhofen. Er lieferte wertvollen Input zum Raum Schwandorf sowie bei der Thematik „Altstraßen".

Beim Verlag geht mein Dank an **Frau Bonfissuto,** die mich nach der konzeptionellen Erarbeitung dieses Buchs absolut eigenständig wandern und recherchieren ließ – in dem Wissen (oder der Hoffnung), ich würde ein fundiertes Opus abliefern. **Frau Schmidt** danke ich für die reibungslose und professionelle Zusammenarbeit in puncto Layout. **Frau Eichenseher** gebührt mein größter Dank fürs Lektorat. Bei diesem (dritten) Buch im Battenberg Gietl Verlag wusste sie schon, welche Phrasen ich absichtlich entstellt hatte und welche nicht. Und zuletzt bedanke ich mich bei **Frau Bauer,** die das Opus an die Öffentlichkeit brachte. Wobei, liebe Leserinnen und Leser, in diesem Fall der Dank eher von Ihrer Seite kommen müsste. Natürlich danke ich auch Ihnen, den wandernden Käufern, dass Sie es verstanden haben, Ihr Geld so gewinnbringend anzulegen.

Danke!

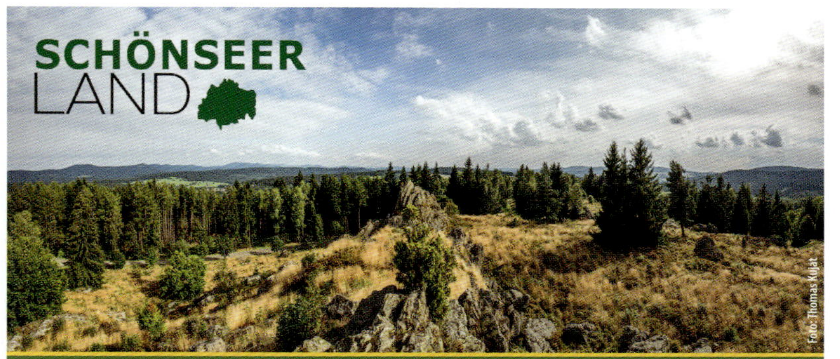

Herzlich Willkommen und Grüß Gott im Schönseer Land

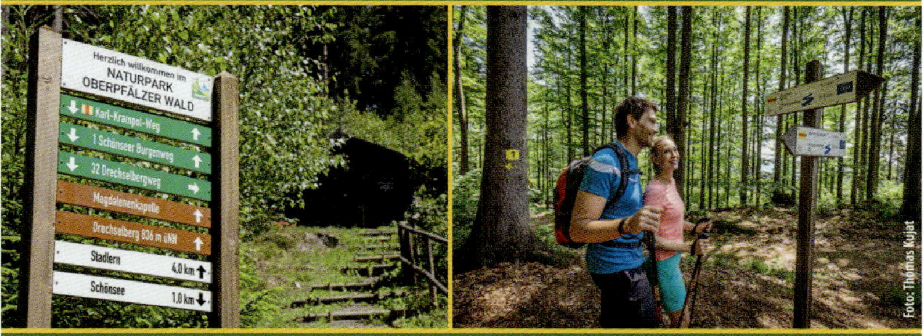

Grenzüberschreitend Wandern und Radeln

Geführte Touren mit inszenierter Geschichte | Goldsteigzuweg

Freilichtspiele | Centrum Bavaria Bohemia | Seefest | Spitzenklöppeln

Romantischer Weihnachtsmarkt „Advent im Wald" | Skilanglauf-Zentrum

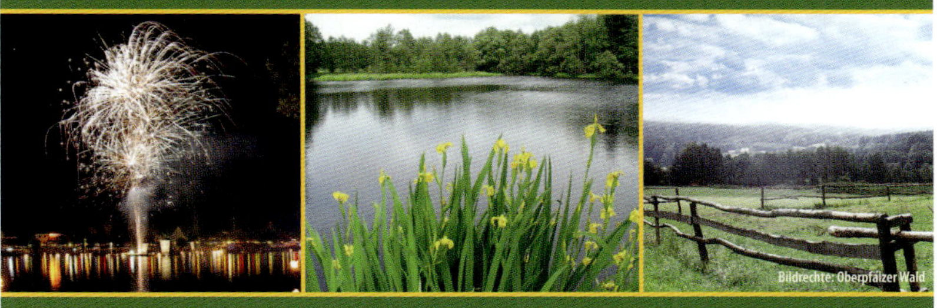

Tourist-Information Schönseer Land

Freyung 1 | 92539 Schönsee | Tel.: +49 (0) 9674 317

touristinfo@schoenseer-land.de | www.vg-schoensee.de

Bibliografische Information der Deutschen Nationalbibliothek

Die Deutsche Nationalbibliothek verzeichnet diese Publikation in der Deutschen Nationalbibliografie; detaillierte bibliografische Daten sind im Internet über http://dnb.dnb.de abrufbar.
ISBN 978-3-95587-418-6

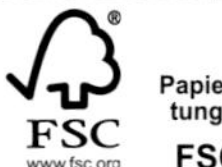

Für uns, die Battenberg Gietl Verlag GmbH mit all ihren Imprint-Verlagen, ist Nachhaltigkeit ein wichtiger Teil unserer Unternehmensphilosophie. Daher achten wir bei allen unseren Produkten auf den Einsatz umweltschonender Ressourcen und Materialien.
Dieses Buch wurde auf FSC®-zertifiziertem Papier gedruckt. FSC (Forest Stewardship Council®) ist eine nicht staatliche, gemeinnützige Organisation, die sich für die verantwortungsvolle und ökologische Nutzung der Wälder unserer Erde einsetzt.

Unsere Partnerdruckerei kann zudem für den gesamten Herstellungsprozess nachfolgende Zertifikate vorweisen:
- Zertifizierung für FOGRA PSO
- Zertifizierungssystem FSC®
- Leitlinien zur klimaneutralen Produktion (Carbon Footprint)
- Zertifizierung EcoVadis (die Methodik besteht aus 21 Kriterien in den Bereichen Umwelt, Einhaltung menschlicher Rechte und Ethik)
- Zertifikat zum Energieverbrauch aus 100 % erneuerbaren Quellen
- Teilnahme am Projekt „Grünes Unternehmen" zum Schutz von Naturressourcen und der menschlichen Gesundheit

Abbildungen:
Georg Luft, sofern nicht anders angegeben
Titelbild: stock.adobe.com/Alexander

Kartografie:
Georg Luft

Haftungsausschluss:
Alle Inhalte wurden vom Autor sorgfältig recherchiert und nach bestem Wissen und Gewissen aufbereitet. Die Begehung der in diesem Buch beschriebenen Touren erfolgt auf eigene Gefahr. Der Verlag und der Autor übernehmen für etwaige Schäden sowie auch für Richtigkeit und Aktualität der Angaben keine Haftung. Der Verlag und der Autor weisen darauf hin, dass Privatgrund sowie auch privates Eigentum unbedingt zu respektieren sowie aktuelle Info-Tafeln hinsichtlich zu schützender Bereiche o. Ä. zu beachten sind.

1. Auflage 2023
ISBN 978-3-95587-418-6

www.battenberg-gietl.de